4전 5기 교회
7전 8기 목사

| 안도현과 아름다운교회 지체들 엮음 |

예영커뮤니케이션

4전 5기 교회
7전 8기 목사

| 안도현과 아름다운교회 지체들 엮음 |

머리말

눈이 소복히 쌓인 마당을 싸리비로 쓸다보면 싸리비의 자국이 선명하게 남습니다. 여기 아름다운교회 13년사가 그대로 그림처럼 남아있습니다.

작년에 비해, 지난달과 비교하여, 어제에 견주어, 우리의 관심은 어떻게 달라져 있는지요.

베드로가 회심하기 전 호언장담하며 '주는 그리스도시요 살아계신 하나님의 아들이니이다' 하였다가 예수님을 세 번씩이나 부인하는 실패를 겪은 것처럼.

우리는 교회를 개척하고 나서 혹여라도 개척의 어려움을 '우리들의 의'로 착각하였던 것은 아닌지 잠시 걷던 발걸음을 멈추었습니다.

주님을 세 번씩이나 부인하고도 저주까지 하였던 그를 주님은 변함없는 사랑의 눈으로 보셨듯이 우리 아름다운 교회를 바라보고 계십니다.

우리 교회가 신앙의 내면화 과정을 겪는데 13년이라는 세월이 걸렸습니다. 이제는 눈에 보이는 현상에 좌우되는 교회가 아니라 부활하신 주님을 목격하고 성령받고 변화된 그가 자기를 부인하며 십자가의 길을 걸어갔던 것처럼, '내게 있는 것'으로 오병이어의 기적도 체험하고 '내게 있는 것'으로 앉은뱅이를 걷게 하였던 그와 같이 아름다운 교회 뒤에서 역사하시는 주님을 바라봅니다.

우리 개개인에게 임해 계신 주님에 대해 깨어 있는 신앙의 내면화와 삶으로 나타나는 외향화를 아름답게 교직(交織)하여 주님께 올려 드리고 싶습니다.

비록 주머니 속에 은과 금은 없지만 아름다운 성도들과 함께 하고 계신 그 분에 대해 깨어있음으로 성도들의 삶이 새로워지지 않을 수 없을 것입니다. 우리들로서가 아닌 전능하신 주님에 의해서 말입니다.

2004년 3월

아름다운교회 담임목사 안 도 현

4전 5기 교회
7전 8기 목사

엮은이 · 안도현과 아름다운교회 지체들
초판 찍은날 · 2004년 3월 10일
초판 펴낸날 · 2004년 3월 15일
펴낸이 · 김승태
편집/디자인 · 이문영 02)385-3267
등록번호 · 제2-1349호(1992. 3. 31)
펴낸곳 · 예영커뮤니케이션
　　　110-616 서울 광화문 우체국 사서함 1661
　　　출판유통사업부　T. (02)830-8566　F. (02)830-8567
　　　　　　　　　　　E-mail: jeyoungsales@chollian.net
　　　출판사업부　　　T. (02)766-8931　F. (02)766-8934
　　　　　　　　　　　E-mail: jeyoungedit@chollian.net

ISBN 89-8350-321-2(03230)

값 8,500원

■ 잘못 만들어진 책은 언제든지 교환해 드립니다

목 차

황무지에 세운 교회

우리 교회 개척자요, 담임인 안도현 목사는 전북 진안 출생으로 초등학교 때부터 신앙생활을 했다. 하지만 교회에 가서 선물을 받아오는 재미로 다니는 정도였다.

그러던 그가 하나님의 은혜로 미션스쿨인 전주 신흥고등학교에 들어가게 되었고 그는 그때 종교부 활동을 하면서 나병환자들의 미감아들이 수용되어 있는 보육원에 가서 봉사의 일을 하게 되었다.

그는 고등학교 시절 교목들과 함께 하는 시간을 많이 가졌다. 교목들은 그에게 "너는 장차 목사가 되거라."는 말을 자주 들려주었다.

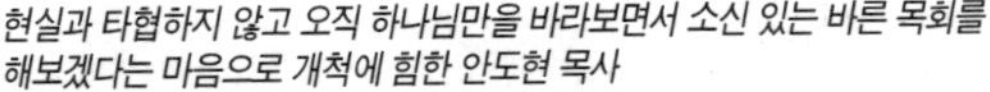

현실과 타협하지 않고 오직 하나님만을 바라보면서 소신 있는 바른 목회를 해보겠다는 마음으로 개척에 힘한 안도현 목사

그러나 그 말이 귀에 들어오지 않았다. 그는 목사가 되고 싶은 마음이 없었다. 장로가 되어서 물질로 교회를 섬기고 싶어했다.

그가 하나님을 만난 것은 청년 때였다. 그는 청년기에 직장 관계로 전주에서 인천으로 거처를 옮기게 되었고 역시 교회도 옮기게 되었다. 그는 인천에서 깊은 영적인 체험을 하고 살아 계신 하나님을 체험했다.

안 목사의 소명과 헌신에 대한 내용은 1996년 2월 21일 극동방송 '나의 개척시대'에 드라마로 제작되어 소개된 바 있다. 그 내용의 일부를 소개한다.

그가 고등학교 시절 친구 누나를 통해 나병환자들의 미감아들이 수용되어 있는 보육원으로 인도되었다.

"어이구, 구역질나. 거적때기에서 재들하고 같이 밥을 먹기는 먹었지만 소화도 안되고 구역질만 나네. 소화제를 좀 먹어야겠는데…. 그런데 저 누나는 빵 사준다고 나와 보라 더니 날 이런 곳에 데려와?"

"어, 도현아! 너 왜 여기 있지? 왜 속이 안 좋아?"

"아니야. 괜찮아졌어."

"그래, 처음에는 좀 그렇지만 곧 괜찮아질 꺼야."

"하나님은 사랑이시라"는 말씀을 붙잡은 도현은 그후 5년 동안 봉사를 계속하게 되었다. 그리고 예수의 고난과 희생적 사랑이 어떤 것인가를 조금씩 깨닫게 되었다.

그는 세월의 흐름과 함께 영육간에 부쩍 성장하게 되었다. 하루는 귀신을 쫓는 전도사와 집사들을 보고 큰 도전을 받게 되었다. 그래서 그는 40일 작정 기도에 들어가 하늘 나라의 능력을 당겨 쓰는 은혜를 구했다. 그리고 그는 신학을 해서 하나님의 말씀을 더욱 깊이 공부하고 싶었다.

그런 그에게 커다란 소망이 있었는데 그것은 믿지 않는 가족 구원이었다. 황무지에 핀 들꽃처럼, 광야에 새로 난 길처럼 그는 그 가정에 보내진 선교사였다. 그가 가족 전도를 위해 전주로 내려가 아버지를 모시고 살기를 자청하고 간절히 기도하고 있던 중 유림에 속해 있던 아버지가 갑자기 쓰러졌다.

큰 병원을 여기저기 다녀봐도 결과는 모두 위암, 그것도 말기였다. 절망이었다. 그러나 도현은 하나님이 주신 전도의 기회로 생각하고 기쁘게 받아 들였다.

"도현아, 이제 살 날이 얼마 남지 않은 모양이구나. 하루가 다르게 물도 마실 수 없게 되니……."

"아버지, 지금까지 오직 기도만 해 왔는데요, 이제는 예수님을 믿고 천국 가셔야지요."

"그래, 이런 나도 받아 주시겠니?"

"그럼요."

"난 네가 아침 금식하며 기도할 때면 나하고 밥 먹기 싫어서 그런 줄만 알고 있었구나."

그리고 아버지는 예수를 영접하고 그날 한없이 울었다. 도현은 아버지를 오산리 최자실기념금식기도원으로 모시고 가서 3일 작정 기도를 시작했다.

"은혜로우신 하나님 아버지시여! 인간의 눈으로 볼 때는 도저히 불가능합니다. 오직 하나님만이 고치실 수 있습니다. 아버지를 고쳐 주시면 제가 주님의 종이 되어 하늘 나라의 사역을 감당하겠습니다. 주여! 이 아들의 기도를 들어 주시옵소서."

"아니, 아버지! 요와 베개가 온통 다 젖었어요."

"그래, 내가 웬 땀을 이렇게 많이 흘렸는지 모르겠구나. 간밤에 뜨거운 것이 나를 감싸 안았어."

"아버지, 간밤에 불 성령이 내려 오셨음이 분명합니다. 아버지는 이제 예수님의 능력으로 치료받으신 거예요."

"아, 그래. 이제 뭔가 먹고 싶구나."

"어제만 해도 물도 못 삼키셨잖아요. 이젠 다 나으셨으니까 내려가실 때 죽을 사 드릴게요. 하나님, 감사합니다."

이런 일이 있고 나서 온 가족이 예수를 영접하게 되었다. 그 후 아버

지는 미친 듯이 예수님을 증거하고 많은 영혼을 주께로 인도하는 '예수
꾼' 이 되었다.

청년 안도현은 하나님께서 아버지의 병을 고쳐 주신다면 주의 종
이 되겠다고 서원기도를 했고, 그는 약속대로 신학교에 들어가 주의
종이 되었다.

하나님께서는 아버지의 병을 통하여 그를 부르셨던 것이다. 이 때
가 1983년, 그의 나이 서른 살 때였다.

교회 없는 곳을 찾아서

그는 이후 약속대로 신학교를 졸업하고 서대문교회에서 전도사를
거쳐 부목사로 재직하게 되었다. 하나님께서는 안도현 목사가 서대
문교회에서 재직한지 5년째 되던 해, 그를 개척자로 쓰시기 원하셔서
그에게 교회 개척에 대한 꿈을 갖게 하셨다.

안 목사는 1990년 1월 1일부터 3일 동안 신년 금식 기도를 하다가
하나님께 이사야 41장 14~16절의 말씀을 받게 되었다. 하나님께서는
안 목사를 새 타작기계로 쓰시기를 원했던 것이다.

이후 안 목사는 개척을 준비하면서 크게 네 가지의 목회 철학을 확
립했다.

첫째, 도시에 집중되어 있는 기존의 교회 밀집 현상에서 탈피하여
교회가 없는 마을에서 그리스도의 순수한 복음 사역에 임한다.

둘째, 정서적으로 삭막한 도시를 떠나 전인(全人)으로서의 영ㆍ
혼ㆍ육 간의 평안과 쉼을 누릴 수 있는 전원교회를 세운다.

셋째, 교회의 순수한 신앙을 회복하여 이웃을 위한 나눔의 교회로
지역사회와 같이 성장하는 교회를 만든다.

넷째, 보냄 받은 소명의식으로 지역과 세계에 예수 그리스도의 교회 상을 심는다.

이와 같은 목회 철학은 안 목사의 마음 속 깊은 곳에서 우러나온 목회자의 신앙 양심에 입각한 것이었다.

안 목사가 교회 없는 곳에 개척하려는 데는 나름대로 이유가 있었다. 그가 전도사 시절 어느 권사가 "전도사님, 이 다음에 개척하시면 꼭 교회 없는 곳에 개척하세요."라고 당부를 했고, 그는 그 말을 마음에 간직했던 것이다.

안 목사가 교회 없는 곳에 개척을 하겠다고 하자 동료 목사들과 주변 사람들은 의도는 좋지만 현실적으로 너무 무모하다는 말을 했다. 날로 개척 교회의 상황이 어려워지고 있는 가운데 시골로 향하고자 하는 그의 행동은 어떻게 보면 사람들에게 지나치게 이상적으로 보였을지는 모를 일이다.

그러나 그의 마음에는 두려움이 없었다. 하나님을 사랑하는 마음이 모든 두려움을 내어 쫓았던 것이다. 그는 비록 현실적으로는 어렵다 할지라도 하나님께서 기뻐하시는 교회 개척을 하고 싶었고, 현실과 타협하지 않고 오직 하나님만을 바라보면서 소신 있게 바른 목회를 해보겠다는 마음으로 개척에 임했던 것이다.

삼각산 기도회

안도현 목사는 교회 개척지를 찾아 나섰다. 경기도 일대를 대상으로 교회 없는 곳을 알아보기 시작하여 드디어 개척 장소를 결정하게 되었다.

하나님께서는 일산 지역에 소망을 갖게 하셨다.

개척지를 일산으로 정한 안 목사와 신영자 사모, 김혁수 집사와 박혜경 집사 4명은 여리고성이 7일만에 무너진 것을 상기하면서 매일 한 번씩 일산 지역을 둘러보기로 하였다.

그 때만 해도 일산 지역은 고양군 일산읍으로서 한적한 시골이었다. 마을이 있으면 들어갔다가 교회가 보이면 돌아 나오고, 그렇게 한지 열흘 만에 교회가 없는 마을을 발견하게 되었는데 그곳이 풍리였다.

이후 안 목사와 몇몇 기도 동역자들이 개척을 위한 영적인 준비를 위해 4월 20일부터 삼각산에 올라 기도를 시작했다. 5월 16일 밤 11시, 7명이 동참하여 공식적인 첫 기도회를 가졌고, 어떤 때는 동참한 인원이 늘어 15명까지 모이기도 했다. 산 기도를 위해 김재영 집사가 차량 봉사로 많은 수고를 했다.

기도회에 참석한 사람 중에 황태주, 이경애 집사 부부가 있었는데 이들이 어느 날 부지 10평 값으로 680만원을 헌금했다. 그런데 공교롭게도 그 날 황 집사 사업장의 한 종업원이 수금한 돈 50만원을 가지고 달아나 버렸다.

헌금한 대가치고는 황당했다.

얼마 후 그 사람이 붙잡혔는데 알고 보니 그는 현상 수배자였다. 하나님이 하시는 일은 참으로 오묘하다. 만약 그 사람이 그 때 돈을 갖고 도망가지 않고 기회를 보면서 딴 마음을 품었다면 어떤 결과가 일어났을까? 하나님께서는 작은 일로 큰 일을 막아주셨던 것이다.

기도회를 하면서 봄, 가을의 산 향기를 맡으며 기도하기도 했으나 한여름에는 폭우를 만나 비닐을 뒤집어 쓴 채 기도하기도 했다. 삼각산은 골짜기 마다 밤이 맞도록 기도하는 소리로 충만했다.

하루 일과를 마치고 저녁 9시 경 산에 오른 기도 동역자들은 내내 기도하다가 새벽 1시경이면 준비해 온 커피와 라면 등으로 새참을 먹고 2~3시경 하산을 했다. 남자 성도들은 직장에 출근해야 하고 여 성도들은 아이들을 챙겨서 학교에 보내야 했기 때문이었다.

이런 날이 하루 이틀도 아니고 삼각산에서의 기도회는 10월 30일까지 7개월 동안 계속되었다. 하나님이 주신 열심이 아니고서는 어려운 일이었다.

안 목사와 기도 동역자들은 이 기도회를 통해 하나님이 쓰실 수 있는 새 타작기계로서 준비되어 갔던 것이다.

그 당시 안 목사와 함께 기도했던 사람들은 신영자 사모, 김혁수, 박혜경, 김재영, 김선희, 황태주, 이경애, 박혜숙, 곽은례 집사, 안은미, 안영신, 김동준 등이었다.

값을 더 주고 성전부지를 구입하다

개척지로 정한 풍리 마을은 450년 전 이조시대에 생긴 마을로서 전주 이씨와 전주 김씨가 모여 사는 집성촌이었고, 우상숭배와 미신이 성했다. 그 동안 사람들은 이곳에서 교회 개척이 어렵다고 생각해서 누구도 발을 들여놓지 않았던 것이다.

일산읍 풍리에 아름다운교회가 들어가기 전의 부지 전경. 처음엔 땅값이 평당 18만원이던 것이 68만원이 되었다. 당시 일산 신도시 땅값이 60만원이었다.

안 목사가 이곳에 개척지를 정할 당시 일산은 신도시로 개발되던 때였다.

일산에서의 개척에 모두 찬성했으나 당시 엄청나게 뛰는 땅 값을 고려하지 않을 수 없었다. 땅 값도 중요했지만 그 보다 먼저 고려해야 할 조건이 있었다.

첫째, 이웃에 교회가 없어야 하고, 둘째, 도시적인 분위기에서 벗어나 전원적인 조건이 갖춰져 있어야 한다는 것이었다.

풍리 마을은 일단 조건에 맞았다. 안 목사는 전주에 있는 땅을 팔아서 고양군 일산읍 풍리 245번지의 165평을 4월 20일 계약할 수 있었다. 그러나 호사다마라고 땅을 판 주인에게 5월 1일에 중도금을 치르기로 하였는데 중도금 치르는 날짜를 의도적으로 하루를 지연시키더니 해약하자는 제의를 해왔다.

안 목사는 포기하지 않았다. 오히려 안 목사는 몇 차례 현지 답사를 하면서 회유와 기도 끝에 처음 계약했던 한옥 집 반쪽과 새로 제안한 밭 을 합친 330평을 김운택 집사와 공동 구입하게 되었다.

땅 값도 처음에 평당 18만원이었던 것이 교회가 들어선다고 하니 값을 올려 68만원이나 되었다. 용도 변경, 소개비 등 부대 비용을 합산하여 실제로는 평당 1백여 만원에 땅을 구입한 셈이 되었다. 그 당시 신도시 땅 값이 평당 60만원이었다.

애초에 1백평 정도만 사서 조그만 교회 하나를 지으려고 계획하여 시작했으나 매입 과정에서 330평으로 늘어났고 이로 인해 생각지 않았던 빚을 지고 출발하게 되었다.

지금 돌이켜 보면 어리석고 무모하기 짝이 없는 일이었다. 그러나 교회 없는 마을에 교회를 세우고 그 지역을 복음화시켜 보겠다는 생각으로 그 땅만을 고집했던 것이다. 지금도 우리는 그 때 성령께서 하지 않으셨다면 그런 일은 있을 수 없었다는 생각을 한다.

부지 매입 과정에서 가장 힘들었던 것은 땅 주인이 교회측에서 어떤 제안을 하기만 하면 무조건 거부하는 것이었다. 막상 땅을 팔려고 하니 땅이 금싸라기처럼 보였던지 번번이 계약을 어기고 간단히 처리할 수 있는 일도 어렵게 만들었다.

복음의 황무지에 교회를 세우려 했으니 어찌 방해가 없었겠는가? 어둠의 역사가 심했다. 그러나 황무지에도 성령의 바람이 불어 왔다. 교회 없는 마을에 기어코 교회를 개척하겠다고 나선 안 목사의 의지를 하나님께서 붙들어 주셨고 마침내 450년 동안 하나님을 모르고 우상을 섬기던 경기도 고양군 일산읍 풍리에 최초의 교회가 세워지게 된 것이다.

교회 개척을 위한 단합 수련회

안도현 목사는 교회 개척을 준비하는 일환으로 진행하던 산 기도회를 잠시 중단하고 분위기를 바꾸어 7월 30일부터 8월 2일까지 3박

교회 개척을 위한 단합수련회가 덕유산에서 3박4일 일정으로 열렸다. 이곳에서 교회개척을 위한 의지를 다졌다.

4일 동안 덕유산에서 교회 개척을 후원하는 기도 동역자들과 단합 수련회를 가졌다.

안 목사와 기도 동역자들은 성경 공부와 기도로 교회 개척을 위한 의지를 굳게 다졌고 하나님이 기뻐하시는 교회를 세우겠다는 거룩한 열망을 불태웠다.

그 때 먹은 민물고기 튀김과 토종닭 맛은 일품이었다. 지금도 모이면 그 때의 이야기를 한다. 모두에게 아름다운 신앙의 추억이 되었던 것 같다. 이 때로부터 우리 교회는 해마다 여름이면 전 교인 가족 수련회를 갖게 되었다.

아름다운 교회가 되어야 한다

교회 이름은 그 교회의 성격을 보여 준다. 그래서 개척하는 목회자들이 교회 이름을 짓는데 고심을 한다. 안도현 목사 역시 교회 개척을 준비하면서 교회 이름을 짓는 것이 과제였다.

"하나님, 교회 개척자들의 말을 들어보면 하나님께서 교회 이름을 주신다고 하는데 그렇다면 나에게도 개척할 교회 이름을 가르쳐 주십시오. 그리고 그 이름을 낮 예배 설교 때 알게 해 주십시오."

그러던 어느 날 안 목사는 주일 낮 예배 중 설교를 들으면서 '아름다운' 이라는 말이 가슴에 와 닿았다. 그런데 그 날 담임목사는 본문과 별 관계없이 "교회는 아름다운 교회가 되어야 한다."는 말을 설교 중 몇 차례나 반복했다.

안 목사는 하나님의 응답이라는 생각을 했다. 그래서 정해진 이름이 「아름다운교회」 였다.

이름이 정해지자 안 목사는 교회의 로고 제작을 위해 기도했다. 주민들이 교회를 볼 때 조금이라도 호감을 가질 수 있는 세련되고 정거운 교회 로고를 만들고 싶었던 것이다.

하나님께서는 아름다운 교회의 개척을 기뻐하신다는 확신을 가질 수 있도록 도우시는 손길을 느끼게 하셨다. 단국대학교 시각디자인학과 박강룡 교수가 우리 교회의 로고를 제작해 주었다.

아름다운 교회가 위치할 곳이 시골인 것에 착안하여 예배당 담벼락의 녹색 물결과 포도 넝쿨의 연상을 통해 예수님과 가지인 우리들을 연상하여 바람이 일렁이는 물결의 고요와 아름다움이기도 한 자연과의 조화를 염두에 두고 아름다움의 이미지를 조형화 시켰다.

나중에 알게 되었지만 풍리의 '풍'(楓)은 바람이 아니라 단풍을 의미했다.

단풍이 아름다운 마을에 우리 아름다운교회가 들어서게 된 것이다. 그러고 보면 아름다운교회라는 이름은 결코 우연이 만들어진 것이 아니었다. 분명 하나님의 섭리 가운데 이루어진 일이었다.

우리는 하나님께서 지어 주신 귀한 이름대로 우리 교회가 정말 아름다운 교회, 아름다운 성도들이 되기를 소망했다.

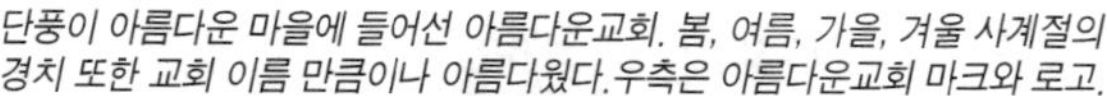

단풍이 아름다운 마을에 들어선 아름다운교회. 봄, 여름, 가을, 겨울 사계절의
경치 또한 교회 이름 만큼이나 아름다웠다. 우측은 아름다운교회 마크와 로고.

기도만 해주십시오

안도현 목사는 개척을 위해 풍리에 전세 1천 8백만 원으로 20평 되는 주택을 사택으로 마련했다. 집주인은 인근 백마부대에 근무하던 최광준이라는 장교였다. 그는 당시 중령이었고 그와 가족들은 카톨릭 신자였다.

안 목사가 전세 계약을 위해 그의 부인 양현숙 여사를 만났을 때 그녀는 정중하게 부탁을 했다.

"목사님이 저의 집에 사시게 되어 참으로 기쁩니다. 내 집처럼 마음대로 사용하시고 저희 가족들을 위해서 기도해 주세요."

그 이후 그들은 10년이 넘는 지금까지 한 번도 전세금을 올린 적이 없었고, 어쩌다 들릴 일이 있어도 집에 대해서는 거론 조차 하지 않았다.

안 목사는 사택을 예배실로 사용하기 위하여 한 주간 내부를 수리하고 10월 30일, 그 동안 섬기던 서대문교회를 사임하고 11월 4일 주일 예배 중에 성도들에게 인사했다.

안 목사는 서대문 교회의 사택에 살고 있었다. 교회가 시내 사거리 도로변에 위치하고 있어 낮에 이사할 경우 교통 문제가 야기되므로 차가 다니지 않는 밤 시간을 이용하여 이사를 하기로 했다.

11월 4일, 이사하던 날 비가 내렸다. 밤 10시가 되었어도 비는 그칠 조짐이 보이지 않았다. 하는 수 없이 비를 맞으며 예정대로 이사를 했고 새벽 3시쯤 되어서 이사를 마쳤다. 그 때 안 목사 가정의 이사를 담당했던 사람이 후일 우리 교회의 성도가 되었는데 그가 안병조 집사이다.

두 가정으로 출발한 교회

　1990년 11월 10일 토요일 오후 3시, 드디어 아름다운교회는 첫 발걸음을 내딛을 수 있었다. 역사적인 개척예배 및 성전 기공예배를 드리게 된 것이다. 1백여 명의 사람들이 참석했다. 사택에 다 들어 올 수 없어서 일부는 밖에서 예배를 드렸다.

　아름다운교회의 앞날을 예고하듯 초겨울임에도 찬바람이 매섭게 불어 댔다. 방안이라고 해도 문을 열어 놓았기 때문에 바람만 없을 뿐 이지 춥기는 마찬가지였다. 한 시간여 방안과 밖에서 예배 참석자들은 풍리의 첫 겨울을 뼛속 깊이 맛보았다.

교회 성전부지에서 예배를 드리고 있다 초겨울의 찬바람이 매서웠지만 참석한
1백여 명의 성도들은 아름다운교회의 성전 건축과 사역을 위해 간절히 기도했다.

이날 예배는 서울 서부지방회 주관으로 진행되었다. 고충진 목사(서울서부지방회장)의 사회로 황필환 목사(지방회 부회장)의 기도, 이재헌 목사(지방회 회계)의 성경 봉독, 김준성 목사(기하성 총회 총무)의 설교, 김철영 목사(지방회 총무)의 헌금 기도, 김종남 목사(기하성 총회 회계)의 축사, 김학면 목사(지방회 서기) 등이 순서를 맡아 수고하였다.

예배 중 부른 찬송가 78장 '참 아름다워라' 는 이후 우리 아름다운 교회의 교가(敎歌)가 되다시피 했다. 특히 찬송가 245장 '시온성과 같은 교회' 가 힘차고 우렁차게 울려 퍼지면서 참석자들은 아름다운 교회가 반석 위에 세워진 교회로서 어떤 어려움이 다가와도 결코 흔들림 없을 것을 확신했다.

이 날 예배에는 안 목사가 개척 전에 사역하던 서대문교회의 성도들과 지우, 친지 등이 참석하였고 안 목사는 그들에게 다음과 같이 개척 인사를 했다.

하늘과 온 땅을 다스리시는 하나님께 영광을 드립니다. "보라 내가 너로 이가 날카로운 새 타작기계를 삼으리니 내가 산들을 쳐서 부스러기를 만들 것이며 작은 산들로 겨 같게 할 것이라 네가 그들을 까부른즉 바람이 그것을 날리겠고 회리 바람이 그것을 흩어버릴 것이로되 너는 여호와로 인하여 즐거워하겠고 이스라엘의 거룩한 자로 인하여 자랑하리라"(사 41:15-16) 연초에 주신 말씀을 힘입어 감히 개척을 꿈꾸었습니다.

이곳 저곳에서 때가 다 되었다고 하는데 어떤 모양으로 쓰실 지 두렵기도 합니다. "묵시가 없으면 백성이 방자히 행하거니와 율법을 지키는 자는 복이 있느니라"(잠 29:11) 그 나라, 그 시대에 비전이 없으면 백성들이 망할 짓만 골라서 한다는 말씀인데 아름다운교회가 비전 있는 교회로 쓰임 받기를 원합니다. 마른 막대기보다 못한 종을 사랑해 주셔서 감사드립니다. 위해서 간절한 기도 부탁드립니다.

　　11월 11일, 감격스럽던 개척 예배 이후 맞은 첫 주일 분위기가 썰렁했다.

　　개척 교회의 현실을 직면하는 순간이었다. 그러나 모두의 가슴에는 시작은 미약하지만 잘 되리라는 희망으로 가득 차 있었다.

　　주일 첫 예배에는 안도현 목사 가족(신영자 사모, 안은미, 안영신, 송경순) 외에 김혁수 집사(박혜경 집사, 김동준, 변정례), 김재영 집사(김선희 집사, 김영지, 김지희, 김은지)의 가족들이 참석했다. 비록 세 가정이었지만 모든 가족들이 참여하니 전체 인원은 14명이나 되었다. 어른 8명, 아이들 6명이었다.

　　우리 교회의 주축이 되었던 두 가정은 개척에 앞서 서대문교회의 담임목사에게 안 목사와 함께 개척을 나가기로 허락을 받은 가정이었다.

　　안 목사는 첫 주일예배에서 전도서 1장 1~11절의 말씀을 본문으로 '새로운 출발'이라는 메시지를 증거했다. 사택 예배실, 보기에 초라한 예배실이었고, 비록 몇 안되는 성도들이 모였지만 교회 없는 마을

1990년 11월 10일 교회개척 예배 광경. 이 예배를 시작으로 하나님께서는 아름다운교회에 많은 연단과 축복을 함께 부어 주셔서 오늘에 이르게 되었다.

에 교회를 세우겠다는 거룩한 열망을 가지고 있었기에 아름다운교회의 찬송과 기도 소리 만큼은 하늘 보좌를 울리기에 충분했다.

신학생 시절 우리 교회에서 봉사하다가 지금은 청주 중앙순복음교회에서 사역하고 있는 이근수 목사는 당시 우리 교회를 찾아올 때와 예배에 참석한 느낌을 이렇게 표현하였다.

정원가든 길을 따라 쭉 오면 교회가 있다고 들었는데 길이 둘로 갈라졌습니다. 저는 오른쪽 길을 택했습니다. 그 때는 밤이라 너무 어두웠습니다. 계속되는 산 속의 오솔길을 따라 걸었습니다. 그런데 아무리 가도 교회는 나오지 않았습니다.

개척을 축하하려고 들고 온 화분과 성경책으로 인해 몸 속에 진땀이 주르르 흐르는 것을 느낄 수 있었습니다. 그 길을 다시 돌아와 왼편으로 조금 올라가니 바로 교회가 보였습니다.

교회 문을 들어서면서 저는, 이 땅에 수많은 번화한 도시가 있고 수많은 개척의 요지가 있는데 이곳에 개척한 목사님이 너무도 자랑스럽다는 생각을 하면서 "목사님은 정말 훌륭한 분 같아, 하나님 감사합니다."라고 외쳤습니다.

반갑게 맞아 주시는 목사님과 사모님, 그리고 몇 안되는 성도님들의 모습을 보면서 "바로 이곳이 천국이구나."라고 생각했습니다. 조그마한 마루에서 드리는 예배였지만 너무도 감격스럽고 포근한 시간이었습니다.

섬김으로 시작한 전도

마을에는 신당이 있었고 무당 깃발이 나부꼈다. 안도현 목사는 직접 전도는 어렵다는 판단을 했다. 우선 섬김과 봉사로써 교회의 문턱을 낮추고 지역 주민들에게 교회는 좋은 일을 하는 곳이라는 인식을 심어줌으로써 닫혀진 마음의 문을 여는 것이 순서라고 생각했다.

그래서 시작하게 된 것이 노인들을 위한 봉사 활동이었다. 사명감으로 충만했던 때인 만큼 발걸음도 빨랐다.

첫 주일 예배 이후 맞이한 첫 수요일, 안 목사와 성도들은 마을 노인들에게 인사를 드릴 겸 간단히 음식을 장만하여 마을 경로당을 찾아 서른 세 분의 노인들을 대접했다.

예수님께서 제자들의 발을 씻어주신 것을 본받아 지역사회를 위한 봉사와 섬김으로써 전도를 시도했던 것이다. 생각보다 복음에 대한 반응은 냉담했다. 그럼에도 불구하고 교회에서는 마을에 애경사가 있으면 초청을 하든지 않든지 간에 무조건 찾아가 인사를 했다. 그러면서 마을 사람들이 조금씩 교회 행사에 관심을 갖기 시작했다.

그런데 뜻하지 않게 교회와 마을 사람들 사이에 갈등이 생기는 일이 일어났다. 마을 굿 행사가 벌어진 것이다. 11월 22일에 마을 굿(도당제) 행사가 있었는데, 동네 어른들은 안 목사를 찾아와 "당신도 우리 마을 사람이니까 그 행사에 참여하시오."라고 요청했다. 우리 교

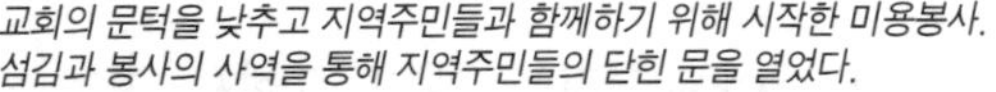

교회의 문턱을 낮추고 지역주민들과 함께하기 위해 시작한 미용봉사.
섬김과 봉사의 사역을 통해 지역주민들의 닫힌 문을 열었다.

회는 이를 거절하고 대신 특별 철야 기도회를 실시했다.

아름다운교회의 영적 싸움은 이렇게 시작되었다. 어둠의 세력은 끊임없이 안된다는 생각을 심어주려고 했고 낙심케 하는 일들을 했지만 하나님은 그 때마다 용기를 주시고 붙들어 주셨다.

안 목사는 1996년 2월 21일 극동방송 '나의 개척시대' 라는 프로에 출연하였을 때 당시의 어려움을 이렇게 회고하였다.

우리 교회가 베푸는 목회를 하자 경로당 회원들과 청년 회원들이 교회 행사에 관심을 갖기 시작했습니다. 그러나 전도는 결코 쉽지 않았습니다. 도시에서 목회할 때는 가만있어도 많은 사람들이 스스로 들어왔는데 1년 동안 전도한 결과 1명이 결신을 하게 되었습니다.

교회가 성장이 되지 않고 너무 힘이 들어 떠날까 하는 생각도 했지만 그 때마다 하나님께서 새로운 일꾼들을 보내 주셔서 용기를 얻게 하셨습니다. 도시 목회에서는 성도들이 많기 때문에 한 영혼을 전도하는 일에 심혈을 기울이지 않았고 한 영혼의 소중함도 깊이 깨닫지를 못했는데 개척 후 한 영혼의 가치와 소중함을 절실히 깨닫게 되었습니다.

하나님께서는 우리 교인은 아닐지라도 개척 교회를 섬기는 일에 사명을 가지고 헌신하는 일꾼들을 많이 보내 주셨다. 우리 교회 성도가 몇 명 밖에 되지 않던 초창기에는 이들의 도움이 컸다.

서울 강서구 화곡동에 사는 조월순 집사는 매주 화요일이면 교회를 찾아와 무료로 마을 사람들의 머리를 깎아주고 전도하였고, 장은혜 집사는 매주일 오후 침술을 통해 봉사하며 전도하였다. 이들의 사역은 개척 이후 5년 동안이나 계속되었다.

우리 교회가 개척 초기부터 전도를 위하여 여러 가지 행사를 할 수 있었던 것은 복음의 황무지 풍동 마을을 변화시키기 위한 하나님의 강력한 역사 하심이었다.

이단인가 봐

사택에서 개척예배를 드리고 얼마 안되어 주일 아침 일찍 교인 전체가 신도시로 나가 새로 이사오는 가정을 상대로 전도를 했다.

"예수 믿으세요."

"저희 교회에 한 번만 와보세요. 정말 마음에 꼭 드실 거예요."

그런데 웬 교회가 그리도 많은지…. 어느 날은 한복을 곱게 차려 입고, 또 어떤 날은 양장을 말끔하게 차려 입고 나섰다.

어느 주일 아침이었다. 한 집사님 차에 서 너명 됨직한 한 가족을 싣고 사택 마당에 들어선 순간이었다.

"저, 갑자기 볼일이 생겨서 그러는데 버스 타는데 까지만 다시 데려다 주실래요?"

황망스레 요구하며 들어주지 않으면 걸어서라도 나갈 태세였다.

"갑자기 왜 그러시죠?"

"혹시…, 여기 사이비 이단 종파 아니에요?"

그들은 뒤도 돌아보지 않고 가버렸다. 그럴 법도 했다. 신도시 번화한 교회를 놔두고 웬 시골집에 외풍 막이 비닐을 쳐놓고 교회라고 들어가자고 하니 놀라 도망간 것이 어찌 이상한 일이었겠는가?

교회 건축을 위한 도자기 전시회

12월에 들어서면서 우리 교회는 교회 건축의 꿈을 이루기 위한 뜻 있는 행사를 갖게 되었다. 단국대학교 도예학과 교수인 김혁수 집사에 의해 이루어진 도자기 전시회였다.

김혁수 집사는 교회 개척 때부터 지금까지 그의 가족과 함께 우리 교회의 역사를 만들어온 귀한 일꾼이다. 그러므로 우리 교회 이야기를 펼쳐 가는 서두에 그에 대한 소개가 필요하리라 생각된다.

김혁수 집사는 대학원에서 요업 디자인을 전공하였고, 1983년 제19회 대한산업미술가협회 공모전에서 대상을 수상했고, 이후 줄곧 아홉 차례의 개인전을 비롯하여 각종 대회에 작품을 출품하여 수상을 한 바 있다. 이러한 성과를 바탕으로 그는 예술 분야에서는 처음으로 2000년 대학 연구 업적상을 수상했다.

서울 인사동 신미술관에서 1990년 12월 8일부터 12일까지 진행된 '교회건축을 위한 김혁수 도예전' 행사에서 김혁수 집사는 그가 재직하고 있는 단국대학교 도예학과 재학생들과 더불어 제작한 항아리, 수반 등 생활 자기를 내놓았다.

이 때 관심 있는 성도들과 이웃, 친지들이 참석하여 협력해 주었고, 수익금 전액은 건축 헌금으로 드려졌다.

아름다운교회의 역사를 만들어 온 귀한 일꾼인 김혁수 집사의 '교회건축을 위한 김혁수 도예전' 전시회 팜플렛.

새 타작기계로 삼으리라

개척 이후 경로당 잔치, 교회 건축 도예전을 갖고 한 해를 마감한 우리 교회는 신년 전교인 금식성회로 1991년 새해를 맞이했다. 신년 전교인 금식성회는 이 때로부터 지금까지 계속되고 있다.

새해를 시작하면서 교회 표어로 삼은 말씀은 안도현 목사가 개척 당시 받은 "보라 내가 너로 이가 날카로운 새 타작기계를 삼으리니 네가 산들을 쳐서 부스러기를 만들 것이며 작은 산들로 겨 같게 할 것이라"는 이사야 41장 15절이었다.

풍리 마을의 형편을 생각할 때 참으로 적절한 말씀이었다. 하나님

마을 뒷산에는 짚으로 만들어 놓은 산당이 자리잡고 있다. 이는 풍동 마을이 얼마나 무속신앙으로 꽉 들어찬 마을인가를 단적으로 말해주고 있다.

은 우상숭배와 미신으로 가득한 풍리 마을을 변화시키기 위해 우리 교회를 이가 날카로운 새 타작기계로 삼기 원하셨던 것이다.

1월 중 두 가정이 새로 들어 왔다. 이계천 집사와 그의 가족(박혜숙 집사, 이승준, 이지아), 그리고 김운택 형제와 이강순 자매였다. 2월 중에는 안병조 집사와 그의 가족(채은경 집사, 안정미, 안성민)이 왔고, 3월에는 김희정, 김우석, 박숙희, 김미경 성도가 새로 왔다. 일꾼이 부족한 우리 교회에 하나님께서는 이들을 통하여 힘을 더하여 주셨다.

'이가 날카로운 새 타작기계'가 되기 위해서는 모든 것 하나 하나가 불신자들의 관심을 끌 수 있는 독특한 것이어야 한다는 생각을 했다. 그 일환으로 기도하며 신중을 기해 만든 작품이 전도지를 겸한 주보였다.

독특한 형식의 주보

흔히 교회의 주보를 그 교회의 얼굴이라고 말하는데 1991년 1월에 제작하여 2월 3일 주일부터 사용한 우리 교회 주보는 개척 교회답지 않게 여러모로 독특하고 기발했다.

주보는 16절지 크기에 150g 스노우 화이트 용지를 사용하여 녹색으로 인쇄하였다. 3단으로 접어서 사용되며 전면 1쪽에는 날짜와 교회 로고, 교회 주소를 넣었고 하나님께서 말씀으로 아름다운교회에 허락하신 이사야 41장 14~16절 말씀을 기록하였다.

2쪽의 '아름다운교회 사람들에게 알립니다'에서는 특별 행사 및 모임 등의 소식을 알리고 약도를 넣었다.

3쪽의 '오늘의 말씀'에는 한 주간 동안 되새겨 볼 수 있는 목회자의 칼럼이 게재되어 있었는데 안 목사는 이 칼럼을 성도들과의 대화의 장으로 삼았다. 그는 칼럼을 통하여 자신의 목회 철학에 관하여,

그리고 성도들에게 그 주간 일어났던 일들에 대하여 하고 싶은 이야기들을 적었다. 칼럼을 보면 우리 교회의 역사가 보인다. 주보의 칼럼은 교회의 역사를 정리하는데 크게 도움이 되었다.

후면 1쪽과 2쪽에는 주일 낮 예배 순서와 주일 오후 찬양예배, 수요 성경공부 및 예배 안내를 차례대로 배열하였다. 3쪽에는 선교 이념이 성경공부 모임 시간과 함께 기록되어 있다.

우리 아름다운 교회가 이웃에게 좋은 교회임을 자랑할 수 있었던 선교 이념은 다음 네 가지였다.

1. 교회의 순수 신앙을 회복하고자 하는 교회입니다.

2. 은혜가 넘치는 예배를 드리는 교회입니다.

3. 우리 이웃을 위한 나눔의 교회입니다.

4. 예수님을 모르는 이웃에게 복음의 말씀을 알리는 교회입니다.

이렇게 우리 교회 주보는 전도지 성격을 띠고 있었기 때문에 실제 필요량 보다 더 만들었다. 매주 70~100매 내외를 발행하여 예배 중 사용하고 남은 것은 전도용으로 활용하였다.

독특하고 기발하게 제작된 초기의 교회주보 겸 전도지.

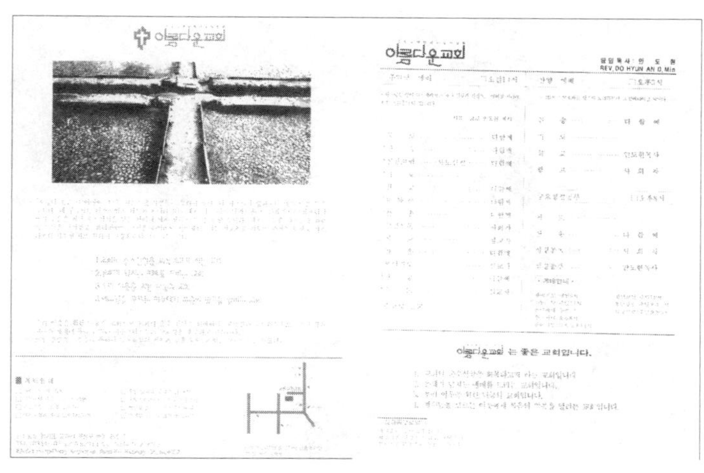

안도현 목사 목회학 박사학위 취득

안 목사는 본래 목사가 되려고한 것은 아니었지만 하나님께서는 그의 아버지의 병을 통해 그를 부르셨고 그는 그 부름에 응답했다.

그는 처음에 어린이 선교에 뜻을 두고 어린이선교신학교에 들어갔다. 그러나 어린이 선교가 하나님의 뜻이 아닌 것을 알고 이후 호남 복음신학교를 거쳐 1986년 순복음신학교를 졸업했다.

이왕 신학의 길에 접어든 바에 제대로 공부하고 목회를 하겠다는 일념으로 신학 연구에 전념하게된 안 목사는 1989년 총회신학대학원 공동학위 과정인 하와이 인터내셔널신학대학원에서 3년간의 석사 과정을 마쳤다.

그는 그 후 계속해서 같은 학교에서 2년간 박사 과정을 마치고 1991년 5월 21일 현지에 가서 목회학 박사(D. Min) 학위를 취득하였다. 힘겨운 교회 개척 6개월만에 누리는 영광이었다.

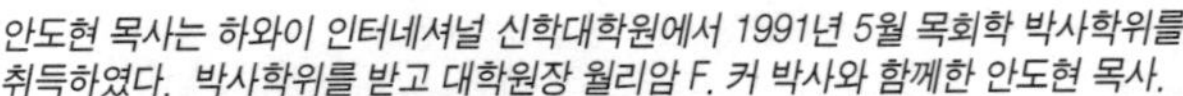

안도현 목사는 하와이 인터네셔널 신학대학원에서 1991년 5월 목회학 박사학위를 취득하였다. 박사학위를 받고 대학원장 윌리암 F. 커 박사와 함께한 안도현 목사.

그의 박사 학위 논문 제목은 '성서적 관점에서 본 우울증 치료의 효과적 방법 연구'였다. 그가 치유에 대하여 어떤 입장을 가지고 있는지 그의 논문에서 살펴본다.

전인 치유(Wholistic Healing)의 개념이 등장한 이래 지금까지 이에 대한 연구는 낙후한 상태를 면치 못하고 있다. 한 인간의 생명과 영혼을 바로 잡아 준다는 것은 결코 쉬운 일이 아니다. 일반 의사나 정신과 의사나 상담자들이 오늘날 공통적으로 도외시하고 있는 것이 영적 치유법(Spiritual Therapy)이다.

기존 현대 의학에서는 육체적인 것은 병원, 정신적인 것은 심리학자가, 영적인 것은 목회자의 담당으로 인식하고 있는 것은 인간을 전인으로 생각할 때 재고되어야 할 문제이다.

또한 우리 나라의 병원 실정으로 볼 때 많은 환자들이 부담해야 할 의사의 입장은 환자와 인격적인 관계를 맺을 여건이 어려울 뿐 아니라 실제 전인 치유를 담당할 수 있을 만큼 의사들이 훈련되어 있지 않다.

그러므로 환자의 치유 상태가 효과적인 치유가 되지 못하므로 오랜 기간에 걸친 수고와 비싼 비용이 든다는 것이다.

그러므로 이 논문에서는 전인 치유의 절대 필요성을 바탕으로 기독 의료인, 상담자, 목회자 간의 협동 사역을 할 수 있는 병원 내의 '전인 치유소' 설립을 주장한다.

안 목사의 관심은 전인 치유에 있었다. 이후 그는 연세대학교 연합 신학대학원에서 상담학을 전공함으로써 영적인 치유 뿐 아니라 심리적인 차원의 치유를 위해 준비를 했다.

지난 10년간 우리 교회에서 나타난 많은 치유의 기적은 그의 전인 치유에 대한 관심과 무관하지 않았다. 그는 기도를 통한 영적인 치유만을 고집하지 않았다. 하나님께서 허락하신 다양한 치유의 도구를 적절히 사용하는 전인 치유자로서 많은 치유의 역사를 나타냈다.

한 가족 같은 교회

3월 중에 성도들에게 몇 가지 특기할 만한 일이 있었다. 박혜숙 집사가 순복음신학교에 입학했다. 현재 뉴질랜드에서 사역하고 있는 그는 우리 교회가 배출한 첫 번째 선교사가 되었다.

또한 박영석 형제가 에베레스트 등반대원으로 참가함에 따라 그가 등반에 성공하고 돌아온 5월 중순까지 교회는 줄곧 그를 위해 기도했다. 그는 2001년 7월 22일 드디어 히말라야 K2봉을 마지막으로 전 세계 8천미터 이상 되는 산 14좌를 모두 정복하는 쾌거를 이루었다.

3월 31일, 부활절을 맞아 찬양예배를 드렸고, 5월 1일에는 도로 확장을 위한 참여로 마을에 기부금을 증정했다. 5월 5일 어린이날에는 체육대회를 개최했다. 적은 인원으로 행사를 한다는 것은 여러모로 어려움이 있었다. 하지만 우리 교회는 미흡한대로 행사를 계속 추진했다.

우리교회 또 하나의 보석이 바로 박영석 형제이다. 그는 2001년 7월 22일 히말라야 K2봉을 마지막으로 전 세계 8천미터 이상의 14좌를 모두 정복했다.

　6월 중에 지방회 임원 목사들이 순회 차 우리 교회를 다녀갔고, 7월에 들어서서는 KBS 성우인 김부영 집사의 도움으로 KBS 신우회를 초청하여 여름성경학교를 운영할 수 있었다.

　7월 28일에는 교회 차량으로 그레이스를 구입했다. 교회 버스 운행은 안병조 집사가 담당했는데 자비로 늘 수고했다. 그는 이후 세례를 받고 이름을 안성실로 바꾸었다.

　7월 31일부터 8월 3일까지 대덕산 계곡에서 여름 가족 수련회를 가졌다. 새로 구입한 그레이스가 한 몫을 했다. 새벽 5시에 출발했는데, 이 때 어느 집사는 형편상 같이 오지 못하고 뒤늦게 혼자 쏟아지는 장대비를 맞아가며 밤새 수련회 장소를 찾아 왔다. 도착 시간은 다음날 새벽 3시였다. 아름다운교회가 끈끈한 공동체임을 느끼게 했다. 그러나 밤이면 텐트 속에서 코고는 소리가 화음을 맞추며 산을 울리는 통에 잠을 이룰 수 없었다.

　8월 25일에는 조대원, 이근수, 김범순 성도 세 사람이 주축이 되어 청년회를 결성하고 별도로 성경공부를 하면서 꿈을 키워 갔다. 9월 중에는 안완석 집사 가족(전미순 집사, 안은혜, 안은희)이 우리 교회에 합류하였다.

　우리 교회의 예배와 각종 행사는 5평쯤 되는 거실에서 모두 이루어졌다. 그곳이 대예배실이요, 친교실이요, 식당이요, 주일학교 예배실이요, 아이들 오락실이었다.

　예배 때 성가대를 대신해서 가족별로 돌아가며 찬양을 했고, 집사이면 누구나 할 것 없이 주일학교 교사를 했다. 아울러 식사당번, 접대를 도맡아 했다. 일꾼 아닌 사람이 없었다.

　교인이 몇 명되지 않았지만 질서를 위해서는 조직이 필요했다. 그래서 김재영 집사가 남 선교회, 박혜경 집사가 여 선교회의 일들을 맡아 많은 수고를 했다.

　사택에서 목회를 한다는 것은 그야말로 가정을 속속들이 공개하는 일이었다. 숟가락과 젓가락이 몇 개인지 모르는 사람이 없고, 옷장에 목사와 사모가 옷이 몇 벌이 있는지, 그리고 서로의 장점과 단점이 무엇인지까지 훤히 알게 되었다.

이렇게 가정을 열어 목회를 할 때 가장 어려움을 느끼는 사람은 당연히 사모이다. 그러나 하나님은 감당할만한 은혜를 주셨다. 안 목사뿐 아니라 신영자 사모 역시 섬기는 은사를 가지고 있어 좁은 사택 안에서 모든 일들이 다 이루어짐에도 불구하고 조금도 싫은 내색 없이 항상 웃음 띤 모습으로 기쁘게 성도들을 섬겼다.

우리 교회 성도들은 마치 한 가족과 같은 분위기 속에서 신앙생활을 했다. 그러는 가운데 성도들이 한 가정 한 가정씩 늘어나 모두 열두 가정이 되었다. 새로 들어온 가족들은 마을 토박이들이 아니라 외지에서 온 사람들이었다.

원주민 전도는 결코 쉽지 않았다. 가족들이 서로 얽혀 있어 전도를 해도 개개인의 신앙적 결단이 이루어지지 않았다. 우리는 전도를 하면서 집성촌 전도의 어려움을 절감할 수 있었다. 영향력 있는 어른들

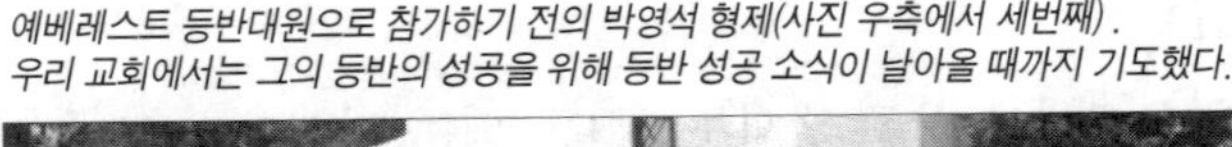

예베레스트 등반대원으로 참가하기 전의 박영석 형제(사진 우측에서 세번째).
우리 교회에서는 그의 등반의 성공을 위해 등반 성공 소식이 날아올 때까지 기도했다.

을 통한 집단 개종의 원리가 적용되어야 할 마을이었다. 이러한 점에서 마을 노인들에게 다가간 것은 적절한 시도였다고 생각된다.

일산 신도시가 개발되면서 원주민들이 땅 부자가 되었는데 이 일 또한 그들에게 신앙의 걸림돌이 되지 않았는가 싶다. 마을을 전도하러 다니다보니 결손 가정이 많이 발견되었다. 부모로부터 정상적인 교육을 제대로 받지 못해 비뚤어진 사고를 가지고 예의범절이 없는 행동을 하는 아이들이 많았다.

반면에 풍동 마을로 들어오는 사람들은 환경적으로 좀 어려운 편이었는데 그 사람들이 우리 교회를 찾아 나왔고 그들이 우리 아름다운교회의 주인공들이 되었다.

정다운 열 두 가정으로

이렇게 한 해를 보내고 1991년 11월 10일 우리 교회는 창립 1주년을 맞이하게 되었다. 개척 한 해 동안의 소감을 그 날 주보에 실린 칼럼에서 들어본다.

창립 1주년을 맞아

"내가 선한 싸움을 싸우고 나의 달려갈 길을 마치고 믿음을 지켰으니 이제 후로는 나를 위하여 의의 면류관이 예비 되었으므로 주 곧 의로우신 재판장이 그 날에 내게 주실 것이니 내게만 아니라 주의 나타나심을 사모하는 모든 자에게니라"(딤후 4:7-8)

푸르고 투명한 햇살 속에서 살아있음으로 유한함을 느끼게 하는 아름다운 계절입니다. 1년 전 이곳에 두 가정과 더불어 아름다운교회를 세우고 이제 교인들끼리라면 그 집의 숟가락이 몇 개며 웃음소리와 한숨소리의 이유까지 다 알만큼 정다운 열 두 가정으로 성장하였습니다. 이 땅 위의 세월과 유한한 인생을 하나님께 온전하게 드린다는 일이 주님의 돌보심과 사랑하심이 아니고는 감히 꿈꿀 수 있겠습니까?

이제 하나님의 은혜 가운데 교회 헌당을 앞두고 교회의 창립 1주년을 자축하고자 합니다. 아름다운교회를 관심과 기도와 격려로 사랑해주신 여러분들께 감사드리며 아름다운 성도의 교제를 나누어주시기 바라며 하나님의 은혜가 함께 하시기를 축원합니다.

12월 1일에는 남, 여 선교회 정기총회를 갖고 남선교회 회장으로 김재영 집사를, 여선교회 회장으로 박혜경 집사를 선출했다.

24일에는 예수 사랑을 알지 못하는 50여 명의 동네 노인들을 모시고 경로잔치와 성극 발표회를 가졌고, 25일에는 성탄 예배를 드렸다. 모두가 지쳐 있었다. 연속되는 행사에 몸이 따라가지 못하는 듯 했다. 그럼에도 불구하고 뒤로 처지는 사람이 없었다.

새벽송을 돌다가 어느 집사 집에 들러 기도를 하는데 도중에 이상한 소리가 들렸다. 한쪽 눈을 뜨고 보니 고개는 기도하는 자세인데 한 분이 코를 고는 것이 아닌가? 어찌 피곤치 않겠는가. 낮에는 직장에서, 교회에서는 한 사람이 열 두 사람의 몫을 해야할 판이니 그럴 만도 했다.

31일은 송구영신 예배로 모였다. 비록 숫자가 적어 어설프기도 하고 서투르기는 했지만 우리 교회는 기회가 올 때마다 하나님을 예배하고 이웃을 섬기는 일에 최선을 다했다.

돌아보면 그 당시 우리 교회는 모진 바람 속에서도 단단한 흙을 뚫고 돋아나는 새 싹과 같은 모습이었다. 일꾼이 부족하고 환경은 열악했다. 참으로 여리디 여린 교회였다.

그럼에도 불구하고 가슴 속의 열정과 희망으로 우리 교회는 한 해 동안 많은 일을 했다. 그랬기 때문에 창립 첫 해는 하나님께서 베푸신 은혜가 풍성하게 느껴진 한 해였다.

종의 집에 복을 주사

　우리 교회는 송구영신 예배 때 성경 구절 제비뽑기를 한다. 성도들 한 사람 한 사람 강단 앞으로 나와 성경 구절을 뽑아 그 해에 주시는 말씀으로 간직하도록 했고, 교회는 교회대로 말씀을 받았다.

　1992년 신년 예배 때 우리 교회에 주신 말씀은 "이제 청컨대 종의 집에 복을 주사 주 앞에 영원히 있게 하옵소서 주 여호와께서 말씀하셨사오니 주의 은혜로 종의 집이 영원히 복을 받게 하옵소서 하니라"는 사무엘하 7장 29절의 말씀이었다.

　1992년 1월 1일 오산리 최자실기념금식기도원에서 가진 신년 금식

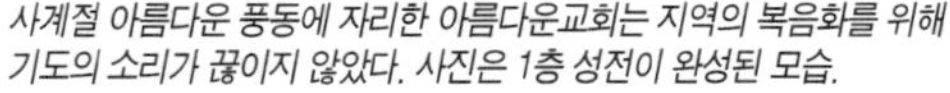

사계절 아름다운 풍동에 자리한 아름다운교회는 지역의 복음화를 위해 기도의 소리가 끊이지 않았다. 사진은 1층 성전이 완성된 모습.

기도회에 36명이 참석했다. 제일은행 야구장을 빌려 가진 5월 5일 야외예배에는 64명이 참석했다. 그때는 믿지 않는 가족들도 참여하여 주안에서 교제를 나누었다. 성도들이 모이기에 힘쓰고 교회 일에 적극적으로 동참함으로써 아름다운교회가 서서히 뿌리를 내리고 있음을 느낄 수 있었다.

이 때 우리 교회의 구역은 일산 구역, 서대문 구역, 수유리 구역, 강서 구역 등 네 구역으로 조직되었고, 그 해에 변영찬, 오순례, 이종만, 홍석정, 이정인, 홍영택, 홍정문, 노공현, 서정자, 김홍섭, 당성증, 박순오, 조혜수 성도 등이 우리 교회에 출석하였다.

풍리가 풍동으로

1992년 2월 1일 고양군이 고양시로 바뀌면서 우리 교회 주소는 고양군 일산읍 풍리 245-1에서 고양시 풍동 245-1로 바뀌었다. 주소 상으로 우리 교회는 고양시 풍동의 교회가 되었다. 하지만 마을은 변함없이 시골 모습 그대로이다.

야트막한 산자락으로 둘러싸인 마을, 큰길에서 450미터 산길을 따라 들어와야 만날 수 있는 풍동 마을 안에는 옛 모습을 간직한 기와집이 남아 있고, 이곳 저곳에 가옥들이 옹기종기 모여 있다.

풍동의 사계절은 어느 때나 아름답다. 봄이 되면 교회로 들어오는 길 양 옆에 개나리 꽃이 만발하여 들어오는 사람을 환영하는 듯하고, 언덕을 넘으면 산 목련 한 그루가 수천 마리의 학이 앉아 있는 것 같은 모습으로 아름답게 피어난다.

여름이면 녹음이 우거지고 아무리 더운 때라고 해도 산으로 둘러 있기 때문에 에어컨 없이도 예배를 드릴 수 있을 정도로 시원하다. 주일이면 나무 그늘 평상에 둘러앉아 성경공부를 한다. 한 여름의 매미 소리가 시원하다.

　한 밤중의 소쩍새의 울음소리는 우리의 마음을 차분하게 만들었다. 반면에 여름 장마 비라도 쏟아지면 지하에는 영락없이 물이 차고 질척대는 황토 흙을 묻히고 심방을 다니곤 했다.

　가을이면 코스모스가 한들거리고, 밤나무에서는 알밤이 떨어지고, 교회 마당 상수리나무에는 굵은 도토리가 여물어 간다. 그 덕분에 우리는 매년 창립 행사 때면 진짜 도토리묵을 먹을 수 있었다.

　겨울이면 황량한 분위기이다. 하지만 눈이 오면 교회 주변 전경은 환상적인 아름다움을 연출한다.

　이러한 풍경은 지금도 역시 마찬가지이다. 일산 신도시를 10분 거리에 두고 있는 도시 속의 시골, 그래서 우리 교회를 찾아온 사람들마다 '이런 곳이 다 있었나' 하고 어리둥절해 했다.

　지금은 대학생이 된 안 목사의 둘째 딸 영신 자매의 글을 통해 당시의 모습을 돌아본다.

풍동이라는 마을에 오기까지

　밤에 아빠가 언니와 나를 데리고 어디론가 가고 있었습니다. 버스를 타고 1시간쯤 갔을까…. 우리는 서울을 벗어나 좁은 시골길로 가고 있었습니다. 어느 조그만 정류장에 내렸을 때 좁은 도로 옆에 코스모스가 예쁘게 피어 있었습니다. 서울에서는 볼 수 없는 풍경이었습니다.

　아빠는 이곳이 우리가 이사올 동네라고 했습니다. 산을 넘어 좁은 길로 들어서니 벌레 소리와 풀 냄새로 가득했습니다. 나는 너무 신기했습니다. "이런 곳도 있구나." 나는 이곳으로 이사온다는 것이 신이 났습니다.

　우리가 이사올 집은 넓은 마당이 있었습니다. 마당에는 우리가 놀 수 있는 철봉과 그네가 있었습니다. 집도 컸습니다. 좁은 사택에서 답답하게 지내던 나는 너무 좋아서 마당을 몇 번이나 뛰어 다녔습니다.

　이사온 다음날 전학하기 위해 학교를 찾아 다녔습니다. 가장 가까운

학교는 식사동에 있는 원중초등학교였습니다. 그 학교에 갔을 때 나와 언니는 놀랄 수 밖에 없었습니다. 서울에서 다니던 학교와 달리 너무 작았기 때문이었습니다.

걸어가는 시간도 거의 30분이 걸리고, 처음에는 적응을 잘 못해 불평도 하고 떼도 썼습니다.

그러나 차츰 적응이 되었습니다. 원중초등학교를 다니면서 제일 힘들었던 점은 동네에 돌아다니는 개들이었습니다. 시골이다 보니 여기저기서 개를 키우고 있었습니다. 개를 무서워하는 나로서는 곤욕이었습니다. 집 앞에 개가 어슬렁거리고 있으면 들어가지 못하고 집 앞에서 엄마를 불렀습니다.

이 동네에서 보고 자란 것이 너무도 많습니다. 벼가 자라는 모습, 올챙이가 개구리로 자라는 모습, 계절을 느낄 수 있는 풍경 등. 생각해보면 풍동은 많은 추억거리가 담겨있는 동네입니다. 나의 유년 시절이 담겨 있는 풍동! 지금까지 아무 사고 없이 잘 지내게 해주신 하나님의 은혜에 감사드립니다.

70여 명이 모인 여름 성경학교

여름에 접어들면서 사택 안에서는 더 이상 예배와 교회 행사를 하기에 어려운 형편에 이르게 되었다. 즐거운 고민이었다. 사택 마당에 천막을 치고 그곳에서 여름성경학교를 하기로 했다.

7월 23일과 24일 양일간 우리 교회 여름성경학교는 마당에 설치한 대형 천막 성전에서 개최되었다. 장마 기간이라 날씨와 식사 준비, 프로그램 진행이 염려되었으나 날씨도 좋았고 별 어려움 없이 순조롭게 진행되었다.

예상외로 많은 아이들이 몰려 왔다. 무려 70여 명의 동네 아이들이 참석했다. 여 집사들의 수고는 말할 것도 없거니와 남자 집사들도 틈나는 대로 교회를 찾아와 협조함으로써 첫 여름성경학교를 빛내 주었다.

　　몇몇 집사들의 헌신적인 봉사는 모두를 감격스럽게 했고 잊지 못할 추억을 갖게 하였다. 7월 26일자 교회 주보의 칼럼을 통하여 여름성경학교의 뒷 이야기를 들어본다.

여름성경학교를 마치고

　　아름다운교회가 풍동 마을에 세워지고 첫 여름성경학교를 치렀다. 장마 기간이라 날씨를 걱정해야 했고, 장소가 비좁아 식사 준비, 그리고 프로그램은 재미있어할까 등을 염려했다. 부천시 고강동에서 두 아이를 데리고 기도회에 참석하시는 전도사님과 집사님들, 비교적 평안함 가운데 기도하며 준비하였다.

　　예비하시는 주님께서 대형 천막을 마당에 쳐주셔서 비를 막고 햇빛을 막아 주셨다. 또 방을 한 개 더 주셔서 주일학교 사무실로 사용할 수 있었다. 밤늦도록 차량을 기꺼이 운행해주신 안 집사님, 요모조모 선물을

1992년 7월 우리 교회 최초로 여름성경학교를 개최했다. 교회 마당 대형천막 성전에서 70여 명의 동네 아이들이 참석 하는 예상외의 성과를 거두었다.

마련해 주셔서 아이들을 기쁘게 해주셨다. 또 틈나는 대로 교회를 떠나지 아니하고 성경학교에 함께 지내주신 남 집사님들로 인해 마음 든든하고 고마운 마음 헤아릴 수가 없었다.

그리하여 70여 명의 아이들이 어디에서 나타났는지 만나게 하시고 예수님을 전할 수 있게 하셨다. 식당에서 매끼 맛있는 식사를 준비해 주신 여 집사님과 또 올해 성경학교의 빼놓을 수 없는 수훈공신 다마스를 오래도록 잊을 수가 없을 것 같다. 차를 따라 동네를 돌며 예수님을 전한다는 것이 어린아이들의 뇌리 가운데 얼마나 즐거운 추억으로 남을까 생각하니 하나님의 은혜를 감사하지 않을 수 없다.

모쪼록 이 아이들이 예수님과 동행하며 사는 삶이 계속 이어지기를 기도하며 주님께 영광 돌린다.

개척자의 심정

계절이 가을로 들어서면 풍동 마을은 쓸쓸하고 허허로운 분위기에 젖어 든다. 안도현 목사는 개척 이후 힘들고 외로울 때면 기도했고, 도시 목회의 분주함에서 벗어나 조용한 숲 속에서 묵상하는 시간을 많이 가질 수 있었다. 이러한 생활은 결과적으로 그의 영성의 깊이를 더하는 기회가 되었다.

아무리 힘들고 어려워도 하나님의 뜻을 안다면 견디고 나갈 수 있지 않은가? 그는 성도들에게 조그만 사건 하나 하나에서 하나님의 섭리를 발견하고 깨달은 사실을 주보 칼럼을 통해서 전해 주었다.

그의 삶과 신앙은 주보 칼럼을 읽으면 느낄 수 있다. 우리 성도들은 그의 칼럼에서 그와 말없는 대화를 나눈다. 그러면서 그를 이해하고 그를 따른다.

교회를 개척한 후 그 동안의 일들을 돌아보면서 쓴 9월 27일자 칼럼에서 개척자의 심정을 엿볼 수 있다.

하늘가는 밝은 길

많은 신앙인들 가운데 신앙의 연단 없이 평탄한 삶을 누리며 사는 사람들이 얼마나 될까. 더구나 가정마다 십자가를 맨 개척자들은 때로 상상할 수 없는 어려움을 겪는 것을 볼 수 있다. 하물며 한 마을의 영혼 구원을 책임지고자 세운 개척교회야 오죽하랴.

이제 11월이면 이곳에 아름다운교회가 세워진지 2주년이 된다. 그간 우리는 이 마을 사람들과 동화되기 위한 노력을 미흡하나마 여러 가지로 시도하여 왔다. 경로잔치, 여름성경학교, 도로 포장, 경로당 냉장고 기증, 미용 봉사 등 여기에 성도님들의 보이지 않는 땀과 수고를 이 땅에 묻으며 2년을 보낸 것이다.

편하게 살라면야 못살까. 요령껏 신앙생활 할라면야 또 못하겠는가.

때로 갈등하며, 때로 한숨 쉬며 훈련시키신 우리들의 아버지 하나님, 하필이면 제일 어리디 어린 믿음들을 택하셔서 때때로 섭섭해하고 외로워할 그 때도 우리 아버지는 함께 안스러워 하시고 다시 일어서게도 해 주시지 않았는가. 이 가을과 더불어 넉넉하고 성숙한 신앙으로 주님의 풍성한 은혜 가운데 거하시길……

그렇다. 안 목사에게는 요령이라는 것이 없다. 우리 성도들이 존경하는 바는 바로 그의 바른 목회관, 섬김, 신앙적 순수함 때문일 것이다. 한 예로 성도들이 정성어린 선물이라도 드리면 그것들을 모아 두었다가 어려운 가정을 심방할 때나 야유회 때 상품으로 내어놓곤 했다. 또 매사에 궂은 일을 마다하지 않고 솔선해서 섬김의 본을 보여 주었다.

교회가 들어서면 마을이 망한다

사택 거실에서 예배를 드리던 우리는 교인들이 늘어나면서 어떻게 해서든지 예배당을 지어 좀 더 여유 있게 예배를 드리고 싶었다. 날이 갈수록 그 마음이 간절해졌다.

그러나 막상 예배당을 지으려 하니 저항이 만만치 않았다. 교회가 세워질 것이라는 소문을 들은 마을 주민들은 '교회가 들어서면 마을이 망한다' 는 무당의 말을 듣고 거세게 반대하고 나섰다.

그 때 마을에서는 새해만 되면 마을 행사로 맹인 점쟁이를 데려다 놓고 가가호호마다 신대를 잡고 점을 치는 것이 어느 한 두 집이 아닌 마을 전체의 행사요, 집안에 궂은 일만 생기면 무당 굿을 하여 악귀를 쫓는 일이 다반사였다. 450년간 우상과 잡신을 섬기던 마을에 예배당을 건립하는 일은 무서운 영적 싸움이었다.

문제는 지역 주민의 반대 뿐만이 아니었다. 우리 교회가 구입한 땅은 땅주인이 농가주택과 축사만을 지을 수 있도록 건축 허가를 받아 놓은 상태였다. 그래서 3년 내에 그대로 건축하지 않을 경우 거액의 초토세를 물어야 하는 처지에 놓여 있었다.

이래저래 우리 교회는 성전을 짓지 않을 수 없었다. 축사를 짓기 위해서는 먼저 농가 주택을 지어야 했다. 이 일을 위해 부득이 서울 역촌동에 살던 김혁수 집사 가정이 여러 가지 불편함을 감수하고 농가 주택으로 이사를 오게 되었다.

이로 인해 박혜경 집사는 본의 아니게 교회의 사찰 역할을 하게 되었다. 교회를 찾아오는 모든 손님들을 맞이하는 일, 아내를 찾아 교회로 쳐들어온 남편을 달래어 보내는 일, 담임 목사가 자리를 비울 때 힘든 문제를 안고 찾아와 끝없이 하소연하는 방문객들의 말을 들어주며 상담하는 일 등 이모저모로 많은 수고를 했다.

1997년 뒤늦게 주의 종으로 부름을 받아 신학교육을 받고 지금 우리 교회 전도사로 사역하고 있지만 사실상 그의 사역과 훈련은 이 때부터 시작되었다고 할 수 있다. 풍동에 들어와 살면서 겪은 그의 눈물겨운 이야기 한 편을 소개한다.

끝없는 눈바람 속에 학교 가던 아이

교회를 개척하고 버스도 다니지 않던 풍동 골짜기에 살면서 아이는 먼저 살던 서울 구산초등학교로 얼마간 다녀야 했다. 2~3분 거리에 학원도, 학교도 있던 터라 그 동안 한번도 버스를 타고 등교할 일이 없던 아이가 158번 만원 버스를 타고 40분 걸려 연신내에 내려 또 걸어서 학교를 가자면 1시간 내지 1시간 반은 가야 했다.

어느 겨울날 아침, 밤새도록 내린 눈이 무릎까지 차 오르고 계속 눈 바람이 몰아치고 있었다. 책가방, 보온 도시락, 신발주머니를 손에 들고 머플러를 목에 휘감고 두 모자는 눈을 덜 맞으려 우산을 쓴 채 세원고등학교 앞 버스 정류장으로 향했다. 산 언덕을 넘고 넓은 논 밭을 가로질러야 버스를 탈 수 있었다.

"동준아, 엄마가 일러 준대로 잘 가야 돼."

괜스레 아이한테 미안한 마음이 들었다.

"동준아! 조금만 고생하면 돼! 알았지?"

논두렁 이쪽에서 아이가 눈 쌓인 논 밭을 가로질러 버스를 타러 가는 모습을 애타게 쳐다보다가 그만 눈물이 쏟아지고 말았다.

"주님! 저 아이를 지켜 주세요."

기도가 절로 나왔다. 그렇게 하고도 방과 후 돌아오는 버스 안에서 졸다가 종점에서 다시 돌아오기를 십여 차례 했다.

1년 후 백마중학교로 옮기게 되었다. 그 눈보라 속을, 억수로 퍼붓는 빗속을 걸어다니던 아이가 이제 대학 3학년이 되어 군대에 가게 되었다.

"주님! 그 발길을 선하고 평탄한 길로 인도해 주시고 축복해 주옵소서."

개척하던 해 교회 건축을 위한 도자기 전시회가 계기가 되어 교회를 세우고자 하는 마음으로 하나가 되었다. 정한진, 김재영, 김선희, 김혁수, 박혜경, 한성모, 김희정, 이계천, 박혜숙, 김영애, 김운택, 김미경, 구맹회, 박숙희, 변영찬, 박혜주, 안은미 등이 건축을 위해 헌금으로 동참했다.

축사 내부를 성전으로 개조

1992년 9월 17일 예배 처소를 사택에서 축사 성전으로 이전을 했다. 이 때 성전의 모습은 시멘트 기둥만이 세워진 상태였다. 찬바람이 불기 전이라 예배 드리는데는 별 문제가 없었다. 그러나 곧 다가올 겨울을 보내기 위해 예배 처소를 꾸미는 일을 서두르지 않을 수 없었다.

11월에 들어서면서 전교인이 하나되어 헌신함으로 축사가 성전으로 새 옷을 입기 시작했다.

남 선교회에서는 축사를 성전으로 개조하기 위해 밤낮을 가리지 않고 망치를 두드리며 쌓이는 피로와 싸웠고, 사모와 여 집사들은 식

예배처소를 사택에서 축사 성전으로 이전을 하게 되었는데 전 교인이 하나되어
축사를 성전으로 개조하는 일에 밤낮을 가리지 않았다.

사와 새참을 준비하고 나르는 등으로 수고했다.

특히 천장에 페인트 칠을 할 때의 일은 잊을 수 없다. 남자 집사들이 헌 옷을 골라 입고 머리에는 두건을 두르고 긴 붓으로 페인트 칠을 하는데 우리는 그 모습이 어찌나 우수꽝스러웠던지 지켜보는 이들의 웃음을 자아내 쌓인 피로를 씻게 하였다.

축사 내부를 성전으로 개조하는 과정에서 피와 땀과 눈물의 기도로 세워진 교회는 세상 권세가 결코 넘보지 못하며, 어느 시대 어느 상황에서든지 오직 기도만이 하나님의 능력을 받는 열쇠인 것을 몸소 체험할 수 있었다.

옥상에 십자가 탑이 세워지고 십자가에 불이 들어온 순간 풍리의 어두움의 세력이 물러나듯 했다. 안 목사는 지금도 그 당시 십자가 점등의 기쁨을 잊을 수 없다고 말한다.

첫 바자회

1992년 11월 7일, 우리 교회는 교회 창립 2주년을 맞이하면서 그동안 결집된 힘을 모아 지역사회를 위한 행사로서 첫 바자회를 열었다. 바자회는 여 선교회를 주축으로 해서 준비되었지만 남 선교회의 도움이 컸다.

11월 15일자 주보를 보면 당시 성도들이 어떻게 헌신했는지 살펴볼 수 있는 기록이 남아 있다.

바자회를 마치면서

지난 7일부터 2주년 행사로 벌였던 바자회는 처음 해보는 장사꾼들 같지 않았습니다. 자리 배열부터 물건 품목의 선정, 음식 만드는 솜씨에 이르기까지 훌륭한 잔치였습니다.

큰 줄기를 만드느라 애쓰신 남 선교회 회장님을 비롯하여 남 선교회 회원들, 잰걸음으로 물건을 나르고 파는 수완을 멋지게 발휘해 주신 여 선교회 회원들, 새벽부터 음식을 만들고 설거지하기에 바빴지만 장터의 묘를 살려주었던 다양한 음식을 잊을 수 없습니다.

여수댁(?)의 멸치장사는 밑가지는 않았는지? 비록 이 마을을 위한 잔 치였으나 냉랭한 마음을 보았을 때 사역의 힘겨움을 다시금 느낄 수 있었습니다. 합력하여 선을 이루시는 하나님을 찬양합니다. 하나되게 하시는 주님께 감사드립니다.

교회 창립 *2주년*을 맞이하여 준비한 첫 바자회 모습. 이날 행사는 바자회라기 보다 큰 잔치 분위기였다.

입을 지키는 자는 그 새명을 보존하나

1993년 신년예배 때 하나님께서 우리 교회에 주신 말씀은 "입을 지키는 자는 그 생명을 보존하나 입술을 크게 벌리는 자에게는 멸망이 오느니라"는 잠언 13장 3절의 말씀이었다.

'말을 조심하라' 는 의미심장한 말씀이었다. 우리는 하나님께서 왜 이 말씀을 주셨는지 한 해를 시작하면서 곧바로 깨달을 수 있었다.

1992년 11월부터 시작된 새 성전 내부 공사는 성도들의 적극적인 참여로 보일러, 전기, 장판, 도배 공사를 하나씩 마무리 지을 수 있었다. 조금은 미흡함이 있었지만 다음 해 1월 17일, 우리 교회는 새 성

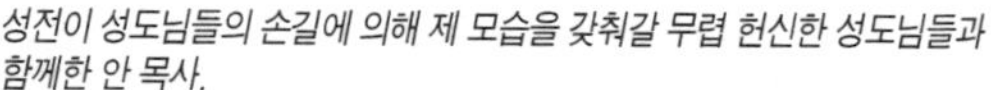
성전이 성도님들의 손길에 의해 제 모습을 갖춰갈 무렵 헌신한 성도님들과 함께한 안 목사.

전으로 이전을 했다.

이러한 과정에서 가슴 아프게도 여덟 가정이 한꺼번에 교회를 떠나는 사건이 일어났다. 새 성전에서 아름다운 꿈을 가지고 새롭게 시작하고자 하는 분위기는 여지없이 깨어지고 말았다. 모두에게 큰 충격과 깊은 상처를 안겨준 일이었다. 3월 21일자 주보 칼럼에서 당시 안 목사의 심정을 살펴본다.

작금의 주변에서 일어나는 일들을 보며 앞으로 나아가야 할지, 멈춰야 할지, 뒤로 물러서야 할지, 하나님의 시간이 멈춘 것 같은 착각을 할 때가 있습니다.

바로 지금이 말씀이 살아 움직이는 때요, 기도의 때요, 축복의 기회인 것을 느낄 수 있습니다. 아름다운교회와 그 속에 속한 권속들이 한 마음으로 부르짖을 때 위로하시고 싸매시는 하나님의 은총이 우리에게 임하실 것을 믿습니다.

때마침 로마서 강해 설교의 본문이 로마서 2장 1~5절의 말씀이었

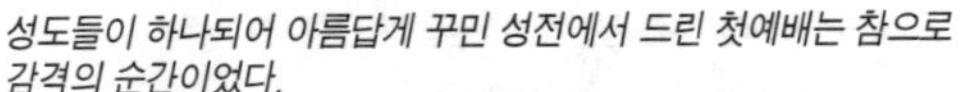

성도들이 하나되어 아름답게 꾸민 성전에서 드린 첫예배는 참으로 감격의 순간이었다.

다. 3월 28일, 안 목사는 '남을 판단하는 죄' 라는 제목으로 설교를 했고, 주보를 통하여 남은 성도들에게 이렇게 권고했다.

사람은 넘어지면 먼저 돌을 탓하고, 돌이 없으면 고갯길을 탓하고, 고갯길이 없으면 신고 있는 신발을 탓한다.
모두가 '내 탓이오' 라는 마음으로 기도합시다. 하나님의 은총이 우리에게 임하실 것을 믿습니다.

불만을 터뜨리고 떠나간 성도들로 인해 안 목사는 흐르는 눈물을 주체하지 못하고 매일 울고 다녔다. 목사의 마음을 알아주지 못하는 성도들이 야속했다. 머리 속에는 온갖 생각이 스쳐갔다. 그러나 교회가 안고 있는 빚 때문에 어떻게 해 볼 방도가 없었다. 문득 교회를 개척할 때 동료 목사들이 하던 이야기가 떠올랐다.

"안 목사, 여기서 3년을 버틸 수 있는가 보자."

친구들의 얼굴이 떠올랐다. 계속 그들의 말이 귓전을 맴돌았다.

"좋다, 나는 3년은 견딘다."

그는 다시 마음을 고쳐먹고 스스로를 위로하고 격려하며 하나님 앞에 무릎을 꿇었다.

3월부터 6월까지 멀리 온양에서 순복음신학교에 다니던 이경모 신학생이 교회에 머물고 있었다. 어느 날 그가 밤늦게 성가 연습을 마치고 막 잠을 자려고 누워 있을 때였다.

갑자기 말로 표현할 수 없는 어떤 형상이 나타났다. 이어 마치 맑은 물소리와 같고, 큰 우레 소리 같은 음성이 들려왔다.

"나는 스스로 있는 자니라!"

이 소리가 세 번이나 반복해서 들려 왔다. 이경모 신학생은 흥분하여 안 목사에게 뛰어갔다.

"목사님! 목사님! 하나님께서 우리 아름다운교회에 살아 계세요."

일어나 걸어라

교회가 아픔을 겪고 난 후 남아 있는 성도들의 마음도 편치 않았다. 게다가 풍동 마을은 전혀 변화될 기미가 보이지 않았다. 3년이나 두드렸으면 열릴 법도 한데……

모두 지치고 낙심에 빠져드는 분위기였다. 더 이상 '할 수 있다' 는 말을 할 수 없었다. 그 즐겁던 모임에서도 무거운 침묵이 흘렀다. 성도들의 심령의 상태는 '상한 갈대' 와 '꺼져 가는 등불' 과 같았다. 그러나 위로의 하나님은 우리 교회를 그냥 버려 두지 않으셨다.

이 무렵 안도현 목사는 인천에 있는 한일교회로부터 부흥회 인도를 부탁 받았다. 그 때를 정확히 알고자 해도 안 목사는 그 시일을 확실히 기억하지는 못했다. 주보에 기록이 없을 정도로 그 당시로는 대수롭지 않은 일이었다. 그러나 그 일은 우리 교회가 힘을 내서 다시 일어설 수 있는 계기를 만들어 주었다.

안 목사는 자신을 지극히 작은 자라고 생각하고 있었고, 교회 형편상 마음도 편치 못했다. 그러나 한일교회 측의 강권에 못 이겨 부흥회에 나갔다.

그 날 부른 찬양 중에 '나의 등뒤에서' 라는 곡이 있었다. 그는 이 찬양을 부르며 주체할 수 없는 마음의 감동을 받았다.

나의 등뒤에서 나를 도우시는 주
나의 인생 길에서 지치고 곤하여
매일처럼 주저 않고 싶을 때 나를 밀어 주시네(1절)
평안히 길을 갈 때 보이지 않아도
지치고 곤하여 넘어질 때면 다가와 손내미시네(2절)
때때로 뒤돌아보면 여전히 계신 주

잔잔한 미소로 바라보시며 나를 재촉하시네(3절)
일어나 걸어라 내가 새 힘을 주리라
일어나 걸어라 내 너를 도우리

하나님께서는 그 날 안 목사의 상한 심령을 어루만져 주셨다. 그는 자신의 처지와 그 찬양을 통해 받은 감동을 그대로 전했다. 한일교회에서의 부흥회는 그를 위한 부흥회였다.

영적으로 새 힘을 얻은 안 목사는 성도들에게 하나님의 열심을 가지고 다시 일어설 것을 촉구했다. 1993년 6월 27일자 주보 칼럼을 통해 그의 권면의 말을 들어본다.

하나님의 시간 계획표

"하나님의 나라는 말에 있는 것이 아니라 능력에 있느니라"
먼저 하나님께서 우리를 택하여 불러 주시고 우리는 주님과 자녀 된 관계가 되었습니다. 하나님께서는 때로 우리들의 기도에 침묵하실 때가

낙심되고 흩어진 성도들의 마음을 다시 하나로 묶고 더욱 뜨거운 기도로 어려움을 극복했다.

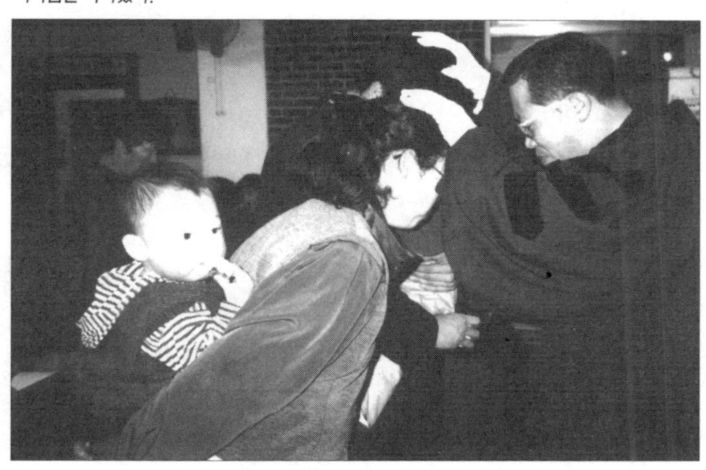

있습니다.

주님께 열납되는 기도란 어떤 기도일까? "눈물도 없고 회개도 없는 패역한 세대여"라고 주님은 말씀하셨는데 우리가 우리의 죄를 회개치도 아니하고 고집과 완악함 가운데 있을 때 주님은 때때로 광풍도 허락하시고 침묵도 허락하십니다. 그러나 우리가 죄를 회개하고 자복할 때 주님은 다시 만나 주시고 사랑하여 주십니다. 주님과의 관계가 회복될 때 우리는 다시 시작할 수 있습니다.

"이 땅을 네게 붙였느니라" 이러한 음성이 들리지 않습니까? 완악한 이 영혼들이 주님 앞에 돌아오는 길은 하나님의 열심을 가지고 우리의 관심과 지극한 사랑을 보이는 것입니다. 이를 위하여 7월 5일부터 8일까지 전도와 경로행사를 갖습니다.

이 행사를 통해 우리의 신앙이 새롭게 일어서는 기회로 삼아야 하겠습니다. 환경을 바라보면 낙심이 되고 주저앉고 싶지만 주님의 일만을 생각하면 소망이 생기고 기쁨이 넘치며 엄청난 비전을 영의 눈으로 볼 수 있는 것입니다.

우리 교회는 7월 5일부터 8일까지의 전도 행사를 통해 낙심되고 흩어진 성도들의 마음을 다시 하나로 묶고 힘차게 일어서는 계기를 마련하고자 했다.

중요한 행사였지만 은혜 안에서 이루어질 수 있도록 누구도 부담을 주거나 강요하는 사람이 없었다. 성도들은 말을 아끼고 조심하며 서로 사랑하며 존경하기를 힘썼다. 이러한 때에 우리 교회에 새로 나왔던 조기천 집사의 간증을 들어본다.

1993년 초여름 저와 저희 가족은 처음 교회에 오게 되었습니다. 당시 몇 가정되지 않는 성도와 크지 않은 교회 규모였습니다. 하지만 그 몇 명 되지 않는 성도님들의 사랑은 정말 그 어떠한 큰 물질보다도 귀한 것이었습니다.

그 때 그 분들의 넘치는 사랑 때문에 저희가정은 별 어려움 없이 신앙 생활을 시작할 수 있었고 지금도 그 때 몇몇 분들의 사랑을 잊을 수가 없습니다.

당시 인호(6세)와 원호(5세), 그리고 제 처(이상임 집사)는 물질적인 어려움으로 연탄을 때는 단칸방에서 살았습니다.

몇 년이 지난 지금 주님께서는 저희 가정을 복 받은 가정으로 만들어 주셨고 앞으로도 더욱 사랑해 주시리라 믿습니다. 이제 기도합니다. 이웃과 나눌 수 있는 넉넉한 믿음과 은혜가 넘치는 가정이 되게 하옵소서.

아픔은 우리 모두를 돌아보게 했고 성숙을 위한 디딤돌이 되었다. 행사를 앞두고 성도들은 서로를 격려하며 자발적으로 헌신했다. 이러한 아름다운 모습을 7월 4일자 주보를 통해 살펴본다.

경로잔치

죠지 뮬러는 기도를 드리며 "내 노경을 아름답게 하사 나를 죄 많은 늙은이로 죽지 않게 하소서."라고 했습니다. 인간이면 누구나 겪는 생로

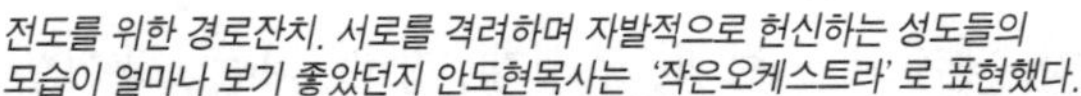

전도를 위한 경로잔치. 서로를 격려하며 자발적으로 헌신하는 성도들의 모습이 얼마나 보기 좋았던지 안도현목사는 '작은오케스트라'로 표현했다.

병사 앞에 인생을 행복하게 늙는 지혜를 생각하게 됩니다. 다행히 기독인들은 세상 사람들과 다른 가치관으로 인해 마음먹기에 따라서는 행복과 불행의 삶을 조정할 수 있는 것입니다.

하나님이 부르실 때까지 건강한 모습으로 자녀들과 이웃들의 보살핌과 위로와 존경을 받고 살아야 하는데 그러기 위해서는 건강한 의식과 건강한 신앙생활이 중요합니다. 해질 무렵 붉게 물드는 석양의 따사로움과 같이 인생의 황혼을 하나님과의 은밀한 영적 교통과 넉넉한 선심으로 이제껏 살아온 삶보다 더 풍요로운 삶이 될 수 있도록 자신의 노력도 필요한 것입니다. 7월 8일에는 동네 어른들과 교회 어른들을 모시고 찬양, 율동, 침술로 봉사하며 하루를 풍요롭게 지내려 합니다. 이를 통해 한 영혼이라도 주님을 영접하는 역사가 있기를 간절히 기도합니다.

우리는 하나님께서 도우시는 것을 여실히 경험할 수 있었다. 행사는 방학 중 봉사 활동을 위해 우리 교회를 찾은 20여명의 순복음신학교 전도부와 람원교회 찬양팀, 그리고 우리 교회 성도들이 한 마음 한 뜻으로 어우러져 하루하루가 아름답게 진행되었다.

마지막 날 8일에는 경로 잔치를 위해 뷔페 식단을 준비하였다. 떡, 찰밥, 흰 콩밥, 김치, 돼지고기 보쌈, 부침개, 잡채, 나물, 북어찜, 과일 사라다, 닭 사라다, 수박 화채, 팥빙수, 도토리묵 등을 정성껏 마련하였다.

접대를 위해 소요되는 경비를 부담하기 위해 너나 없이 정성을 모았다. 지금도 남아 있는 당시 결과 보고서를 보면 수입 총액 73만 원이었고 지출 총액은 73만 1백70원이었다.

모두 수고의 땀을 흘렸다. 그러면서도 서로 섬기며 즐거히 헌신했다. 그 하나됨이 얼마나 보기 좋았던지 안 목사는 그들을 '작은 오케스트라' 로 표현하였다.

하나님의 돕는 손길을 강하게 느낄 수 있었던 행사였다. 7월 11일자 주보 칼럼을 통해 행사의 진행과 결과를 살펴보고자 한다.

작은 오케스트라

주님의 일은 세상이 주지 못하는 은근한 기쁨과 평안이 있다. 몇 차례의 행사를 치르면서 점점 성숙한 신앙의 경지를 느끼게 된다. 도우시는 하나님의 손길은 말할 것도 없고 사람을 도구로 사용하시는 주인의 섭리를 음미해 볼 때 놀랍고도 정확하시다. 3박 4일간 성경학교와 사랑의 나눔 잔치를 치렀다.

부엌은 부엌대로, 교사는 교사대로, 운송부는 운송부대로 짐을 나르느라 구슬땀을 흘리고, 뚝딱! 뚝딱! 망치소리 등의 화음은 하늘을 울리고 마지막 날 노인들을 위한 나눔 잔치는 이 행사의 클라이막스를 보는 듯했다.

맛난 갖은 음식과 팥빙수는 이 날의 히트상품(?)으로 사랑을 받았고, 남선교회 사무실은 일일 침술원으로 변신하여 아픈 노인들이 줄을 서는 장사진(?)을 이루었다. 그 외에 도와주신 사랑하는 성도님들과 찬양 중창단 및 신학생들께 감사 드리고 주님께 영광을 돌립니다.

하 ○ ○ 이야기

그는 심한 알코올 중독자에 의처증 환자였다. 세파에 밀리고 밀려 풍동에 들어왔다. 허름한 비닐 하우스에서 생활하며 목공 기술 하나로 가구점 하청을 맡아 겨우 살아가고 있었다.

아내가 가출을 한 이후 평안할 날이 없었지만 하나님의 은혜 가운데 있을 때에는 그래도 삶에 희망이라는 것이 보였다.

어느 날 안도현 목사가 그 집 앞을 지나다가 문득 머리에 불길한 생각이 스쳐 노크를 했다.

"하 선생님! 계십니까?"

"……."

"아무도 안 계세요?"

"……."

문을 열고 어둠 컴컴한 실내를 살피다가 문 석가래에 뭔가 흔들거리는 형체를 발견한 순간 자살이라는 생각과 동시에 허겁지겁 묶어 놓았던 끈을 풀고 인공호흡으로 아찔한 위기를 넘겼다.

다시 돌아온 아내와 하루가 멀다하고 칼부림을 하며 싸우면 아내는 교회로 피신하고 그는 술로 날을 새우곤 했다.

우리 교회는 어느 쪽에서 보아도 숲의 경관이 수려하다. 주변에 예로부터 내려온 종중 땅이 있고 숲이 우거져 있다.

하루는 그 우거진 소나무 숲 사이로 뭔가 흔들거리는 것이 있어 자세히 보니 사람이 매달려 있었다. 결국 그는 그렇게 갔다.

한 여름 인적도 없는 대낮에 김혁수 집사의 도자기 작업장에서 작업하던 학생들과 안완석 집사가 그의 시신을 내렸다. 이후 안 목사와 안 집사가 장례 절차를 마치고 시립 공동묘지로 그의 시신을 옮겨 뙤약볕 아래서 그를 묻어주고 내려 왔다.

안 목사는 한 영혼을 귀하게 여겨 그를 참 사랑으로 대해 주었고 늘 신경을 써 돌봐주었다. 하지만 그는 그렇게 허무하게 갔다. 그의 영혼이 불쌍하였다.

이러한 아픔은 아직도 그 사건을 목격하고 지켜 본 우리들의 가슴 속에 묻혀 있다.

영적 전쟁을 선포하다

안도현 목사는 가을로 접어들면서 교회 내의 모든 인간 관계의 갈등을 영적인 관점에서 바라보고 교훈을 주었다. 그리고 그 동안의 모든 갈등의 요인을 말끔히 정리하고자 성도들에게 영적 전쟁을 선포했다. 이에 대하여 9월 19일자 칼럼을 통하여 살펴본다.

지금, 인간관계의 모든 부분에 영적인 전쟁을 선포합니다. 마귀는 교묘한 술수로 인간을 이간질하고 분을 내게 하며 미워하게 하여 파괴하는 쪽으로 몰고 갑니다. 크리스천이여! 깨어 기도하여 가족을, 이웃을, 나라와 세계를 살립시다. 예수 사랑의 물결이 내 자신부터 일 수 있도록 말입니다.

그리고 성도들에게 새벽예배에 참여하여 기도할 것을 강력하게 요청하였다. 당시 새벽을 깨우며 영적 전쟁에 참여한 우리 성도들의 모습을 그 다음 주일 칼럼에서 살펴본다.

거룩한 행보

점차 밤이 길어져 새벽 4시 반 전후면 어두컴컴하다. 코스모스 사잇길로 드문드문 사람의 인적이 나타난다. 어떤 때는 헐레벌떡 뛰는 사람도 있다. 5시면 어두운 풍동 한가운데에 불이 밝혀지고 찬송이 울린다.

아! 새벽에 피아노 반주가 있으면 더욱 좋겠다. 아름다운 화음에 맞춰 드려지는 기도는 에누리 없이 다 받으실 것 같다. 교회가 조금 더 커지면 수요예배, 철야예배, 새벽예배…, 예배 때마다 아름다운 반주에 맞춰 찬양을 드리리라.

"네 시작은 미약하였으나 네 나중은 심히 창대하리라"

지금은 한 사람 한 사람이 얼마나 귀한 존재인지. 세월이 지나고 보면 얼마나 아름다운 추억이 될까.

그러나 우리를 기도케 하시기 위해 새벽 잠을 털게 하시고 일으키셨다. 하나님의 열심을 누가 막을까. 문제는 문제가 아니다. 문제 뒤에 역사 하실 주님을 바라보는 영의 눈을 가져야 한다.

"육의 생각은 사망이요 영의 생각은 생명과 평안이니라" 라고 하셨다. 문제가 있고 곤고할 때 더욱 평안을 허락하심은 주님이 나와 함께 하심이라. 문제마다 해결될 줄 믿고 기도의 위력과 깊은 맛을 체험할 수 있는 좋은 기회가 되시기를 바랍니다.

3년을 버티다

교회는 날마다 그 모습을 갖추어 갔다. 마을 주민들의 반대에도 불구하고 마침내 7월 중 교회 종탑이 봉헌되었고, 11월 중 교회 의자도 봉헌되었다.

성전을 가꾸는데 거의 1년이 소요되었다. 구석구석 성도들의 손길이 닿지 않은 곳이 없었다. 여 성도들은 틈만 나면 창틀에 페인트칠을 하였다. 마음먹은 대로 칠해지질 않았다. 붓이 똑바로 가지 못하고 삐뚤 삐뚤거렸다. 그 모습을 보고 서로 웃으며 성전 단장을 마무리하었다. 그래서 새 성전은 더욱 사랑스러웠다.

1993년 11월 7일, 우리 교회는 감격 속에 창립 3주년을 맞이했다.

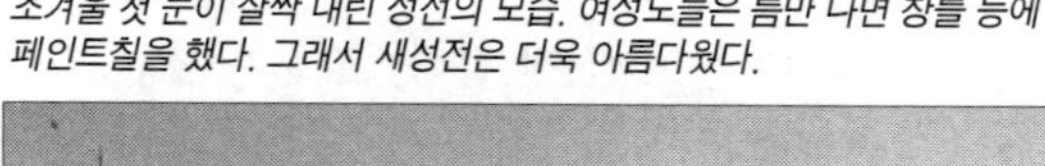

초겨울 첫 눈이 살짝 내린 성전의 모습. 여성도들은 틈만 나면 창틀 등에 페인트칠을 했다. 그래서 새성전은 더욱 아름다웠다.

주변에서 "여기서 3년 버틸 수 있는가 보자."고 했는데 어쨌든 3년을 버틴 것이다.

이런저런 이유로 3주년을 맞는 감회가 특별했다.

1993년은 새 성전으로 이전하면서 우리의 마음의 성전도 새롭게 하는 한 해였다. 그 동안 우리는 하나님의 뜻이 어디에 있는지를 몰라 갈등하며 방황도 했고, 힘들어하기도 했다. 그러나 한 해를 보내며 어둠 속에 빛이 비취고 헝클어진 실타래가 풀리는 듯 했다. 그날 예배 순서지 초대의 글을 통해 당시의 심정을 다시 느껴 본다.

초대의 글

수많은 인생들 가운데 고르고 골라 일산 풍동 광야 땅에 심으신 뜻을 우리 는 알지 못한 채 고통하며 괴로워했습니다. 우리는 사명인지, 섭리인지, 주님의 뜻인지, 어려운 단어들과 좌충우돌하는 사이 어느새 서로의 얼굴에서 몸짓에서 지나온 세월을 읽습니다. 늦가을 오후 쏟아 부으시는 주님 사랑에 눈부서 하며 3주년을 맞이합니다. 그 동안 도움주신 분들과, 때론 외로워서 더욱 보고 싶은 사랑하는 분들과 어우러져 주님께 드리고 싶은 날입니다.

영광 받으시고 귀한 그릇으로 쓰소서.

확실히 지난 3년은 우리 교회가 풍동에 뿌리를 내리기 위해 몸살하며 고통하는 기간이었다. 그러나 그 연단을 통하여 우리 교회가 하나님이 쓰시는 그릇으로 준비되었다고 믿는다.

순서지에 실린 '지나온 이야기' 는 당시의 상황을 더욱 생생하게 느낄 수 있게 한다.

여러 성도님들을 뵈옵게 된 것을 주님께 감사드립니다

450년 우상의 터에 어느 날 부터인가 찬송 소리도 울리고 생면 부지의 얼굴들이 인사를 하고 한 달에 한 번씩 머리도 깎아주며 어둑한 새벽이면 새벽예배의 불을 밝히며 변하기 시작하였습니다.

영적인 미개지가 개화를 시작하며 교회가 없던 이곳 풍동엔 깨임의 고통이요, 우리들에겐 낮아지며 거듭남의 영적 싸움터였습니다. 삼각산에서 개척을 위한 첫 기도 모임이 시작되었고, 개척지를 일산으로 정하고 부지를 구하러 다닌 것이 엊그제 같은데 30년은 산 것 같은 세월입니다.

1990년 11월 창립예배를 드리고 건축을 위한 도자기 전시회와 세 차례의 경로잔치, 여 선교회 주최 바자회, 미용, 침술 봉사 등으로 이 마을에 뿌리를 내리기 시작했습니다. 그 동안 십 수 가정이 본 교회를 섬기다가 사업장을 따라 이사를 갔으며, 또한 몇몇 가정은 교회 근처로 주거지를 옮겼거나 옮길 계획 가운데 있습니다.

주님께서 아름다운교회를 이곳 풍동 마을에 세우시고 우리에게 복음의 횃불을 들게 하셨는데 이 나라와 세계의 복음 사역에 귀하게 사용되는 교회가 되기를 원합니다.

멀리서 우리 교회를 위해 기도하던 분들이 여러분 찾아와 격려해 주었다. 이날 오후 3시, 감사 찬양예배에서 안 목사는 개척 당시 받았던 이사야 41장 14~16절의 말씀을 본문으로 해서 '새 타작기계'라는 제목의 설교로 우리 교회를 향하신 하나님의 뜻을 새롭게 조명해 주었다.

우리는 지렁이 같은 야곱이 새 타작기계가 되기 위해 많은 연단을 받았던 것을 기억하며 그 동안의 연단이 하나님의 뜻과 섭리 가운데 이루어진 것으로 알고 기쁘게 여겼다.

이어서 마을 주민을 위한 간증 집회를 가졌는데 유한나 전도사가 강사로 수고했다.

힘겨웠던 한 해를 보내며

12월 5일, 주일예배를 마치고 오후부터 시작해서 다음날 3시 반까지 130포기의 교회 김장을 마쳤다. 마당에 모닥불을 지피고, 절인 배추를 씻고, 무채를 썰어 양념을 버무려 넣고 땅을 파 완성된 배추를 독에 넣고 묻기까지 모두가 정성을 다했다.

여집사들의 수고야 말할 나위가 없었지만 행사 때마다 항상 그림자 같이 곁에서 수고한 남자 집사들의 도움이 절대적이었다. 김장을 마치고 나니 겨우살이 걱정이 한순간 날아가 버렸다.

평소 풍동의 분위기는 조용하다. 그러나 연말이 되면 아름다운교회로 인해 정적이 깨어진다. 기도로 마음을 뜨겁게 달군 성도들이 가가호호 찾아가 문을 두드리는 소리에 조용하던 마을이 술렁거렸다.

말문을 트고 웃으며 상대방의 관심사에 대해 이야기하다 보면 어느새 그 집 안방에 들어와 있는 것이다. 외로운 노인도 만나고, 육신

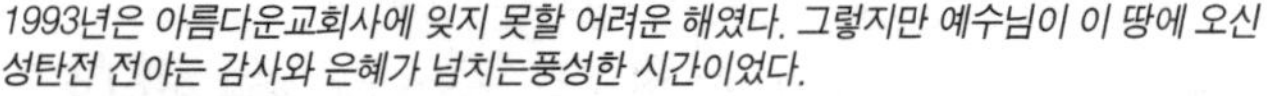

1993년은 아름다운교회사에 잊지 못할 어려운 해였다. 그렇지만 예수님이 이 땅에 오신 성탄전 전야는 감사와 은혜가 넘치는 풍성한 시간이었다.

의 병고를 지니고 있는 아주머니도 만나고, 그 가족들과도 인사를 하지만 하나같이 어두움의 그림자가 드리워져 있었다.

"언제쯤 풍동 마을이 하나님 보시기에 아름다운 예수 마을이 될 수 있을까……."

이번에 우리 교회의 역사를 정리하는 과정에서 가슴속 깊이 담아두었던 옛날 이야기들이 되살아 났다. 모이면 이야기꽃을 피웠다. 지난 이야기를 듣는 새 성도들의 표정이 진지해 보였다. 그 때를 되돌아보며 박혜경 전도사는 당시의 심정을 이렇게 적었다.

교회 사세요

450여 년의 영적 불모지의 땅이 갑작스레 영적인 땅으로 변화되지는 않았습니다. 그 당시만 해도 파산한 가정에서 집나간 부모를 기다리는 소녀 가장 같은 심정이랄까. 바다에서 무풍지대를 만난 것 같은, 하나님께서 잠시 호흡을 멈추고 계신 것 같은 심정이었습니다.

"안녕하세요. 매물이 있어서요. 잘 부탁드립니다."

복덕방 중개인의 뒷말을 들을 것도 없이 뒷꼭지가 부끄러워 황급히 나왔습니다. 또 다른 부동산 중개소에 들렀습니다.

"안녕하세요. 매물 하나 내어놓으려구요. 여기 다 적혀 있어요. 임자 있으면 연락 주세요. 부탁합니다."

마치 노련한 세일즈 우먼처럼, 그런 척해야 덜 쑥스러웠습니다. 일산 풍동 245-1번지에서 강남이 어떤 동네라고 하얀 마분지에 교회 전경 사진, 평수, 평당 가격을 적어 서초동에서 강남 터미널까지 부동산을 찾아다녔습니다.

하늘은 먹장구름이 잔뜩 끼어 괜스레 머리가 짓눌리는 것 같고 마음까지 무거웠습니다.

"기분이 엉망진창인 하루지만 할 일은 해야지."

마음을 다져 먹고 발걸음을 옮겼습니다. 파리 날리는 복덕방마다 벽에는 매물 사진들이 도배되어 있었습니다. 빈 복덕방 책상에 가지고 간

전단지 한 장씩을 놓고 정말 터덜터덜 돌아오는 심정이란 말로 표현할 수 없었습니다.

　"하나님! 당신의 호흡이 멈추셨습니까?"

　"더 이상 이 무풍지대를 버텨 나갈 힘이 없습니다. 도와주세요."

　그 날 어두웠던 하늘 만큼이나 암담하고 어두웠던 마음을 돌아보며 다시 새 날을 주시고 새 힘을 주시는 하나님께 감사합니다.

　1993년이 저물어 가면서 상처들이 아물어 갔다. 성탄절을 맞이하는 성도들의 얼굴에 기쁨이 돌아왔다. 상한 심령들이 회복되었다. 교인들은 이 일로 인해 너나없이 조용히 자신을 돌아보는 계기를 갖게 되었고 영적으로 부쩍 성장하였다. 우리는 한 해를 뒤돌아보면서 연초에 주어진 하나님의 말씀이 새삼스러웠다.

　안 목사는 그 때를 회고하며 이렇게 말했다.

　"만약 마음을 다스리지 못하고 감정대로 말을 했더라면 교회는 그냥 깨어지고 말았을 것입니다."

성탄절을 맞이하는 성도들의 얼굴에 기쁨이 돌아왔다.
상한 심령들이 회복되었다. 사진은 성탄절 예배 특송을 하는 성도의 가족들.

또한 그 때 얻은 교훈을 이렇게 말했다.

"인간 관계에서 문제가 생겼을 때 목사가 문제에 직접 개입해서 누구는 잘했고, 누구는 못했고, 이런 식으로 판단을 할 경우 덕이 되지 않음을 깨달았습니다. 그래서 오직 기도로 해결하고자 했습니다."

돌아보면 모든 것이 합력하여 선이 되었다. 인간 관계의 갈등이 있을 때 함부로 판단하는 일을 그치고 오직 하나님 앞에 나아가 기도할 일 밖에는 달리 방법이 없다는 사실을 절실히 깨달은 한 해였다.

내가 너를 도우리라

1994년 신년 예배 때 우리 교회에 주어진 말씀은 "지렁이 같은 너 야곱아 너희 이스라엘 사람들아 두려워 말라 나 여호와가 말하노니 내가 너를 도울 것이라 네 구속자는 이스라엘의 거룩한 자니라"는 이 사야 41장 14절 말씀이었다.

1월 1일 새해 첫날, 우리 교회는 변함없이 금식 성회로 한 해를 시 작했다.

오전 11시에 신년 감사 금식성회, 오후 3시에 찬양예배, 오후 7시 에는 사경회로 모였다. 신년에 세운 계획들을 가지고 간구했고, 구속

지역주민들에게 기독교 문화를 전하기 위해 열린 선교 훼스티발.
선교잔치는 지역주민들에게 큰 호응을 얻었지만 전도는 기대에 미치지 못했다.

자 하나님의 도우심을 기대하며 교회의 발전을 위해서 간절히 기도했다.

1월 2일 주일, 새로운 가정이 우리 교회를 찾아 왔다. 우리 교회로서는 너무나 반갑고 기쁜 일이었다. 하나님께서는 연초에 위로의 말씀과 아울러 새 가족을 통해 기쁨과 용기를 부어 주셨다.

"새 해를 맞아 지난 날의 묵은 감정을 털어 버리고 새롭게 출발하자."는 담임목사의 기도는 간절했다. 그는 예배 때마다 하나님께 받은 위로를 성도들에게 안겨 주었다. 1월 16일자 주보 칼럼을 통해 성도들을 향한 그의 소망을 살펴본다.

창조의 저녁 같은 겨울입니다

강추위가 기승을 부립니다. 이 추위에 어려움을 겪는 이들이 없도록 간구합니다. 우리들의 신앙이 이 겨울의 빈들이나 황량한 나뭇가지처럼 또는 동토와 같지 않기를 기도합니다. 또 세상살이에 분주하지 않기를 기도합니다. 주의 일은 열심을 내나 조용하고 지혜롭기를 기도합니다.

겨울이 깊으면 새 싹이 움트고 물오르는 봄이 옵니다. 이 깊은 겨울에도 아름다운 것은 있습니다. 맑은 밤하늘의 별자리와 매섭지만 싸한 공기며 '호호' 입김으로 손을 녹이며 들어오는 아이들, 어느 날 문득 창 밖에서 벌어지는 '싸락눈의 향연', 겨울 밥상에 오르는 동치미와 청국장 냄새 등등.

우리는 이제 침묵할 나이인가 봅니다. 인생을 관망하며 우주의 오묘한 섭리에 감탄하며, 감사하며 말입니다. 이제 창조의 저녁 같은 겨울입니다. 문득 크리스천들의 삶이 봄, 여름, 가을, 겨울의 사계절과 같다는 생각을 합니다. 따뜻한 것을 사모하는 계절입니다. 따뜻한 것은 주님의 마음입니다. 신년에 세운 기도제목을 위해 날마다 기도에 힘쓰시기를 기원합니다.

어떤 경우에도 보증은 서지 않습니다

지난해 봄, 교회를 떠났던 몇 가정이 되돌아 왔다. 반가운 일이었다. 누구보다도 반가워한 것은 안도현 목사였다. 우리는 그의 모습을 보면서 선한 목자의 심정을 헤아릴 수 있었다.

그 무렵 한 가정이 새로 들어 왔다. 이들은 교회 주변을 둘러보고 가더니 다음 날에는 장모와 처남까지 데리고 와서는 너무 너무 좋아했다. 서대문구 홍제동에서 전자 대리점을 한다는 그 사람은 호기가 있어 보였다.

"목사님, 교회 들어오는 입구에 교회 팻말은 제가 해놓겠습니다."

"교회 바자회 때 냉장고, 선풍기를 저렴하게 내놓겠습니다."

"목사님, 저희 아버님이 사슴 농장을 하는시데 같이 가시죠." 하면서 그랜저 승용차를 개척 교회 앞에서 리모콘으로 작동하는 모습을 우리는 경이로운 눈빛으로 바라보았다. 좋은 협력자가 생겼다고 다들 좋아했다.

하루는 그가 안 목사에게 부탁을 했다.

"목사님, 대출 받으려고 하는데 보증 좀 서주세요. 저당도 아니고 간단한 건데…. 장모님이 해주시기로 하고는 여행을 떠나버리셨습니다."

그 이후 전화가 서너 차례 계속되었고, 안 목사는 성도의 일인지라 거절하지 못하고 대출 용지에 도장을 찍어 주었다.

그리고 4, 5개월 후 그는 부도를 내고 종적을 감추었다. 1천만 원 신원보증이라 하여 백지에 싸인해 준 것이 화근이 될 줄이야. 그는 4천만 원을 교회에 빚으로 떠넘기고 어디론가 사라져 버렸다. 그 때 우리 교회 1년 헌금 총액이 2천만 원도 되지 않을 때였다. 이 일로 우리 교회는 적지 않은 괴로움을 당했다.

이 사건을 계기로 안 목사는 강단에서 이렇게 선언했다.

"앞으로 무슨 일이 있어도 저에게 보증을 서 달라고 하지 마십시오. 저는 절대로 보증 설 수 없습니다."

새로워지는 교회

새로움은 마음에서부터 시작된다. 하나님께서 새 마음을 주셨다. 1994년 들어서면서 우리 교회는 기도에 불이 붙고, 전도의 열정이 솟아나기 시작했다. 주보에는 전도를 독려하는 광고가 계속 실렸다. 뭔가 다시 해보고자 하는 분위기였다. 이 분위기를 2월 6일자 주보 칼럼에서 살펴본다.

새로워지는 교회

새해 들어 이사하는 가정을 따라 신도시로 심방할 기회가 많아졌습니다. 구획정리가 되고 포장된 도로며, 이정표 등으로 깨끗하고 단정한 이미지에 반해 상대적으로 교회로 돌아오는 길은 비포장 도로에 여기저기 폐장한 비닐 하우스의 검은 비닐들이 펄럭거리고 그 철재 골조물들은 흉한 몰골을 하고 서 있는 것입니다. 이곳에 익숙했을 때에는 깨끗지 못하며, 질서가 없고, 제멋대로의 환경인 줄 모르고 지냈던 것입니다.

인간이나 사회도 경쟁력이 있어야 발전하며 타성에 젖지 않아야 새로워진다는 사실입니다. 의식주는 현대적일지 모르나 의식은 450년 전이나 지금이나 별 차이가 없는 이웃을 바라볼 때 쌀쌀한 겨울 날씨 만큼이나 마음도 썰렁합니다.

말씀의 바탕 위에서 기도의 불을 지피며 살아 움직이는 교회이기 위해서는 기도하며 움직여야 한다는 사실입니다. 타성에 젖지 않기 위해 타당한 목표를 세우고 소원을 놓고 기도하며, 은밀한 가운데 역사 하시는 하나님의 경륜을 체험하며 담대히 예수를 증거 하는 삶, 이 가운데 1994년 한 해가 하나님이 역사하시는 해가 되기를 바랍니다.

우리 교회는 고난주간 특별 새벽기도회를 갖고 4월 24일 총동원 전도를 실시했다. 결과는 미미했지만 전도는 주님의 명령이요, 성도의 의무임을 상기하며 행한 행사였다.

연초에 시작한 병원전도도 하나님께서 거룩한 열정을 주서서 계속 진행되었다. 당시 세영병원(지금의 명지병원)과 원당 복음병원에서 일주일에 한 번씩 환자들의 머리도 깎아 주고 복음도 전했는데 그 때 전도된 가정이 김상철 형제 가정이었다.

안 목사는 4월 24일자 주보 칼럼을 통해 함께 수고하던 전도자들을 다음과 같이 격려했다.

오늘날 교회 성장을 말하는 사람들은 지나치게 방법론만 이야기합니다. 그러나 중요한 것은 정신입니다. 그리스도를 존귀하게 하고 하나님 앞에 영광 돌리기 원하는 거룩한 열정이 아름다운교회에 속한 공동체를 지배하게 되면 날마다 구원받는 영혼들이 늘어날 것입니다. (중략)

나의 삶과 인격을 통해 예수 그리스도가 어떻게 표현되고 나타내어질 것인지를 늘 염두에 두어야 합니다. 숨가쁘게 3년이 넘는 세월을 지나 왔습니다. 다시 봄을 맞이하며 주일 낮 식탁에는 씀바귀, 민들레 나물이 올라와 입맛을 돋구어 줍니다. 하늘나라에 대한 간절한 소망이 있을 때 구원에 대한 증거도 확실하게 증거 되지 않겠습니까?

지방회 교역자 초청 만찬

날이 가는 줄 모르고 열심히 전도의 씨를 뿌리다보니 어느새 여름에 접어들었다. 7월 11일, 한 여름 피서를 겸하여 귀한 손님들이 우리 교회를 찾아 주었다. 우리 교회가 소속되어 있는 경기북지방회 교역자들이었다. 경기북지방회는 1991년 12월, 10년간 분열되어 있었던 교단이 통합됨을 계기로 고양시와 그 일대 지역을 묶어 탄생된 지방회이다.

안도현 목사는 경기북지방회가 출범할 때부터 지금까지 줄곧 임원으로 수고하고 있으며 지방회 내의 교회들이 어렵게 지내는 것을 보고 종종 지방회 교역자들을 초청하여 대접하고 있다.

우리 교회도 사실 넉넉한 것은 아니다. 하지만 천성적으로 주기를 좋아하고 대접하기를 즐기는 안 목사의 목회 방침에 순종하여 기쁘게 행하고 있다. 그러다 보니 교회의 일꾼들은 으레 손님들을 대접하는 일을 우리 교회의 일과처럼 생각하게 되었다.

만찬 때마다 교회에서는 무공해로 농사 지은 갖은 야채를 식탁에 올린다. 우리들에게는 세상의 어떤 맛있는 음식보다도 귀한 음식이다.

드럼통을 개조하여 만든 바베큐 통에 둘러서서 고기도 굽고, 고구마도 구우며 이야기를 나누노라면 시간가는 줄 모른다. 행사 때 부담없이 바베큐를 준비할 수 있는 야외 장소로서 우리 교회 만한 곳이 흔치 않은 것 같다.

그래서 우리 교회에서는 성도들 가정의 육순, 칠순, 생일, 돌잔치, 장례식 또는 결혼식 이후의 감사 접대 등 크고 작은 행사들이 빈번히 이루어지고 있다.

행사 때면 식탁보를 깔고 그 위에 계절에 피는 아름다운 꽃 한 송이씩 꽂아 놓고 축복송을 부르며 축복 기도를 받는다.

우리 교회에서 행사가 자주 이루어지는 가장 중요한 요인은 우리 교회의 위치와 전원적인 분위기이다. 지방회에서도 모임을 갖고자 해도 마땅한 장소가 없을 때는 우리 교회를 생각하는 것 같았다.

전도는 예수님의 명령입니다

   연초부터 주보에 실리던 전도 슬로건은 몇 달째 계속 주보를 장식했다. '전도를 통해 교회를 새롭게 하자'는 우리 교회의 모습을 단적으로 보여주는 일이었다. 전도는 예수님의 명령임을 강조하는 광고가 8월말까지 계속되었는데 우리 교회 역사상 이와 같은 때도 없었기에 그 내용을 순서대로 정리해 보았다.

전도는 예수님의 명령이요, 믿는 자의 의무입니다.
전도의 열매로 주님을 기쁘시게 합시다.(1월 23일)
다 함께 기도를, 전도하는 사명을 감당하기 위하여.(1월 30일)

전도는 예수님의 명령입니다. 사명 감당하여 영광 돌립시다.(2월 13일)
전도는 예수님의 명령입니다. 1인 1명씩 전도합시다.(2월 20일)
나도 한 사람 전도하여 주님께 찬양하고 영광 돌립시다(2월 27일)

다 함께 기도를, 전도할 수 있는 능력을 주옵소서.(3월 6일)
전도는 주님의 명령입니다. 능력 받아 전도합시다.(3월 13일)
다 함께 기도를, 능력 받아 전도하고 성령으로 충만하게 하옵소서.
(3월 20일)
기도해 주세요. 전도의 사명 감당.(3월 27일)

전도는 주님의 명령이요, 성도의 의무입니다.(4월 3일)
전도는 주님의 명령이요, 성도의 의무입니다. 하나님께 영광 돌립시다.
(4월 10일)
전도는 주님의 명령이요, 성도의 의무입니다. 24일(주일)은 총동원 전도
주일로 드리니 적극적인 참여 바랍니다.(4월 17일)

전도는 주님의 명령이요, 성도의 의무입니다. 협력하시는 여러분께
감사드립니다.(4월 24일)

주님의 명령이요, 성도의 의무인 전도로 영광 돌립시다.(5월 1일)
전도는 주님께서 가장 좋아하시는 일입니다. 행함으로 영광 돌립시다.
(5월 8일)
전도는 주님께서 가장 기뻐하십니다. 다 함께 영광을 돌립시다.(5월 15일)
전도는 예수님의 가장 바라는 소원입니다. 함께 참여하여 영광
돌립시다.(5월 22일)
전도는 예수님의 명령이요, 우리에게 바라는 소원입니다. 행함으로
영광 돌립시다.(5월 29일)

6월에 들어서서는 사랑의 생수를 통해 전도 대상자들에게 한 걸음
더 다가갔다. 생수는 사택에서 준비되었다. 사택의 지하수는 암반을
뚫어 끌어올리는 물이라 맛이 좋았다.
교회에서는 1말 짜리 물통 1백 개를 준비했다. 성도들은 근처 이웃
사람들에게 나누어 주고 다 쓰고 나면 또 교환해 주었다. 교회에서는
계속 주보 광고를 통해 생수 전도를 독려하였다.

전도는 주님의 명령입니다. 사랑의 생수로 전도해 주시면 감사하겠습니
다.(6월 5일)
전도는 예수님의 명령입니다. 사랑의 생수를 전달하며 전도합시다.
(6월 12일)
전도는 예수님이 가장 원하시는 일입니다. 생수로 전도에 주력합시다.
(6월 19일)
전도는 예수님이 가장 원하시는 일입니다 생수를 전달합시다.(6월 26일)

생수 전도로 한 가정이 인도되었다. 박혜숙 집사가 바로 앞집에 생

수를 넣어 주다가 교회로 초청했다. 그 사람은 생수를 넣어 준 성의에 보답하는 양 교회에 따라 나왔다.

그 가정이 박은주 집사 가정이다. 그들은 지금도 웃으면서 "그 때 물 한 통에 끌려 왔다."고 한다. 처음 교회에 나오던 날 박 집사는 교회에서 먹는 밥이 그렇게 맛이 있었다고 한다. 지난 얘기가 나오면 그는 "사실 두 그릇 먹고 싶었는데 처음 나와 체면 차리느라고 더 못 먹었다."고 우스개 소리를 한다.

주보 광고를 계속 살펴본다.

전도는 우리의 의무요, 예수님의 명령입니다.(7월 3일)
전도대회 23-24일, 성우 신우회 후원.(7월 10일)
선교 훼스티발 및 사랑의 나눔 잔치를 위한 기도회가 매일 오전 11시에 있습니다. (7월 17일)
사랑의 나눔 잔치가 오후 5시, 선교 훼스티발이 져녁 7시에 진행됩니다. (7월 24일)

믿음의 선교단 초청 선교 훼스티발

이렇게 전도를 위해 준비하던 우리 교회는 7월 24일, 「믿음의 선교단」 초청 행사를 통해서 절정을 맞이했다. 그 동안 우리 교회가 행사를 많이 했지만 '94 훼스티발은 우리 교회가 세워진 이후 가진 가장 큰 잔치였다.

정대홍 외 20여 명의 선교 단원들은 탤런트, 성우, 복음가수, 연극 배우, 무용가, 영화배우들로서 국내외 농촌과 미자립 교회를 순회하며 찬양, 간증, 성극을 통해 선교하는 연예인 선교단으로 우리 교회는 이들의 방문을 계기로 한 사람이라도 더 우리 교회의 문턱을 밟을 수 있기를 원했다.

교회 일꾼들은 행사를 성공리에 치르기 위해 최선을 다해 준비했다. 무서운 여름 가뭄 볕에 흐르는 땀을 닦으며 거리마다 현수막을 걸고 신도시에 나가 쇼핑센터 앞에서 행사 전단지를 나누어 주었고 상가 유리마다 선교 잔치 포스타를 붙였다.

또 배추 농사가 흉작이라 행사 때 쓸 금값 배추를 싸게 사려고 이른 아침부터 화장기 없는 얼굴로 여 집사들이 쇼핑센터 파격세일에 줄 서기를 하여 일곱 포기를 사서 조심조심 김치를 담구었다.

저녁 서늘할 때는 동네를 돌며 집집마다 초대권을 나누어주었다. 선물을 준비하기 위해 밤새도록 도자기 가마에는 불이 지펴졌다. 그 외에 잔치에 쓸 시장을 보기 위해 일산에서 서울 경동시장까지 장을 보러 갔다. 땀을 비오듯 쏟고 다녔지만 마음은 즐거웠다.

드디어 주일 저녁 행사의 막이 올려졌다. 신도시에서는 한 사람도 오지 않았고 풍동 마을 사람들과 이웃에 있는 백마부대 하사관 주택단지에서 사람들이 찾아왔다.

그날 따라 무더위가 기승을 부려 사람들은 집안에 있을 수 없었다.

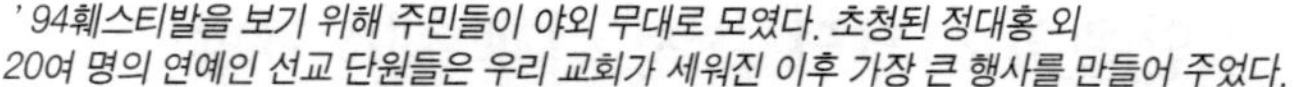

'94훼스티발을 보기 위해 주민들이 야외 무대로 모였다. 초청된 정대홍 외 20여 명의 연예인 선교 단원들은 우리 교회가 세워진 이후 가장 큰 행사를 만들어 주었다.

마을사람들은 밖에 나와 더위를 피할 겸 교회에 모이기 시작했다.

오케스트라의 아름다운 음률을 듣기 위해 사람들은 숨소리를 죽이고 귀를 기울였다. 안 목사는 7월 31자 주보 칼럼에서 선교 훼스티발을 끝낸 소감을 이렇게 적었다.

선교 훼스티발을 끝내고

여자 팔자는 '두레박 팔자'라던가. 두레박을 사용하는 주인을 얼마나 잘 만났느냐에 따라 여자 일생이 정해진다는 옛 말이리라. 잔치를 끝내고 뒷정리를 하며 왜 그 생각이 났는지 모르겠다. 물먹은 솜처럼 되어버린 육신을 철퍼덕 성전 바닥에 내려놓고 좀 더 편하고(?) 안정된 교회를 그리워했다.

너, 나할 것 없는 눈물겨운 헌신을 하나님은 보셨으리라. 아프리카 오지 선교가 따로 있을까. 1백여 년 전 외국 선교사들의 선교 끝의 순교가 따로 있을까. 하나님은 아셨으리라. 보셨으리라. 일꾼이 부족해서 여러 몫을 한사람이 말없이 묵묵히 감당해야만 했던 것을…. 없는 사람이 없는 심정을 안다고 십시일반 드려진 예물, 헌신, 얼마나 귀한 것인지 하나님은 받으셨으리라.

신앙은 맹목이나 맹종이어서는 안된다. 우리는 약속의 말씀을 믿기에 어떤 모양으로든 결실이 있을 것을 믿는 것이다. 잔치의 끝은 있고 하루의 저녁은 어김없이 어둠 속에 묻혔다.

총총 돌아가는 시간 하나님의 구름기둥이 불기둥이 보이는 것 같다. 지키시고 보호하시는 야훼 하나님의 그림자가 아름다운교회 위에 드리워지는 듯했다. 피 흘리신 예수님을 가슴 속에서 만난다.

행사 결과 단 1명이 결신을 했다. 비록 한 영혼이었지만 한 달 동안 수고한 결실이었기에 귀하기 그지 없었다. 이후 그 성도는 한 해 10명을 전도하여 데리고 왔다.

우리 교회는 그 동안 크고 작은 행사를 통해, 특별히 '94 훼스티발을 통해 하나님께서는 우리에게 첨가시킬 것과 제외시킬 것, 꼭 있어야 할 것 등을 가르쳐 주셨다.

우리 교회 일꾼들이 터득한 성공적인 행사를 위한 비결은 예산을 편성하고, 기도로 준비하며, 적임자를 선정하여 책임을 맡기고 경험이 있는 지도자를 믿고 따를 때 일이 순조롭게 진행될 수 있다는 사실이었다. 또한 일의 성패가 우리의 열심에 비례하지 않는다 해도 감사하는 마음을 갖게 되었고, 전하는 것은 우리의 몫이지만 구원시키는 것은 하나님의 몫이라는 사실도 알게 되었다.

세상 길도 막히면 답답한데

여름만 되면 어디론가 홀쩍 떠나고 싶은 마음으로 수련회 이야기로 꽃을 피운다.

1991년 가족 수련회는 덕유산 계곡에서 이루어졌다. 1992년에는 전북 평장초등학교에서 있었고 수련회 중에 침례식을 갖기도 했다. 1993년에는 설악산 오색 계곡에서 가졌는데 단독 주택 한 채를 빌려 수련회 장소로 사용하였다.

수련회는 우리 교회 교인들에게 추억을 만들어 주고 서로 서로를 더욱 알아가며 교회를 하나로 만드는 중요한 행사였다. 그러나 가족 수련회가 항상 성공적으로 치러진 것은 아니었다.

1994년은 믿음의 선교단 초청 선교 훼스티발 직후인 7월 31일, 바쁘다는 핑계로 별 준비 없이 수련회를 나섰다가 그 대가를 톡톡히 치렀다. 목적지인 설악산에 도착하기까지 서울에서부터 자동차 줄서기를 하다가 도착했으니 그 분위기가 어떠했겠는가?

8월 3일, 돌아오는 길도 역시 교통 체증으로 인해 마음이 상하고 불협화음이 생기기도 했지만 묵묵히 순종으로 본을 보여주던 집사들과 합력하여 선을 이루어 주시는 하나님의 역사로 잘 마무리되었다.

당시의 상황을 8월 7일 주보 칼럼을 통하여 살펴보며 그 때 얻은 소중한 영적 교훈을 다시 생각해 본다.

막히면 답답합니다

쉼에 대한 희망과 추억을 상상하며 떠난 수련회가 1년 중 가장 바쁜 휴가 주간에 걸쳐 있어 서울부터 설악산까지 자동차 줄서기를 하다가 도착하였습니다. 바쁘다는 핑계로 준비 소홀한 대가를 톡톡히 치른 여름 휴가였습니다.

그런 와중에도 중간 중간에 먹던 복숭아 맛은 일품이었습니다. 또 바닷가에서의 파도타기와 장기 자랑 시간의 목포의 눈물, 즉흥 코러스들의 즉흥 춤과 여흥으로 한 여름밤의 향연을 만끽하기도 하였습니다.

다시 돌아오는 날, 시작부터 길이 막히자 여기저기서 불협화음이 일기 시작했습니다. 그 결국은 상한 심령이었습니다. 그 중에서도 조용히 여러 목소리에 순종하는 분도 있었는데 시간이 지나고 보니 그런 분들의 소리 없음에 고개가 숙여집니다. 또한 합력하여 선을 이루시는 하나님의 은혜로 많은 인원과 차량이 이동 가운데서도 아무 사고 없이 다녀온 것이 얼마나 감사한지요.

이번 수련회를 통해 깨닫게 하신 것은 세상 길도 막히면 답답한 것처럼 하나님과의 관계가 막히면 우리들의 영혼이 곤고하고 답답해진다는 사실입니다. 이번 수련회를 통해서도 여러모로 역사하시며 다시금 하나 되게 하신 것을 감사드립니다. 주님께 모든 영광을 돌립니다.

계속된 전도

수련회를 마치고 돌아온 후 성도들은 믿음 선교단 초청 선교 훼스티발의 여세를 몰아 8월 21일 주일에도 전도 대회를 가졌다. 여의도 순복음교회의 농어촌선교회 회원 40여 명이 우리 교회를 찾아 왔다. 오후 예배 시간에 함께 예배를 드리고 전도하는 시간을 가졌다.

뜨거운 기도 시간을 가진 후에 전도지를 들고 그들과 함께 마을 구석구석을 돌았다. 열심을 다했지만 결과는 나타나지 않았다. 한 명의 결신자도 얻지 못했다. 허탈함을 느끼게 했다. 일회성 행사로서 전도의 열매를 맺는 것이 어렵다는 사실을 다시 한번 확인하는 날이었다.

모든 행사의 뒷전에는 부엌에서 음으로 양으로 수고하는 사모와 집사들의 수고가 늘 뒤 따른다. 이 날도 손님들을 접대하기 위해 숨은 일꾼들의 손길이 분주했다. 앞에 나서서 일하지는 않았으나 이름도 없이 빛도 없이 구슬땀을 흘린 그곳에 우리 주님의 사랑스런 눈길이 머문 줄로 믿는다.

꽉 채워진 예배실

1994년 11월 6일 우리 교회는 창립 4주년을 맞아 기념 예배를 드리며 지난날들을 감사했다. 무엇보다도 교회가 전도에 힘을 모으고 헌신한 한 해였다. 주님께서 도와 주셨고 그 열매로 창립 예배를 드릴 때는 예배실 뒷좌석까지 꽉 채워졌다.

창립 4주년을 맞아 우리 성도들이 새롭게 다짐하고 결심해야 할 일이 무엇인가를 제시했던 주보 칼럼을 살펴본다.

창립 4주년에 부쳐

감사의 계절, 풍요의 계절에 아름다운교회의 생일이 있다는 것이 더욱 감사합니다.

선교에 젊은 시절을 다 보내신 이화여대 전재옥 교수는 "사랑은 강한 힘이기에 두려움도 이기게 하고 죽음도 이기게 하고 삶을 포기하지 않게 한다. 사랑은 매일이 새로운 출발이게 한다. 잠시 열렬하게 헌신하는 것, 잠시 뜨겁게 사랑하는 것이 아니라 끝까지 죽음을 넘어서서 사랑하는 것 그 이상 확실한 것이 어디 있겠는가….”라고 말씀합니다.

이때껏 우리는 주님께 많은 것을 받았습니다. 은총, 사랑, 감사, 그리고 얼만큼의 무게일지 모르나 헌신, 봉사, 희생이란 단어들이 낯설지 않게 하셨습니다.

때때로 안일, 보장, 욕심이란 것들로 인해 지치고 곤고하기도 합니다. 그러나 하나님의 창조의 능력과 예수 그리스도가 우리를 대신하여 죽으심에 의지하여 다시 빈 잔을 주님께 드립니다. 그 때마다 주님께선 은총의 이슬로 가득 채우셔서 되돌려 주십니다.

4주년에 또 다시 이렇게 다짐합니다. 욕심 버리기, 보장된 삶의 안일 우선주의 포기하기, 매일의 양식을 겸손히 구하기, 작은 구원 사건에 감격하기, 가장 가까이 있는 관계와 화목하기, 지친 삶에 기운 되찾아 주기, 그래서 가장 큰 업적은 얼마나 가식 없이 사랑 했는가로 평가되어야 하지 않을까?

교회가 전도에 힘을 쓰고 헌신한 결과 그 열매로 창립4주년 기념예배를 드릴 때는 예배실 뒷 좌석까지 꽉 채워졌다. 사진은 당시의 성찬예배 장면.

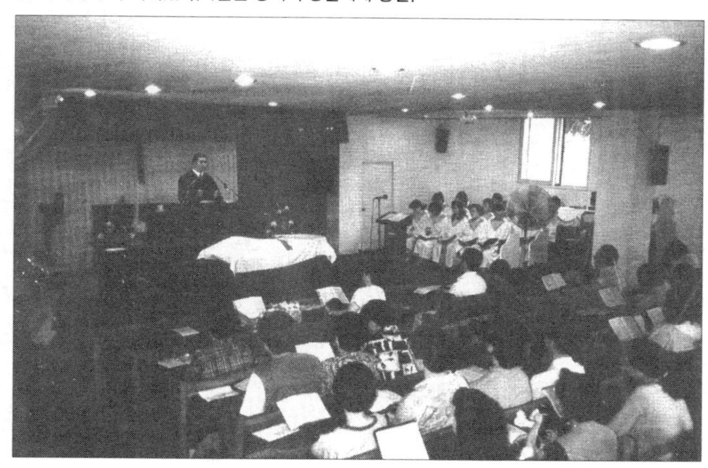

4주년을 맞아 스스로 다짐하며 성도들에게 주는 메시지의 핵심은 예수님을 닮은 영성을 추구하자는 것이었다. 애초부터 그러했듯이 안 목사는 줄곧 마음을 비우고 섬기는 목회를 추구했다.

그의 변함없는 목회관으로 인하여 우리 아름다운교회의 색깔이 드러나기 시작했다. 서로를 이해하는 폭이 넓어지고 영성의 흐름이 일치되면서 우리 아름다운교회는 서서히 '섬기며 베푸는 교회'로서의 모습을 갖춰가기 시작했다.

의처증 환자

어느 날 해가 저물어 가고 있을 때였다. 교회 옆 김혁수 집사의 현관문이 다급하게 열렸다.

"집사님! 집사님! 우리 남편이 쫓아오면 나 여기 오지 않았다고 해주세요."

하얗게 질려 맨발로 뛰어 들어온 그를 서재 방으로 숨겨 주었다.

"여기 꼼짝 말고 계세요. 아무 소리 내지 말고."

그의 남편은 아내가 아닌 다른 사람에게는 그렇게 점잖고 근엄하며 예의바를 수 없었다. 그는 오지 않았다. 아마도 먼발치에서 지켜보았을 것이다.

그 후로 한동안 그녀는 서재 방에서 지내게 되었는데 남편이 잠잠한 듯하여 볼 일을 보기 위해 외출을 했다가 남편 손에 붙들렸다. 그날 밤은 지옥이 따로 없었을 것이다.

크리스마스가 다가오는 초겨울 어느 날, 장식을 위해서 십자가 꼭대기에서 안완석 집사가 작업 중이었다. 성도들은 교회 방에 모여 기도회를 하고 있었고, 그녀는 그 날도 의처증 남편을 피해 며칠째 교회에서 지내던 터였다.

"온다! 와! 교회 입구까지 다 왔어."

밑에 있던 집사들이 안으로 전달하기도 전에 그는 날랜 걸음으로 교회 방문을 노크했다.

문은 서서히 열렸다. 성도들은 찬송을 부르고 있었다. 그 모임에 아내가 없는 것을 확인하고는 점잖게 문을 닫으려던 그는 순간 문을 다시 180도 활짝 열어 젖히더니 문 뒤쪽에 앉아 숨죽이고 있던 아내를 찾아냈다. 그는 그럴 줄 알았다는 듯이 이글거리는 눈빛으로 한 입에 먹이를 잡아먹을 듯한 험악한 모습으로 그의 아내를 억센팔로 끌고 나갔다.

이 엄청난 일에 안 목사와 박혜경 집사, 김부영 집사 세 사람은 '죽으면 죽으리라'는 심정으로 그의 집에 따라가 보아야 했다. 세 사람의 간절한 만류를 틈타 그 여 집사는 또 눈 깜박할 사이에 맨발로 어디론가 도망쳐 버리고 말았다.

그 당시 교회는 피난처였고, 우리들은 거센 풍랑 앞의 작은 배와 같은 심정이었다.

순복음 신문에 소개

한 해를 마감할 무렵 우리 교단 신문인 순복음 신문의 김순강 기자가 우리 교회를 취재하고자 다녀갔다. 우리 교회를 바라보는 외부의 주된 관심사는 우리 교회가 교회 없는 마을에 처음 세워졌다는 것이었다.

오늘날 개척 교회가 난립하는 상황에서 교회 없는 곳을 찾아 교회를 세운 우리 교회의 이야기가 기자에게는 신선한 충격이 되었던 것 같았다. 그는 1994년 12월 24일자 11면의 '주간 화제' 코너에 우리 교회를 이렇게 소개하였다.

풍동 마을 최초 교회 개척

한밤중, 서울 시내에서 사방을 둘러보면 적어도 십 여개의 십자가가 눈에 들어온다. 그러나 서울에서 불과 40여 분의 거리에 위치한 경기도 고양시 풍동에는 아직도 1년에 2번씩 마을 신당에서 굿판이 벌어지고 있다. 마을 역사가 450년이나 되었음에도 불구하고 풍동 마을에서는 십자가라곤 전혀 찾아 볼 수 없었다.

지난 1990년 11월 이 마을 역사상 최초의 교회가 된 아름다운교회 안도현 목사는 개척 당시를 이렇게 회상했다.

"7개월 기도 끝에 교회 없는 마을을 찾아 다니다가 도착한 곳이 바로 이곳 풍동이었다. 처음에는 이 마을에서 집을 구하러 다녔더니 목사가 이사오면 동네가 망한다며 무당들과 동네 사람들의 반대가 굉장했다."

안도현 목사의 좁은 방에서 첫 예배를 드린 아름다운교회가 처음에 이 마을 사람들에게 접근하는 것은 정말 어려운 일이었다. 그래서 이 마을 터줏대감인 노인들의 머리를 깎아 주거나 침을 놓아주는 등 꾸준히 사랑으로 심으면서 기독교에 대한 이미지를 바꾸어 나가려고 애써 왔다.

개척교회가 난립하는 상황에서 교회 없는 곳을 찾아 교회를 세운 우리 교회의 이야기는 순복음신문을 통해 소개 되어 독자들에게 신선한 충격을주었다.

하지만 워낙 우상숭배의 뿌리가 깊어 지금도 이 마을에서는 낯선 사람이 전도를 하러가면 나가라고 호스로 물을 뿌리거나 심하면 뺨을 때리기까지 할 정도로 한 영혼을 전도하는 것이 너무나 어렵다.(중략)

하나님께서 기도 중에 주셨다는 교회 이름처럼 아름다운교회 성도 중에는 도예가, 미술가, 사진 작가 등 예술가가 많아 도예가의 도자기 작품으로 바자회를 열어 교회 건축비를 마련하기도 했다. 축사를 예배실로 사용하면서 틈만 나면 성도들이 나와 손으로 수리하고 매만져 오늘날 예배 드릴 수 있는 장소가 되었다.

하나님께서 알곡과 쭉정이를 가리는 새 타작기계로 이 마을에 아름다운교회를 세우셨다고 믿는 안도현 목사는 풍동 마을의 복음화를 위해 앞으로도 꾸준히 사랑으로 심으며 노력해 갈 것이라고 말하면서 아직도 기독교에 대한 거부감을 가지고 있는 풍동 마을을 위해 기도해 줄 것을 부탁했다.

교회 개척의 어려움은 이루 말할 수 없었다. 물질의 곤고함과 인간으로 인한 고단함이 넘쳤다. 그래서 이곳 풍동에서의 사역을 하나님의 훈련으로 보는 안 목사의 말에 공감한다.

그가 어느 책에서 인용하여 11월 27일자 주보에 실은 말씀은 그야말로 그의 고백이요, 우리 교회를 향하신 하나님의 섭리와 역사 하심을 느끼게 하는 말씀이었다. 그 내용은 이렇다.

당하는 시련의 깊이가 깊을수록 감사도 커진다. 영혼은 이런 모든 역경이 하나님께서 몸소 자기를 다루시는 방법이라는 것과 금이 이런 방법으로 정련되는 것은 그것이 금이기 때문이며, 알곡을 키로 쳐서 가려낸 것은 그것이 알곡이기 때문이라는 것을 안다. 정원사가 가지치기를 할 때는 햇볕을 받을 수 없는 가지들만 잘라낸다. 주님께서도 마찬가지로 잘라낸다. 그래서 의의 태양이 들어갈 수 있게 하신다.

말보다 행동을

찬바람이 불어오면서 주보의 목회 칼럼은 계속 사랑 실천을 주제로 삼고 있었다. 행동하는 신앙을 강조했다. 칼럼의 내용은 성도들의 가슴을 울리는 감화력이 있었다.

12월은 행동보다 말이 앞서는 우리들의 신앙을 돌아보는 기회를 갖게 했다. 성탄절을 앞두고 사랑의 실천을 다짐하게 했던 12월 4일자 주보 칼럼을 살펴본다.

사랑을 심읍시다

12월은 가진 것이 없는 자에게는 더욱 춥고 을씨년스러운 달입니다. 이제 한 해를 정리해야 하는 마지막 달입니다. 물질로 돕는 것은 한계가 있지만 마음으로 돕는 것은 긍휼히 여기는 마음과 넉넉한 마음이면 됩니다. 이기주의, 황금 만능주의는 인간의 아름다움을 좀먹습니다.

우리의 아이들에게 선한 일에 용기내기를 가르치는 일에 익숙지 않은 어른들이 많습니다. 선을 베푸는 것도 훈련이 필요합니다. 어색한 선행일지라도 습관이 중요합니다. 남을 도우며 사는 아이들은 정직하게 자랍니다.

요즘 신문에 오르내리는 세금 도둑들, 각종 비리를 저지르는 마음에서 이웃을 생각하는 여유가 나오겠습니까? 정직하지 못한 사회는 우리의 가정교육에서 비롯됩니다. 정직하며, 책임감 있고 신뢰받는 부모의 아이들은 그대로 부모를 닮으며 자랍니다. 절대자를 두려워하며 경외하는 사람은 겸손하며 순종합니다.

우리들의 아이들이 어른을 어려워하고, 친절하며, 예의 바르고 공손하기를 원하십니까? 신앙교육은 한 방울의 물이 바위를 뚫듯이 커다란 인내를 요구합니다. 아이들을 위한 기도와 행동으로 모범을 보이는 이 외에 달리 방법이 없습니다. 또 좋은 신앙문화를 접할 수 있도록 배려해 주십시오.

한 해를 결산하며 다시 한번 다짐합니다. 하루 한 번씩 선한 일을 행동으로 옮기기를 말입니다.

성탄절을 앞두고 가난한 이웃들을 생각하게 되는 마지막 달을 보내며 안 목사는 목회 칼럼을 통해 계속 성도들의 가슴을 울리는 교훈들을 주었다. 12월 18일자 주보의 글을 살펴본다.

선한 이웃

어느 날 새벽길을 달리다가 시퍼런 강을 만난다면 떨어져 버릴 것 같은, 인간의 존재가 새의 깃털 만큼 별 볼일 없는 가벼운 존재요, 삶의 무중력 상태에서 예수 그리스도가 없다면 삶의 이유를 잃고 휘청거릴 것이라는 생각을 했습니다.

그러므로 예수 믿는 자들이 뜨거운 열정도 없이 신앙생활을 한다는 것은 가장 불행한 삶을 영위한다는 것입니다. 손, 발이 트려는 이 겨울에 말로만 듣던 '소년소녀 가장 이야기'를 라디오에서 듣게 되었습니다. 가던 길을 멈추고 한없이 울고 싶었습니다.

초등학교 3학년, 5학년 소녀의 이야기인데 뇌종양에 폭음과 폭력을 휘두르는 아버지가, 그래도 그 분이 안 계신다면 그 빈 공간이 무서워 미워할 수도 없다는 이야기. 나라와 개인의 삶이 부모 자식의 개념에서 늘 소외자로, 열외자로 살아가는 그 아이들의 현실적이고 메마른 감정들이 외면할 수 없는 우리들의 거울이요, 이웃이라는 사실입니다.

인간의 죄를 구속하시고 영생을 위해 오신 예수 그리스도가 탄생하신 크리스마스와 연말이 다가오고 있습니다. 강도 만난 사람을 도와 살린 것은 제사장도, 레위인도 아닌 그 시대 천한 취급을 받던 선한 사마리아인이었습니다.

주님! 누구도 아닌 바로 '나'에게 선한 사마리아 사람의 향내가 풍기게 하여 주소서!

이어서 1994년 한 해의 마지막 날을 보내며 쓴 그의 칼럼을 1월 1일자 주보에서 살펴본다.

1994년 겨울밤을 보내며

내 나이가 십대였던 어느 해 겨울은 참으로 길고 추워서 시간가는 것이 지루하게 느껴지던 때가 있었습니다. 성탄일도 지나고 다가오는 새해를 위해 기도하는 자들은 주님과의 깊고 은밀한 드림을 위해 기도처로 향합니다.

어느 누가 나의 신상에 대한 일방적인 대화를 주님 만큼 오래 참으시며 들어주시겠습니까? 한 해를 보내며 즐거웠던 기억보다는 가슴 아팠던 기억들을 위해 기도합니다. 살아있다는 것에 무감각해지기 전에 감정을 정리하여 주님께 올리는 것입니다.

어느 때는 회한과 용서의 눈물도 드립니다. "…십자가의 도가 멸망하는 자에게는 미련한 것이요 구원을 얻은 우리에게는 하나님의 능력이라"(고전 1:18)

다시 새로운 소원을 1994년 겨울밤을 보내며 드리렵니다.

나의 사모하는 주님, 주님으로 하여 나의 영혼이 깨끗게, 깨끗게, 깨끗게 하옵소서. 나이 먹는 것을 감사합니다. 새벽녘 어둠 속에 교회를 향하는 노구의 몸짓들이 숭고하게 보입니다. 나이 탓입니다. 그리고 고백합니다. "아름다운 기도는 선택받은 자만이 할 수 있다."라고요. 주님을 안다는 깊이가 더할수록 비밀스럽고 신비하기만 합니다.

주님으로 인해 모세의 금빛같이 빛나던 얼굴이 때로 나의 모습에도 비춰주시니 감사합니다. 주여! 들으시고, 주여! 용서하시고, 주여! 들으시고 행하소서(단 9:19).

네가 큰 일을 행하겠고 반드시 승리하리라

우리는 1995년 1월 1일을 주님께 드리고자 금식하며 새 해를 출발했다. 신년 예배 때 하나님께서 주신 말씀은 "…네게 복이 있을지로다 네가 큰 일을 행하겠고 반드시 승리를 얻으리라 하니라"는 사무엘상 26장 25절의 말씀이었다. 희망과 용기를 주는 말씀이었다.

안도현 목사는 1월 8일 신년 첫 주일 예배 때 받은 사무엘상 21장 21~25절의 말씀을 본문으로 해서 '반드시 승리를 얻으리라'는 제목으로 설교를 했다. 모두 큰 은혜를 받았다.

그 때의 설교가 남아 있지 않으므로 대신 '네가 큰 일을 행하겠고

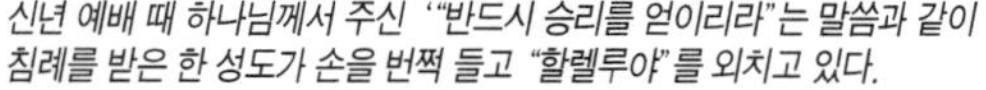

신년 예배 때 하나님께서 주신 '"반드시 승리를 얻이리라"는 말씀과 같이 침례를 받은 한 성도가 손을 번쩍 들고 "할렐루야"를 외치고 있다.

반드시 승리하리라' 는 제목의 주보 칼럼을 통해 메시지의 요지를 살펴본다.

네가 큰 일을 행하겠고 반드시 승리하리라

금년은 유엔이 정한 '관용의 해' 라고 합니다. 새 날의 은총이 온 누리에 내리는 이 아침에 이 한 해를 어떤 자세로 살아갈까 생각합니다. 큰 희망과 포부를 품고 목표를 향해 정진하다가 진정 우리가 해야 할 일을 못하는 일이 있어서는 안되겠습니다.

기독교인들은 특별히 '용서' 와 '관용' 에 인색해서는 안되겠다는 것입니다. 큰 일을 행하는 자가 되려면 먼저 양보심과 먼저 용서와 먼저 생활의 본을 보여주는 관용이 있어야 하겠습니다.

가정과 교회와 직장에서 신자들의 이기심에 불신자들은 무슨 생각을 할까?

'관용의 해' 에 먼저 나의 가슴부터 열고 모두를 포용할 수 있는 넉넉함과 겸손함이 있어야 하겠습니다. 이미 죽은 목숨 같은 우리를 예수님의 피로 죄사함을 받았습니다. 하나님의 용서가 우리를 살리셨습니다.

관용과 용서와 겸손으로 승리하시는 한 해가 되시기를 기도합니다.

그리고 1월 15일 주일에도 같은 본문을 가지고 '네가 큰 일을 행하겠고' 라는 제목으로 설교를 했다. 그 때 설교의 요지는 이러했다.

큰 시련은 큰 인물을 만든다는 것이다. 그 대표적인 인물이 다윗으로서 그는 성령이 임한 자요, 하나님의 마음에 드는 자였다. 목동시절 양치기 일에 최선을 다했고, 사울을 용서하는 너그러운 사람이었다. 또한 그는 하나님의 그릇이 된 사람으로서 멀리 바라보며 때를 기다렸다.

다윗의 이야기는 연단을 겪는 성도들에게 큰 깨달음과 용기를 갖게 하였다. 하나님이 쓰시는 그릇이 되기 위해서 연단을 받아야 함은 당연한 일이 아닌가? 그 동안 뜨거운 불과 차가운 물 속을 들락거리며 연단을 통과한 우리 아름다운교회의 앞길을 보여주는 말씀이었다.

전교인 성경 통독 43명 수료

1995년 새 해는 그 어느 해보다도 기도와 말씀으로 준비하고 시작한 한 해였다. 1월 1일 전 교인 금식 일일 기도회에 이어 9일부터 15일까지 제1차 여리고 기도회를 가졌다. 그리고 또 다시 2월 5일부터 11일까지 제2차 여리고 기도회를 가졌다.

2월 12일부터 14일까지 전 교인 신약성경 통독을 실시하여 43명이 수료하였다. 계속해서 2월 20일부터 4월 20일까지 구약 성경 통독을 하였고 수료자들에게 참석 성적에 따라 금상과 은상을 수여하였다.

박혜경, 신하자, 이상임, 오덕희, 서정화, 김상철 집사 등 6명이 금

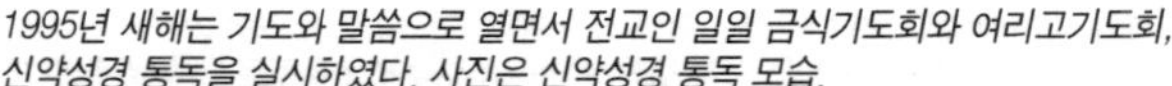

1995년 새해는 기도와 말씀으로 열면서 전교인 일일 금식기도회와 여리고기도회, 신약성경 통독을 실시하였다. 사진은 신약성경 통독 모습.

상을 수상하였고, 김혁수, 이경월, 정영애, 이길순 집사 등 4명은 은상을 받았다.

한 영혼 전도를 위한 도자기 축제

1995년 새 봄을 맞이하여 우리 교회는 '한 영혼 전도하기' 라는 주제로 도자기 축제를 계획했다. 3월 12일자 주보를 통하여 성도들에게 도자기 축제를 통하여 전도가 이루어질 수 있도록 기도할 것을 당부하고 준비에 들어갔다.

도자기 축제는 이 분야의 전문가인 김혁수 집사가 앞장을 서서 헌신했고, 그의 제자들이 협조해 주었다. 도자기 축제는 초벌구이를 한 각종 도자기 중에서 마음에 드는 것을 골라 거기에 원하는 그림을 그려 넣거나 성구를 적어 넣고 사인을 한 후에 다시 가마에 구워내 전도 대상자들에게 무료로 나누어주는 행사였다.

'한 영혼 전도하기' 라는 주제로 열린 1995년 봄 도자기 축제는 도예가 김혁수 집사가
앞장서서 헌신하였고 직접 만들어 구워낸 도자기를 전도 대상자들에게 무료로 나눠어 주었다.

도자기 축제를 하루 앞두고 날씨가 심상치 않았다. 검은 구름이 풍동 하늘 위에 낮게 드리웠다가 사라졌다. "내일 도자기 축제에 비라도 오면 어쩌나…." 하늘의 눈치를 몇 번이나 보곤 했다.

토요일, 성도들은 아침부터 모여들어 마당을 청소하고 성전 단 위에 꽃꽂이를 했다. 또 한쪽에서는 음식을 만들며 안팎으로 바쁜 하루를 보냈다. 그리고 교회 마당에 각종 꽃나무와 사철나무를 심었다.

도자기 축제를 기리며 안 목사는 그날 주보 칼럼에서 그 심정을 이렇게 표현했다.

주님! 내일은 어떤 분들을 뵐 수 있을까 설렙니다. 몇 번의 행사를 통해서 담담하게 일을 치를 수 있게 훈련시켜 주신 것도 얼마나 감사한지요. 어떤 형편에서도 자족할 수 있는 은혜를 주시고 그래서 주신 평안 또한 감사드립니다.

날마다 죽어지게 하시니 감사합니다. 조석으로 겸손을 생각하게 하시니 감사합니다. 비록 가정마다 기도할 문제를 주셔서 우리들이 자고 하지 않도록 하신 것도 감사하구요.

주님! 아름다운교회가 성도 한 사람 한 사람 주님 앞에 바른 삶을 살게 하시고 개개인의 생애와 가족과 지역사회 더 나아가 이 나라와 민족을 살리는 교회로 사용하여 주옵소서.

3월 26일 주일, 날씨가 좋았다. 도자기 축제에 이어서 농어촌선교회 초청전도집회를 가졌다. 이날 찬양예배에서는 낙원기독신우회에서 찬양을 인도해 주었다.

설악산 효도관광

5월 가정을 달을 맞아 25일부터 26일까지 1박 2일 노인들을 위한 효도관광이 있었다. 어느 정도 활동이 가능한 분들을 대상으로 해야 했기 때문에 신청을 받았다. 효도 관광을 위해 여러 분이 물심양면으로 협력해 주었다.

5월 28일자 주보 칼럼에서 효도관광 여행을 다녀온 소감이다.

나이를 먹는다는 것 - 설악산 기행 1박 2일

어른들은 흔히 나이를 먹고 나니 서러운 생각만 든다고 합니다. 전쟁통에 남편을 일찍 여의고 남은 아이들과 힘겹게 살다보니 자녀들은 성장하여 제 갈 길로 가고 정작 어머니는 나이 먹고 인생살이 허전한 마음만 남습니다. 그러나 자녀들은 이기적이고 개인주의로만 살아 부모를 거역하고 더 심하면 패륜을 저지르는 모습을 신문지상을 통해 종종 볼 수 있습니다.

우리도 젊음이 다하면 순리대로 '노인의 계절'을 맞이합니다. 이것도 때가 되어 그런 줄 깨닫습니다. 그러나 이 시대의 노인의 위치는 참으로 서럽습니다. 국가가 잘 살아서 자녀를 의지하지 않아도 될 만큼 노인복지 시설을 믿을 수 있을까, 그렇다고 가정이 부모님을 순종하고 어른으로서의 위상을 세워주며 존경을 보내는 가정이 얼마나 되느냐는 것입니다.

우리네 부모님들의 모습은 창 밖으로 서서히 지는 붉은 해의 쓸쓸함과 같습니다. 또 지고 난 후의 적막한 어둠을 바라볼 때처럼 그 노후가 답답합니다. 그러나 하나님의 말씀대로 순리대로 산 가정은 다릅니다. 먼저 이 세상 후의 주님의 나라를 소망하기 때문입니다.

말씀으로 다듬어진 가정의 자녀들은 주의 교양과 훈계로 순종을 배우고 자라기 때문에 연약해지고 도움을 필요로 하는 노인을 사랑으로 보살피고 위로하고 감싸줍니다. 말씀에도 노인들에 대한 보살핌을 지적합니다. 또 노인들은 나이를 더 먹을수록 영적으로 깊은 주님과의 교제를 나눌 때 소망이 생기고 기쁨이 넘치는 것입니다.

우리 주변의 연로하신 노인들을 부모님처럼 섬기시기를 주님의 이름으로 부탁드립니다.

지리산 수련회

　4월 30일에는 선교 극단 「증언」의 성극 공연이 있었고, 6월에 들어서면서부터 교회에서는 주보를 통해 가족 수련회를 광고하고 준비했다. 무려 8주에 걸쳐 광고를 하고 기도를 부탁했다. 지난해 가족 수련회의 어려움을 거울로 삼았던 것이다.

　7월 30일자 주보 마지막 광고에서는 '사랑과 평화가 함께 하는 가족 캠프에 초대합니다' 라고 캠프의 성격을 제시했다. 또한 칼럼을 통해 은혜로운 가족 수련회를 준비할 수 있도록 성도들을 준비시켰다. 그 칼럼의 내용을 살펴본다.

　　말씀 : 형제를 사랑하며 서로 우애하고 존경하기를 서로 먼저 하며
　　　　（롬 12:10）
　　모든 개인의 존엄성은 무엇과도 바꿀 수 없는 소중한 가치가 있는 것

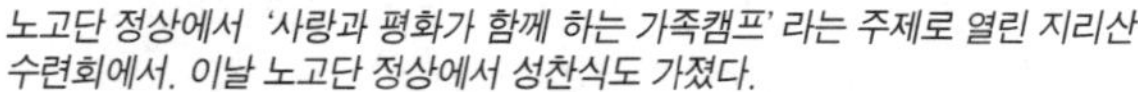

노고단 정상에서 '사랑과 평화가 함께 하는 가족캠프' 라는 주제로 열린 지리산 수련회에서. 이날 노고단 정상에서 성찬식도 가졌다.

이다. 한 사람 한 사람은 모두 나와 똑같은 인간으로 소중하고 하나님께서 신적인 형상으로 창조하신 존재이기 때문에 존귀하다. 남을 비판하거나 멸시할 권리가 누구에게도 주어질 수 없는 것이다.

먼저 남을 존중해 줌으로써 인정하고 격려해 주면 자기도 소중하게 대접받는다. 존경하는 마음과 말을 먼저 주라. 그리하면 존경받게 된다.

죄인 괴수라도 멸시하지 않고 살리며 용서하는 예수 그리스도의 사랑은 형벌 받는 강도를 낙원으로 이끌었다. 향나무는 자기를 찍는 도끼 날에도 향을 묻혀 준다는 말이 있다.

묵상 : 내 이웃에게 먼저 존경하며 살자

준비한 만큼 결실을 거둔 가족 수련회였다. 수련회 이후 맞는 주일, 주보의 칼럼에는 '지리산 수련회 기행' 이 실렸고, 그 내용은 만족함과 감사로 가득했다.

지리산 수련회 기행

아직 지리산 노고단 등정 후에 배긴 근육의 뻐근함이 채 가시기도 전에 운남초등학교 몇 아름은 됨직한 나무 그늘 밑 평상에 앉아 고즈넉한 저녁 그늘에 싸여 식사를 하던 생각이 그립습니다.

지리산의 바람은 모두 모여 그 넓은 운동장을 돌고 돌아 우리들은 여름 땀을 흘릴 겨를도 없었지요. 또 침례식을 마친 성도님들께 보잘껏 없는 들꽃을 따 드리며 축하해 드리기도 했구요.

안개 속에서 물기를 가득 머금은 갖은 초록 잎파리들의 환영을 받으며 정상에서 성찬을 드릴 때의 감격 또한 잊을 수가 없습니다. 또 하산 후 바위 위에 주저 앉아 주먹밥을 맛있게 먹고 물놀이 하다가 물을 먹던 장면을 생각하면 웃음이 절로 납니다. 교실 마루 바닥에서 누웠다가 잠깐씩 즐기던 오수의 개운한 뒷맛…, 삐걱대던 마룻바닥 소리, 코고는 소리, 부스럭대는 소리로 밤잠을 설친 것 때우기는 제격이었죠.

다시 풍동 교회로 향하는 차안에서 이동원의 '향수' 가 아닌 홍 집사님의 부드럽고 향기로운 '향수' 를 들으며 아쉬운 지리산과 이별을 했습니다. 큰 사고 없이 아름다운 공동체 훈련을 지켜주신 주님께 감사드립니다.

독일로 간 문 집사 가족

아름다운교회 성도들은 형편상 교회를 떠나도 우리 교회에서의 추억을 잊지 못한다.

1995년 9월 12일 교회에 헌신하다가 직장 관계로 독일로 떠난 문제홍, 박은주 집사 부부가 우리 교회와 성도들을 그리워하며 이렇게 편지를 보냈다.

사랑하는 아름다운 교회 성도님들께

안녕하신지요. 독일입니다(혜원이네 가족이에요). 하늘이 드높은 계절 아름다운 가을입니다. 결실의 때인 시월에 아름다운교회 창립 5주년

독일에서 문제홍 집사(사진 맨 좌측)와 박은주 집사(사진 우측에서 두번째)
부부와 기념촬영을 하고 있는 안도현 목사 부부.

을 맞이함을 진실로 축하드리며 하나님의 축복이 교회와 성도님들의 가정에 임하실 줄 믿습니다.

하나님께서 허락하신 그 땅에 교회를 세운지 5년이란 세월 속에 얼마나 많은 어려움이 있었습니까? 그러나 지금껏 숱한 고난들을 꿋꿋이 견디어내신 목사님의 눈물어린 기도와 성도님들의 땀과 사랑으로 점철된 지난 날을 돌이켜보면 여러분들 모두 감개무량 하시겠지요.

저희는 이곳에 와서 더욱 깨달았어요. 아름다운교회는 사랑이 넘치고 은혜스럽고 그 속에서 서로의 정을 나눌 수 있는 참으로 귀한 교회인 것을요.

성도님들 더욱 더 사랑으로 섬기는 참으로 아름다운 성도님들 되세요. 우리 비록 멀리 떨어져 있으나 기도로써 교통함으로 늘 가까이 있습니다. 낯선 곳에서의 힘든 일과 외로움도 여러분의 사랑의 기도로 이겨냈습니다. 벌써 6개월이란 세월이 내 앞에서 저 멀리 달려가 버렸어요. 시간을 초월하고 공간을 넘어 마음은 아름다운교회에 자주 가 있었어요. 지금쯤 풍동엔 가을 정취가 가득하겠지요.

평화로운 야트막한 산자락엔 이맘 때 알밤이 떨어지고 교회 마당 상수리나무엔 굵은 도토리가 수없이 여물어 가겠지요.

오늘같이 춥고 바람 부는 날은 교회에서 같이 나누던, 뜨끈뜨끈한 멸치 국물에 호박 숭숭 썰어 넣고 끓인 밀국수 생각 많이 납니다.

이제 주님 주시는 평강 속에서 성도님들 한 분 한 분 가정 다 평안하시고, 교회와 더불어 승리할 것을 믿습니다. 건강하시고 안녕히 계세요.

독일에서 문 집사, 박 집사, 문혜원 드림

우리 교회 성도들의 가슴속에는 아름답게 간직된 추억들이 있다. 아름다운교회가 지금까지 아름답게 성장한 데는 분명한 이유가 있다. 그 한가지를 꼽는다면 한 가족과 같은 분위기이다. 편지에서 언급된 것처럼 이것은 개척 때부터 줄곧 이어져온 공동 식사에서 비롯된 것이었다.

교회 창립 5주년 기념 연감 제작

우리 교회는 창립 5주년을 앞두고 기념 사업으로 그 동안의 교회 역사를 기록으로 남기기 위한 교회 연감을 제작키로 했다. 이를 위해 김혁수, 박혜경, 박윤영, 안성실, 안완석, 조기천 집사 등 6명을 편집위원으로 선정하였다.

편집위원들의 노고의 결과로 1995년 10월 1일자로 우리 교회의 지난 5년 간의 모든 자료를 모아 「새 타작기계」라는 제목의 147페이지 분량의 연감이 발행되었다. 연감에는 우리 교회의 역사와 각종 자료뿐 아니라 30페이지에 150여 장의 사진이 수록되어 우리 교회의 역사를 그림과 같이 살펴 볼 수 있었다.

우리 교회 연감 발행에 즈음하여 우리 교회가 속한 기독교 대한 하나님의 성회 증경 총회장인 김진환 목사는 다음과 같은 글로 격려해 주었다.

교회 창립5주년 기념 으로 제작한
연감 「새 타작기계」 표지와 본문.

격려사

불모지 땅에서 하나님의 교회를 세우고 날로 성장하는 과정 중에 창립 5주년을 맞아 그 동안의 교회성장 과정을 글로 엮어서 책으로 남기게 된 것에 대하여 진심으로 축하를 드립니다.

특별히 아름다운교회 안도현 목사님은 외유내강(外柔內剛)하시고 신앙심이 특별하신 분으로 다른 목사님이 하기 어려운 지역에 땅을 구입하여 성전을 짓고 이제는 교회로서 모습을 갖추게 되어 더더욱 축하를 드립니다.

그 동안 개척교회 하시느라 수고하신 목사님과 사모님, 그리고 성도 여러분의 노고에 칭찬을 보내고 싶습니다.

해방 전후 민족의 지도자 조만식 선생님께서는 동네에 경찰서 하나를 세우는 것보다 교회를 세우는 것이 더 귀하다고 했습니다. 지금은 풍동 마을 분들이 잘 몰라 교회를 핍박하고 비방하지만 훗날 그 동네 자녀들이 모두 예수를 영접하고 나면 우상의 마을이 교회 이름대로 아름다운 마을로 변화될 것입니다.

지금까지 교회사를 보면 교회가 세워지는 곳엔 반드시 변화가 따랐습니다. 영국은 원래 바이킹족으로서 해적(海賊)이었습니다. 그런데 그곳에 요한 웨슬레의 기독교 신풍운동이 확산되면서 바다 깡패 출신의 나라가 세계에서 가장 신사다운 나라가 되었습니다. 그리고 원래 야만족이었던 독일의 게르만 민족은 마틴 루터의 종교개혁으로 세계에서 가장 근면하고 정직한 국민으로 변화되었습니다.

우리 나라 역사를 보면 삼국시대는 불교국이었고, 이조시대에는 유교를 섬긴 우리 나라는 구한말 세계에서 가장 못사는 나라 중의 하나였습니다. 그러다가 개화기에 기독교가 들어오면서 오늘날 한국도 선진국에 진입하게 된 것입니다. 이와 같이 450년 동안 우상을 섬기는 마을로서 낙후된 풍동 마을도 아름다운교회가 세워졌기에 머지 않은 장래에 잘 살고 큰 인물들이 많이 탄생할 아름다운 마을로 변신할 것이라 확신합니다.

아름다운교회에 출석하시는 교우 여러분! 자부심을 가지시고 예수를 믿으십시오. 그리고 전도인으로서 사명을 다함으로 풍동 마을 전체가 기독교 마을로 발전하기를 주님의 이름으로 격려 드립니다.

또한 하와이 인터내셔널대학원 한국 부원장이신 정학봉 목사도 다음과 같은 글로 격려해 주었다.

격려사

먼저 아름다운교회가 이름 그대로 주님 보시기에 아름답게 성장하여 5주년을 맞이하게 된 것을 진심으로 축하합니다. 특히 영적으로 사역하기에는 너무나 어려운 지역에서의 출발과 성장이기에 이 5주년은 더욱 값진 축하를 받아야 마땅하다고 생각합니다.

그리고 이 교회의 앞으로의 하나님의 영광을 위한 보람 있는 사역을 위하여 몇 가지 격려와 권면의 말씀을 드리고 싶습니다. 그것은 본 교회 담임 목사님과 모든 교인들이 믿음 안에서의 무한한 가능성을 지니고 있다고 믿기 때문입니다.

이 아름다운교회가 더욱 크신 하나님의 역사를 감당할 수 있기 위하여 첫째로, 능력의 손에 잡히시기를 바랍니다. 사도 바울은 기독교 신학의 기초를 정립하셨고 기독교를 유대교의 울타리에서 세계적인 종교로 세울 수 있었던 큰 일을 감당하게 된 것은 "내게 능력 주시는 자 안에서 내가 모든 것을 할 수 있느니라"(빌 4:13)고 고백한 대로였기 때문입니다.

둘째로, 우리 모든 그리스도인들은 이 지상에서 하나님 사역의 청지기로서의 사명 의식을 가져야 합니다. 그저 이 땅에 태어나서 부귀영화를 누려 보겠다는 단순한 생각보다도 우리는 원천적으로 '하나님의 동역자'(고전 3:9)요, 또한 '그리스도의 일군'(고전 4:1)됨을 자각해야 합니다.

사람은 본래 하나님께로부터 모든 피조 세계를 다스리는 사명을 맡았는데 이 막중한 사명을 위임 맡았던 인류가 타락하였음으로 우리는 먼저 인류 구원의 역사적인 사명(창 12:3, 마 28:19) 의식을 가져야 하고, 그리고 마침내 하나님께서 처음에 우리에게 맡기셨던 피조 세계의 원상 회복(롬 8:21)의 사명감도 가지고 헌신할 자세를 가져야 합니다.

셋째로, 우리들의 영적인 사역은 전능하신 하나님께서 함께 하시기 때문에 반드시 승리할 수 있다는 확신을 가져야 합니다. 사도 요한은 "하나님께로서 난 자마다 세상을 이기느니라"(요일 5:4)고 믿는 자의 승리를 보증하였습니다.

우리 각자가 큰 일을 하지 못해도 이 세상에서의 하나님 사역에서 주님께서 각자에게 세워주신 위치와 자신이 감당할 역할을 훌륭하게 감당하게 되면 우리 주 예수 그리스도의 승리함 안에서 우리 모두의 승리에 참여하게 될 것입니다.

아무리 세상의 세속적인 물결이 넘치게 덮쳐와도 하나님의 능력의 손에 잡히고 인류 구원 사역과 피조 세계의 창조 본연의 상태를 보존하고 관리하고 개발하여 하나님의 창조 본연의 목적을 성취시킬 사명이 있다는 확신을 가지고 최후 승리를 믿을 수 있다면 어떤 두터운 장벽도 뚫을 수 있어서 최후의 승리에 참여할 수 있게 될 것입니다.

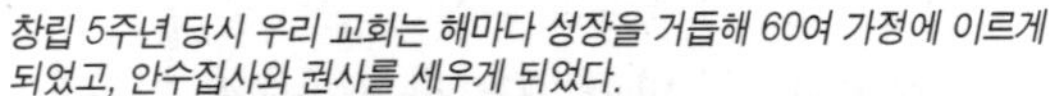

창립 5주년 당시 우리 교회는 해마다 성장을 거듭해 60여 가정에 이르게 되었고, 안수집사와 권사를 세우게 되었다.

주님 오시는 그 날까지 그리스도인 각자가 헌신한 지극히 작은 역사들의 총화가 승리를 보장하게 되고 우리 다같이 주님 앞에서 '착하고 충성된 종' (마 25:21)으로 영접 받게 될 것입니다.

우리의 아름다운교회가 앞으로 10주년, 20주년을 맞이할 때에는 사람이 상상할 수 없는 큰 역사를 성취하게 되는 날이 올 것을 확신합니다.

그리고 안 목사는 '설립 5주년을 즈음하여' 라는 기념사를 통하여 그 동안의 하나님의 은혜에 대한 감사와 앞으로의 계획을 밝혔다.

설립 5주년에 즈음하여

하늘과 온 땅을 다스리시는 하나님께 영광을 드립니다.

"보라 내가 너로 이가 날카로운 새 타작기계를 삼으리니 내가 산들을 쳐서 부스러기를 만들 것이며 작은 산들로 겨 같게 할 것이라 내가 그들을 까부른즉 바람이 그것을 날리겠고 회리 바람이 그것을 흩어 버릴 것이로되 너는 여호와로 인하여 즐거워하겠고 이스라엘의 거룩한 자로 인하여 자랑하리라" (사 31:15-16)

1990년 연초에 주신 말씀에 힘입어 개척을 꿈꾸었습니다.

이곳 저곳에서 때가 다 되었다고 하는데 어떤 모양으로 쓰실지 감히 두렵습니다.

"묵시가 없으면 백성이 방자히 행하거니와 율법을 지키는 자는 복이 있느니라" (잠 29:11)

그 나라 그 시대에 비전이 없으면 백성들이 망할 짓만 골라서 한다는 말씀입니다. 아직도 꽃상여와 곡의 행렬이 신도시 아스팔트 위를 버젓이 행진하고 굿거리로 장례를 마감하는 450년의 예수 불모지인 이 마을을 통해 하나님은 분명 크신 뜻이 있는 줄 압니다.

최초 7명으로 시작하여 7개월 동안 산기도로 개척을 준비하였습니다. 1990년 4월 14일 부지 계약을 하고 잔금을 치르기까지 어둠의 역사가 극심하였지만 동년 11월 10일 매서운 날씨 속에서 창립 예배를 드릴 수 있었습니다.

주님과 동행하며 지낸 세월이 새삼 새롭고 감사할 뿐입니다. 주님의 일은 적당히도 부분적도 아닌 자신을 온전히 내어놓는 깨어짐이 아니고는 감당할 수 없었다는 것을 고백합니다.

5주년을 지나면서 교회와 성도가 새롭게 도약하는 계기가 되기를 기도합니다. 앞으로 헌당식과 선교사 해외 파송, 지교회 설립과 미션 룸 설립 등 하나님 나라의 확장을 위한 행보에 주님과 함께 기쁨과 감사의 직물을 짜 올리겠습니다.

이 시간이 있기까지 여러 면에서 도움주신 분들께 지면을 통하여 감사 드립니다.

성숙한 모습으로

1995년 한 해는 어느 해보다도 뜻깊은 해였다. 지난 5년 동안 하나님께서는 우리 교회를 해마다 성장시켜 주셔서 60여 가정에 이르게 되었다. 농촌 교회로서는 놀라운 성장이라는 평을 듣는다.

지난 5년동안 47명이 침례를 받았는데 1992년에 16명이 침례를 받았고, 1993년에 6명, 1994년에 14명, 1995년에 11명이 침례를 받았다. 우리 교회는 새신자들을 중심으로 성장했다. 교인 중 70퍼센트는 새신자이고, 나머지 30퍼센트는 다른 곳에서 왔다.

우리 나라 교회가 1990년대에 들어서서 마이너스 성장이라는 말이 나오고 있는 상황에서 5년만에 두 가정에서 60여 가정으로 성장한 것은 하나님의 특별한 은혜가 아닐 수 없다.

우리 교회는 창립 5주년을 맞이하면서 큰 기쁨의 잔치를 했다. 우리 교회에 안수집사와 권사가 세워지고 집사들이 임명된 것이다. 이제 우리 교회도 성숙한 교회로서의 면모를 갖추게 된 것이다.

　　그 동안 믿음으로 충성하던 김혁수, 이계천, 안성실, 안완석, 윤준부, 홍정기 등 6명이 집사 안수를 받았고, 김운택, 변정례, 이길순, 신하자, 송순진 등 5명이 권사로 취임하였다.

　　또한 박윤하, 조기천, 문제홍, 김상철, 김익순, 이동근, 박윤영, 이상연, 홍기표 9인의 남 성도와 박혜경, 채은경, 전미순, 안은순, 이상임, 이경월, 장은해, 박은주, 윤정순, 정영애, 정영옥, 최은실, 한상애, 최복순, 문경숙, 박말순, 이선희, 전숙희, 서정화 등 19명의 여자 성도가 서리 집사로 임명되었다.

동서남북에 편만할찌며

1996년 신년 예배 때 하나님께서 우리 교회에 주신 말씀은 "네 자손이 땅의 티끌같이 되어서 동서남북에 편만할지며 땅의 모든 족속이 너와 네 자손을 인하여 복을 얻으리라"는 창세기 28장 14절 말씀이었다. 1월 7일 신년 첫 주일예배에서 안도현 목사는 그 말씀을 본문으로 해서 '너와 네 자손을 인하여 복을 얻으리라'는 제목의 설교를 했다. 그야말로 믿음의 선포였다.

말씀을 받을 때의 느낌은 당혹스러움이었다. 시골 교회가 어떻게 동서남북에 편만하게 될 것인지 이해가 되지 않는 말씀이었다. 그러

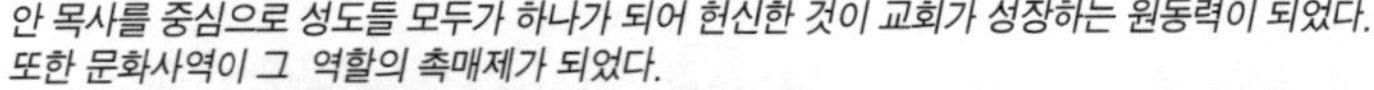

안 목사를 중심으로 성도들 모두가 하나가 되어 헌신한 것이 교회가 성장하는 원동력이 되었다. 또한 문화사역이 그 역할의 촉매제가 되었다.

나 우리 교회는 하나님의 능력으로 이루어질 내일의 축복을 바라보며 믿음으로 나아갔다. 그 모습을 2월 4일자 주보 칼럼에서 살펴본다.

축복의 땅을 향하여

이스라엘 백성들이 요단강을 건너서 가야 할 가나안 땅은 그들이 가 보지 못했던 낯선 길이었습니다. 물도 없고 풀도 없는 황량한 사막 길이었습니다. 그러나 하나님은 그들을 철저히 훈련시키셨고 그리고 가나안 땅에 들어갈 수 있었습니다.

광야에서 구름기둥과 불기둥으로, 하나님께서 직접 인도하셨고 가나안 땅에 들어갈 때는 법궤가 이스라엘을 인도하였습니다. 광야에서는 경험 많은 모세를 하나님의 종으로 사용하셨고, 가나안 정복 시대에는 그 땅을 정탐한 경험이 있는 여호수아와 갈렙을 사용하셨습니다.

우리는 영적 황무지인 이곳에서 5년 동안을 길이요, 진리요, 생명이 되시는 우리 주님을 인도자로 모시고 달려 왔습니다. 올 한 해도 주님께서 사용하실 수 있는 일꾼들이 되기 위하여 인내하며 순종해야 되겠습니다. 성경 옮겨 쓰기를 비롯하여 새벽기도회 및 각 모임에 모이기에 힘써야 되겠습니다.

내 능력의 한계에 집착하지 말고 하나님의 능력을 믿고 강하고 담대한 믿음의 소유자들이 되시기를 주님의 이름으로 기원합니다.

시간이 흘러가면서 동서남북에 편만케 된다는 말씀이 무엇을 의미하는지 점차 드러났다. 그것은 극동방송을 통해 시작되었다.

극동방송 '나의 개척시대'에 소개

누구의 소개로 어떻게 알려졌는지 모르지만 극동방송에서 우리 교회를 대상으로 방송을 의뢰하였다. 방송 프로는 '나의 개척 시대' 였

다. 이 프로는 주로 국내의 소문난 초대형 교회들을 소개하는 프로였
다. 따라서 이 프로에 우리 교회가 참여하는 일은 파격적인 일이었다.

김은진 드라마 작가는 우리 교회를 취재하기 위해 찾아와서는 "이
렇게 작은 시골 교회에 왜 취재를 보냈는지 모르겠다."고 의아해 했다.

2월 21일 극동방송은 안도현 목사와의 대담과 우리 교회의 개척 과
정을 드라마로 엮어서 방송하였다.

그 내용 중에서 안 목사가 어떻게 주의 종이 되었는지에 대한 부분
은 그대로 정리하여 불모지에 세운 교회라는 제목으로 소개한 바 있
다. 여기서는 앞으로의 계획을 묻고 답하는 마지막 부분을 소개한다.
진행자는 정은주 PD였다.

진행자 : 청년 시절 하나님의 은혜를 체험한 것이 목회에 어떤 영향을
　　　　주었다고 생각하시는지요?

안도현 : 전에는 은혜를 모르고 율법을 지키려는 신앙생활을 했습니다.
　　　　신앙 체험 이후 그것이 잘못된 것임을 깨달았습니다. 그후 말
　　　　씀이 꿀송이 처럼 달게 느껴졌고 생활의 변화와 영적인 변화가
　　　　일어났습니다.

진행자 : 신학생들이 많다고 들었는데 후배 양성을 위해서는 어떻게 하
　　　　고 계시는지요?

안도현 : 부족하지만 개척 때부터 신학생을 키우는데 중점을 두고 있습
　　　　니다. 새 타작기계가 되기 위해서는 일꾼을 만들어야 하는데
　　　　성도들 중에 신학 공부를 하려는 사람이 있으면 신학교에 보내
　　　　고 있습니다. 그 결실로 지금은 그들이 선교사로 나가 있고, 또
　　　　농어촌에서 목회하고 있습니다.

진행자 : 도시 못지 않게 농촌에 대한 목회자들의 관심과 애정이 요청되
　　　　고 있는데 성공적인 농촌 목회자로서 후배 목회자들에게 도전
　　　　을 주신다면 어떤 말씀을 주시겠습니까?

안도현 : 흔히 농촌 목회를 받는 목회로 생각하고 있는데 주는 목회로

바뀌어야 한다고 생각합니다. 한 영혼을 사랑하는 마음으로 예수를 알지 못하는 사람에게 복음을 줄 수 있는 목회를 했으면 합니다.

진행자 : 앞으로의 꿈은 무엇입니까?

안도현 : 새 타작기계가 될 수 있는 일꾼들을 배출하고자 합니다. 또 선교사나 신학생이 머무를 수 있는 집을 마련하려고 합니다. 그리고 우리 마을에 노인 60여 명이 살고 계신데 그들을 위한 양로원 건립을 계획하고 있습니다.

진행자 : 주님 안에서 목사님의 비전과 꿈이 꼭 이루어지기를 기도하겠습니다.

안도현 : 감사합니다.

대담 중에 언급된 '선교사와 신학생을 위한 집'은 그들에게 쉼터를 제공하기 위한 미션 룸 건립에 대한 것인데 우리 교회에서는 선교사, 교역자, 신학생들에게 취사 가능한 휴식 공간을 제공하고자 하는 계획을 가지고 기도 중에 있다.

잦아진 발걸음

극동방송에 소개된 후 갑자기 우리 교회는 많은 교회들로부터 관심의 대상이 되었고 교회를 찾아오는 발길도 잦아졌다.

신학생들이 종종 찾아와 수련회를 갖고 있는데 우리 교회에서는 이들에게 언제든지 와서 취사도 하고 기도할 수 있도록 성미와 모든 시설을 개방하고 있다.

그 동안 우리 교회를 찾아온 단체들은 순복음신학교, 한세대학교, 순복음신학원, 독립문총회신학교, 한사랑선교회, 한양대학교 대학생

선교회, 강남대학교, 예수전도단, 한신교회, 가나안교회, 성산학원 등
이었다.

1994년 12월, 우리 교회를 소개한 바 있는 순복음 신문에서 다시
관심을 보여주었다.

1996년 4월 28일자 순복음신문에 실린 안 목사의 설교를 소개한다.

다만 그를 섬기라(마 4:1-11)

예수께서 성령의 인도를 받아 하나님과 깊은 교제를 나누신 후 마귀
에게 유혹을 받았습니다. 마귀는 가장 시험받기 쉬운 때를 잘 압니다.
환경적으로 가장 굶주렸을 때, 연약한 때, 불평할 수 있을 때를 찾아 약
점을 찌릅니다. 우리가 넘어질 수 있을 때까지 기다리고 있다가 공격을
합니다. 승리하신 주님의 해답을 통하여 물질적, 정신적, 영적으로 시험
에서 승리할 수 있기를 바랍니다.

물질에 대하여

마귀는 떡으로만 살 수 있다고 유혹합니다. "이 돌들을 명하여 떡덩이
가 되게 하여 주린 배를 채워봐라. 굶주림을 면할 수 있지 않느냐." 배고
픈 자에게 먹으라는 말처럼 설득력 있는 말은 없을 것입니다. 주린 배를
채워 보라고 유혹합니다. 누구든지 인간은 현실에 약하고 물질에 약합
니다. 돈만 있으면 무엇이든지 다 할 수 있다고 유혹합니다. 마귀는 떡
으로만 살 수 있다고 유혹합니다.

그러나 주님께서는 "사람이 떡으로만 살 것이 아니라 하나님의 입으
로 나오는 모든 말씀으로 살 것이니라"고 말합니다. "떡으로만 살 것이
아니라"는 말씀은 떡을 부인하지도 않고 떡도 있어야 하지만 떡보다 하
나님의 말씀을 더 위에 두고 있습니다.

육체를 가진 인간이기에 떡도 필요합니다. 만일 예수님이 돌을 떡으
로 만들었다면 하나님은 떡을 주시는 하나님으로만 전락하고 말았을 것

입니다.

마태복음 6장 33절에 "너희는 먼저 그의 나라와 그의 의를 구하라 그리하면 이 모든 것을 너희에게 더하시리라"고 말씀하십니다. 먹고 사는 것에만 관심 있고 말씀 없이 살아가는 불행한 영혼들이 되지 맙시다.

하나님에 대하여

"네가 만일 하나님의 아들이어든 뛰어 내리라 발이 돌에 부딪히지 않게 하리로다" 네가 만일 하나님의 아들이라고 한다면 성전 꼭대기에서 뛰어내려 확인해 보라는 유혹입니다. 우리는 하나님을 아버지로 믿고 삽니까? 아버지와 아들의 관계가 확실하다면 증명이 필요 없습니다. 증명이 꼭 필요하다면 심각한 관계일 수 밖에 없습니다. 사랑에도 증명을 필요로 한다면 허약한 관계입니다.

뛰어 내렸다면 하나님을 신뢰하지 못한 것입니다. 인정받고 싶어하는 욕망을 마귀는 유혹합니다. 바리새인들은 표적을 구하며 증거를 대라고 요구했습니다. 예수님께서 증명해 보이기 위해 표적으로 보였다면 마귀의 작전에 말려들고 말았을 것이요, 관계는 깨어지고 말았을 것입니다.

극동방송에 소개된 후 우리 교회는 외부손님들의 발걸음이 줄을 이었다.
사진은 시원한 나무 그늘밑에서 예배를 드리는 모습.

인간에 대하여

천하만국과 영광을 보여주며 경배하면 모든 것을 네게 주리라고 유혹합니다.

사탄은 지극히 높은 산으로 가서 한번만 일을 저지르면 상상을 초월하는 대가를 주겠다고 유혹합니다. 하나님의 영광을 인간의 영광으로 바꾸는 시험입니다.

오직 모든 영광은 주님께만 있습니다. 인간의 바른 관계는 평등해야 합니다. 인간이 인간에게 무릎을 꿇어서도 안됩니다. 지배욕을 가져서도 안됩니다. 천하만국은 물거품처럼 사라지지만 하나님의 말씀은 영원합니다. 사탄이 주는 천하만국을 택할 것인지, 하나님을 택할 것인지 결단해야 합니다. 우리는 오직 예수 그리스도께만 엎드려 경배해야 합니다.

"사탄아 물러가라 주 너의 하나님께 경배하고 다만 그를 섬기라" 배불러도, 배고파도, 성공해도, 실패해도, 살아도, 죽어도, 다만 하나님을 섬길 때 영혼의 만족을 통하여 모든 문제는 해결될 것입니다.

마귀는 예수를 파괴하기 위하여 유혹의 손길을 펼쳤지만 결국 예수를 떠나고 천사들이 수종드는 승리의 기회로 바꾸었습니다. 영광스런 주님의 사역에 쓰임 받는 아름다운 성도들이 되시기를 바랍니다.

제주도 효도 관광

5월 가정의 달을 맞아 우리 교회는 노인들을 위한 제주도 효도 관광을 준비했다.

노인을 섬기는 마음이 남다른 안도현 목사는 주보를 통해 계속 노인 공경을 강조했다.

5월 25일자 주보 칼럼을 통해 그 내용을 살펴본다.

늙음에 대하여

어느 날 TV를 보다가 젊은 치과 의사들의 아름다운 모습을 보았습니다. 노인들에게 무료로 틀니를 해주고 노인들은 그 이빨을 소중하게 끼워보며 새로운 감각에 대한 기쁨으로 수줍어하는 장면이었습니다. "야무진 것 먹어보는 것이 소원"이라는 할머니를 바라보며 우리 모두가 자연발생적으로 걸어가야 하는 그 길에는 돕는 자와 도움을 받아야 할 자가 있습니다. 건강한 자가 연약한 자를 도와야 되며, 우리는 또 연로한 그분들의 삶의 경륜과 발자취를 통해 우리들의 신앙의 삶을 가늠해보는 것입니다.

"손자는 노인의 면류관이요 아비는 자식의 영화니라"(잠 17:6)

"백발은 영화의 면류관이라 의로운 길에서 얻으리라"(잠 16:31)

"너 낳은 아비에게 청종하고 네 늙은 어미를 경히 여기지 말지니라"(잠 23:22)

1995년 설악산 관광에 이어 1996년에는 제주도 관광을 준비했다. 이번에도 여러 분이 행사를 위해 협력해 주었다.

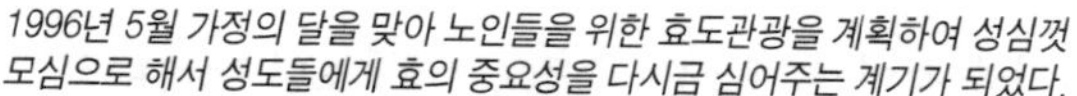

1996년 5월 가정의 달을 맞아 노인들을 위한 효도관광을 계획하여 성심껏 모심으로 해서 성도들에게 효의 중요성을 다시금 심어주는 계기가 되었다.

6월 2일자 주보 칼럼에서 노인들을 모시고 제주도 여행을 다녀온 이야기를 들어본다.

제주 기행

섬 특유의 습한 바람과 축축한 물기를 머금고 자란 희귀한 관엽식물이 특징인 제주도는 바쁜 생활의 틈을 내어 찾아온 이방인들을 반갑게 맞아 주었습니다. 그 동안 남편과 자녀들 뒷바라지에 인생의 시간표가 가버려 패인 주름살 위로 티없는 맑은 웃음이 오히려 안쓰러운 여행이었습니다.

어느새 두 어깨와 두 다리에는 하나님의 인생 법칙대로 노인의 계절을 맞이하고 있습니다. '인생의 연수가 칠십이요, 강건하면 팔십' 이라고 했는데 누구에게나 찾아오는 이 계절을 부모, 부부, 자녀가 하나님의 법칙대로 살면서 더불어 평강의 세월이 되기를 기원합니다.

"집과 재물은 조상에게서 상속하거니와 슬기로운 아내는 여호와께로서 말미암느니라"(잠 19:14)

"너 낳은 아비에게 청종하고 네 늙은 어미를 경히 여기지 말지니라"(잠 23:22)

"누가 현숙한 여인을 찾아 얻겠느냐 그 값은 진주보다 더하니라"(잠 31:10)

"미련한 아들은 그 아비의 재앙이요 다투는 아내는 이어 떨어지는 물방울이니라"(잠 19:13)

"손자는 노인의 면류관이요 아비는 자식의 영화이니라"(잠 17:6)

"고운 것도 거짓되고 아름다운 것도 헛되나 오직 여호와를 경외하는 여자는 칭찬을 받느니라"(잠 31:30)

그 주 금요일 사랑방 성경공부 모임에서 한 자매가 눈물을 글썽이며 이런 고백을 했다.

"목사님 말씀대로 부모님께 잘 해 드려야겠다고 생각하고 병상에 계신 어머님께 마음을 다해 드리려 합니다."

　그 자매는 불우한 환경에서 자랐다. 아버지를 일찍 여의고 어머니는 양로원에서 병든 몸으로 노후를 지내고 계셨다. 어느 날 안 목사와 집사들은 그 자매의 어머니가 계신 양로원을 찾아 위로의 인사를 드렸다.

　해마다 가정의 달을 맞이하여 계획하는 효도 관광은 성도들에게 은연중 노인을 공경하는 삶을 가르치고 있었다. 효도하는 모습 또한 우리 교회의 아름다운 모습이 아닐까?

기대감으로 설래이는 가족수련회

　1996년 전 교인 가족 수련회는 7월 31일부터 8월 3일까지 3박 4일간 '아름다운 가정' 이라는 주제로 전북 진안 모정초등학교에서 개최되었다. 수련회 주제가는 '참 아름다워라' 로 정했고, 주제 성구는

성도들과 한마음이 된 1996년 수련회는 아름다운 신앙의 추억을 만드는 소중한 시간이었다.

"형제가 연합하여 동거함이 어찌 그리 선하고 아름다운고"라는 시편 133편 1절로 정했다.

우리 교회의 연중 행사로서 해마다 성도들에게 아름다운 신앙의 추억을 만들어 주는 수련회이기에 여름만 다가오면 기대감으로 설레었다. 여름 수련회를 기다리며 7월 21일자 주보 칼럼을 통해서 수련회에 대한 기대감이 어떠했는지 살펴본다.

'96 여름 수련회를 기다리며

우리 교회 창립은 한 해의 끄트머리인 11월에 있습니다.

일산의 겨울 바람은 참 매섭습니다. 그 겨울을 지나 동토였던 흙덩이를 뚫고 새싹이 나오는 봄을 맞을 즈음 쑥과 갖은 봄나물이 개척의 휘황한 마음을 달래 주었더랬습니다.

그리고 더위가 우리들의 이마에 땀을 솟게 할 무렵부터 여름 수련회를 꿈꾸기 시작합니다.

어느새 여섯 해를 맞이합니다.

어느 해는 산 계곡에서 흘러 내려오는 거센 물소리에 서로의 이야기도 알아듣지 못할 정도로 시린 여름밤도 있었고, 어느 해는 강릉 해변에서, 또 어느 해에는 안개 긴 덕유산을 오르며 이름 모를 나무, 풀, 이끼 긴 바위와 은밀한 대화를 나누기도 했었습니다.

작년에는 지리산 바람도 쐬면서 한 여름을 지냈었죠.

우리는 교회의 여름 수련회를 한 해 한 해 지나면서 나이와 더불어 신앙의 연륜이 더욱 성숙되어지는 것을 고백하지 않을 수 없습니다.

매년 수련회를 통해 공동체의 사랑 나누기를 배우고 한 여름 밤의 꿈을 꾸었습니다.

올해에도 여러 가지 프로그램을 준비하시는 집사님들의 수고가 그대로 아름다운 열매로 맺혀지기를 기대하면서…….

마음은 벌써 계곡 물가에 그물을 드리우고 있습니다.

가족 수련회에는 모두 63명이 참가했다. 참가비는 장년 5만원, 청년 4만원, 학생 3만원으로 했다. 성도들은 물론이요, 안 목사의 마음까지 설레게 했던 가족 수련회의 모습은 어떠한지 전체 일정을 간단히 소개한다.

김혁수 집사가 준비 위원장을 맡았고, 조기천 집사와 안은순 집사가 총무, 채은경 집사가 서기, 안완석 집사가 회계를 맡았다. 식사는 여 선교회에서 조별로 담당했고, 식기 세척 및 청소는 남 선교회에서 조별로 담당했다.

7월 31일(수) 첫째 날은 새벽 5시에 출발하여 9시 30분 목적지에 도착했다. 곧바로 김혁수 집사의 사회, 이계천 집사의 기도, 안도현 목사의 설교로 개회예배를 드렸다.

이어서 박혜경 집사의 진행으로 가족신문 만들기를 했고, 홍기표 집사와 전숙희 집사가 진행한 체육대회로 분위기가 무르익었다. 저녁 식사 후 성령대망회는 박태하 전도사의 사회, 안성실 집사의 기도, 안도현 목사의 설교로 드려졌다.

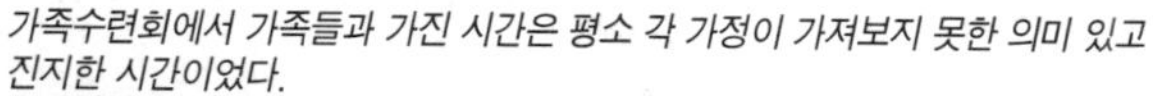

가족수련회에서 가족들과 가진 시간은 평소 각 가정이 가져보지 못한 의미 있고 진지한 시간이었다.

8월 1일(목) 둘째 날은 아침에 일어나 각 가정별로 가장들의 인도로 가족예배를 드리고, 안완석 집사의 진행으로 마이산을 관광했다. 점심 식사를 마치고 세례식과 세족식을 거행했다. 김혁수, 이계천, 안성실, 안완석 집사, 그리고 이길순, 신하자 권사, 박혜경 집사가 수고했다.

이후 홍기표 집사의 진행으로 물놀이와 고기잡이를 했고, 저녁 시간에는 청년부와 학생부의 진행으로 '가정이 고쳐야 할 것들' 이라는 시간을 가졌다. 평소 각 가정이 가져보지 못한 의미 있고 진지한 시간이었다.

8월 2일(금) 셋째 날은 아침 시간, 박태하 전도사의 진행으로 큐티 시간을 가졌고, 점심 시간을 전후로 안승환 실장의 진행으로 영성훈련의 시간을 가졌다. 영성훈련은 인간관계 훈련에 집중했다. 프로그램 중 하나인 편지 완성하기를 소개한다.

주님이 사랑하는 ＿＿＿＿＿＿＿＿님께

그 동안 ＿＿＿＿＿님을 위해 많은 기도를 드렸습니다. 참으로 즐거운 시간이었습니다.

참, 제가 ＿＿＿＿＿＿＿님께 드리고 싶었던 것이 있습니다.

이것은 ＿＿＿＿＿＿＿＿＿＿＿＿＿＿＿＿＿＿ 입니다.

이것을 드리는 이유는＿＿＿＿＿＿＿＿＿＿＿＿＿＿＿＿

＿＿＿＿＿＿＿＿＿＿＿＿＿＿＿＿＿＿ 때문입니다.

늘 교회 안에서 기도하는 모습으로 발견하고 싶고, 또한 ＿＿＿＿＿님을 위해 기도하는 이들이 있음을 잊지 마시기 바랍니다.

어려움이 있을 때마다 넉넉히 이기게 하시는 주님께 더욱 다가서는 지혜 있는 ＿＿＿＿＿님이 되시기를 빕니다.

함께한 수련회에 감사하여 드리는 선물이 늘 간직되기를 바라며……

아름다운 교회의 한 지체가

　이 편지는 공란을 기록한 후 모두 편지함에 넣는다. 그 다음 인도자가 편지를 꺼내서 각자에게 돌려준다. 선물은 수련회가 끝나는 날 약속한 사람에게 전달한다. 저녁 식사를 마친 후에는 안도현 목사와 홍기표 집사의 진행으로 캠프파이어 시간을 가졌다. 이어서 청년부의 문혜경, 이승용 선생의 진행으로 가족 오락회를 가졌다.

　8월 3일(토) 마지막날은 안완석 집사의 사회와 박혜경 집사의 기도, 그리고 안도현 목사의 설교로 예배를 드렸다. 이어서 시상 및 평가회를 갖고 일정을 마쳤다.

샤론선교단 창단

　그 동안 우리 교회는 많은 행사를 하면서 전문가의 필요성을 절감하면서도 어찌할 수 없는 가운데 있었다. 전문적으로 행사를 기획하고 프로그램을 개발해 나갈 수 있는 일꾼이 필요했지만 시골 교회에

교회 창립 6주년을 맞아 샤론선교단을 조직했다.
하나님께서는 샤론선교단을 통해 문화선교의 비전을 갖게 하셨다.

서 그런 사람을 만난다는 일은 꿈과 같은 일이었다.

1996년 한 해가 저물어 가던 어느 날 신영자 사모가 율동 신학교를 다녀오다가 우연히 크리스천 안무에 관심이 많던 지인숙 집사를 만나게 되었다.

지인숙 집사는 그 동안 18개국을 다니며 무대 경험을 쌓은 전문가였다. 그는 무슨 감동을 받았는지 우리 교회를 통해 일하고 싶어했다. 그는 안도현 목사에게 복음을 전할 수 있는 무용단을 만들자고 제안을 했고, 우리 교회는 교회 창립 6주년을 맞이하면서 「샤론선교단」을 조직하게 되었다.

당시 우리 교회 형편으로는 도저히 율동 팀을 만들 수 없었다. 젊은 여 집사들이 주축이 되어야 하는데 할만한 사람은 손에 꼽을 정도였다. 그럼에도 불구하고 지 집사는 몇몇 여 집사들을 가르치기 시작했다.

박혜경, 이상임, 김선희, 최미자, 장옥현, 채은경, 전선미, 전미순, 김유신 집사, 그리고 신영자 사모 등이 초기 멤버로서 활동하였는데 날이 갈수록 안무감각이 몸에 베면서 그들로 인하여 금요 기도회 시간이 은혜로웠다.

그러나 지인숙 집사의 꿈은 단순한 교회 내에서의 율동 찬양이 아니었다.

그는 뮤지컬을 꿈꾸고 있었다. 샤론선교단이 뮤지컬팀으로 발전하는 과정은 결코 순탄치만은 않았다. 어느 날 지 집사가 단원들에게 무대 옷을 만들어 왔다.

"집사님, 밤새 안 입는 옷과 신혼 때 입던 한복을 뜯어 무대복을 만들었으니까 입어 보세요."

손바느질 자국이 엉성한 무대복을 자랑스레(?) 입고 안무 연습을 했다. 태어나서 여태껏 뮤지컬 공연 구경 조차 못해 본 집사들이 태반인데 하늘하늘 비치는 옷을 입고 안무를 한다고 하니 본인은 물론이요 남편들까지 노골적으로 꺼려하는 것이었다.

"안무한답시고 강단에 서면 교회 안나오겠다."고 으름장을 놓기 일수였다. 그러나 때 마다 하나님께서 역사하셨다. 어설픈 실력이었지만 군부대 공연, 교회 창립예배 등 공연이 줄을 이었다.

샤론선교단의 창단은 우리 교회로서는 새로운 도전이었고, 예배와 교회 행사에 활력소 역할을 해주었다. 하나님께서는 샤론선교단을 통하여 교회에 문화 선교에 대한 비전을 갖게 하셨다.

초창기 어설피 교회 강단에서 시작했던 뮤지컬 '레기온'은 연습에 연습을 거쳐 훗날 고양시청, 순복음신학교, 전국 여 선교회 연합회 수련회, 나아가 뉴질랜드 브루스 메이슨센터 공연까지 서게 하였다.

그후 이사야 53장의 작품은 매 공연 때마다 눈시울을 적시지 않고는 관람할 수 없었고, 세종문화회관 대극장에서의 뮤지컬 '부활' 공연과 크렌쇼엘리트합창단과 함께 공연할 때는 감격스러웠고, 또한 자랑스러웠다. 주님께 무한 감사를 올렸다.

세계 2000년 선교대회 한국대표로 잠실체육관에서 공연할 때는 김희정 교수가 솔로로 수고해 주셨다.

우즈베키스탄 굴리스탄 새소망교회 초청 공연은 사회주의 문화권이라 어려움이 있었지만 무사히 공연을 마칠 수 있었다.

최근의 큰 공연으로는 2001년 7월 5~7일 KBS홀의 살로메 공연이었다. 무용단 이름도 「샴뮤지컬컴퍼니」로 개명하고 안무, 합창단원을 모두 오디션으로 뽑았다. 단원들을 프로들로 구성함으로써 크리스천 뮤지컬의 수준을 한차원 높인 공연을 보여줄 수 있었다.

창작 뮤지컬 살로메는 총제작비 2억원 이상 투입된 샴뮤지컬컴퍼니의 단독공연이었다.

교회재정으로 도울 길이 없자 각자 티켓 구입하기와 티켓으로 다른 사람을 초청하기로 했다. 또 단원들이 연습하는 동안 리허설과 공연시 김밥으로 그들의 식사를 대접했다.

워낙 작은 교회의 큰 공연이라 얼마나 도움이 되었으랴마는 그 정성은 지휘하는 분들이나 단원들까지 심금을 울린 봉사요, 헌신이었다.

이 모든 뮤지컬의 작곡은 박용윤 집사의 곡이요, 총제작은 지인숙 집사의 지휘 아래 이루어진 것이었다. 새벽마다 주님께 메어달린 열매였다. 그동안 밤잠 못이룬 나날들을 주님은 아시리라.

머물고 싶은 교회

1996년 한 해는 신년 예배 때 하나님께서 주신 말씀대로 우리 교회가 동서남북에 알려지는 해였다. 또한 누구든지 한번만 와보면 인생의 방황을 끝내고 신앙의 정착을 하고 싶어지는 교회로 이미지를 굳혀가고 있음을 실감한 한 해였다.

11월 10일 교회는 창립 6주년 기념예배를 드리고 한 해 동안 여러 가지 일을 하게 하신 것을 감사드렸다. 6주년을 맞아 주보 칼럼을 통해 든든히 세워지는 아름다운교회의 모습을 살펴볼 수 있다.

샬롬

6년 전, 우상으로 가득했던 가나안 땅을 정탐하러 들어간 12 정탐꾼들과 같이 은밀한 가운데 교회는 개척되었습니다.

'교회'라는 것 하나만으로 땅 주인과의 말로 다 할 수 없는 영의 대립을 수년간 하였습니다. 마을 사람들도 적대시하던 시선들도 오늘날은 아름다운 교회에서 매년 베푸는 경로잔치에 찬조금을 넣어 참여하며 즐거워합니다.

그러나 아직도 복음이 심어지기에는 척박한 이 땅에 하나님의 계획이 있으셔서 마른 땅에 샘물이 흐를 것을 꿈꾸며, 아직도 불편한 도로 사정과 번화한 아파트 군을 지척에 두고 예수 믿기에는 더디고 더딘 마을만을 바라보게 하지 아니하시고 마지막 시대를 준비하는 생명 있는 교회로 훈련하시기를 끊임없이 하시는 것입니다.

함께 동역하는 지체들의 땀과 수고와 눈물의 기도를 들으셔서 하나님 나라가 이 땅에 확장되기를 소원하며 그 동안 도움을 주신 분들과 보고 싶은 사랑하는 분들과 어우러져 주님께 드리고 싶은 날입니다. 주님 영광 받으시고 귀한 그릇으로 쓰시옵소서.

칼럼에서 언급되었듯이 교회가 매년 베푸는 경로잔치는 어느덧 풍동 마을의 연례 행사가 되다시피 했다. 기념예배 이후 찬양과 안무로 하나님께 영광을 돌렸다.

성경 옮겨 쓰기 완료

1996년 새해에 있었던 사랑방선교회 김태환 집사의 성경 쓰기 간

성경옮겨쓰기를 완료하고 가죽으로 표지를 만들고 금박을 입힌 구약 전서와 신약전서.

증을 계기로 우리 교회에도 성경 쓰기 바람이 불게 되었다.

지난해 전 교인 성경 읽기에 이어 다시 한번 성경에 대한 관심을 고조시키는 뜻깊은 행사였다.

이 행사에 참여하기 위해 글씨 쓰기를 새로 배워 한 글자 한 글자를 그림 그리듯 쓴 분도 있었고, 불구의 몸으로 성경을 옮겨 쓸 때마다 몸체를 반듯하게 교정하고 한 글자 한 글자를 메운 분도 있었다.

성경 옮겨 쓰기를 완료하고 가죽으로 표지를 만들어 제본을 하고 금박을 입혔다. 필사본 성경의 머리말을 통하여 성경 옮겨 쓰기의 의미를 살펴본다.

머리말

"주의 말씀은 내 발에 등이요 내 길에 빛이니이다"(시 119:105) 1996년 새해에 있었던 사랑방선교회 김태환 집사님의 성경 쓰기 간증을 계기로 아름다운 교회에도 말씀의 바람이 불었습니다. …그 시간들은 예수님에 관한 이야기를 말씀으로 옮겨 쓰며 살아 계신 그 분과 대화하는 귀중한 시간들이었음을 고백합니다. 또한 60명의 고르지 못한 글씨체를 교정 및 추가하느라고 수고를 아끼지 아니하신 전숙희 집사님과 그 가정 위에 주님의 위로와 그 수고가 결코 헛됨이 없을 것을 기도 드립니다.

1년 여에 걸쳐 성경 쓰기를 마감하면서 도움주신 여러분께 감사 드리며 끝으로 주님께서 말씀을 듣고 지키어 인내로 결실하기를 당부하셨던 것을 기억하면서 신앙 생활에 아름다운 결실이 맺어지기를 기원합니다.

필사본 성경의 차례에 성경 각 권과 필사자의 이름과 직분을 기록하여 남겼는데 그 내용은 다음과 같다.

구약(상권) / 옮겨 쓴 분량 총 492장

창세기 : 홍기표(집사), 출애굽기 : 전숙희(집사), 레위기 : 홍성민(대

학생), 민수기 : 홍성윤(중학생), 전숙희(집사), 신명기 : 전숙희(집사),
여호수아 : 박태하(전도사), 사사기 : 정성희(중학생), 룻기 : 이소영(중
학생), 사무엘상 : 김선희(집사), 김영지(고등학생), 정소진(고등학생),
홍성민(대학생), 전숙희(집사) 사무엘하 : 박태하(전도사), 열왕기상 : 안
은미(고등학생), 안정미(고등학생), 안종성 (고등학생), 이근수(전도사),
열왕기하 : 이근수(전도사), 역대상 : 김윤수(성도), 역대하 : 오덕희(성
도)

구약(하권) / 옮겨 쓴 분량 총 396.5장

에스라 : 전미순(집사), 전숙희(집사), 느헤미야 : 안완석(안수집사),
에스더 : 이선희(집사), 욥기 : 윤준부(안수집사), 시편 : 이승용(대학생),
안은미(고등학생), 박지혜(초등학생), 신영자(사모), 전숙희(집사), 잠언
: 이길순(권사), 전도서 : 안성실(안수집사), 아가 : 채은경(집사), 이사야
: 서정화(집사), 김상철(집사), 예레미야 : 류혜진(고등학생), 오세홍(집
사), 송희경(집사), 예레미야애가 : 이정숙(성도), 에스겔 : 최미자(성도),
다니엘 : 오점덕(전도사), 박태하(전도사), 호세아 : 조대원(성도), 요엘 :
김유신(성도), 아모스 : 박윤하(집사), 오바댜 : 김동준(고등학생), 요나 :
안영신(중학생), 미가 : 정소진(고등학생), 나훔 : 변정례 (권사), 하박국 :
최은실(집사), 스바냐 : 정영옥(집사), 학개 : 박지선(고등학생), 스가랴 :
문경숙(집사), 말라기 : 최은실(집사)

신약 / 옮겨 쓴 분량 총 284.5장

마태복음 : 박태하(전도사), 마가복음 : 이영하(대학생), 누가복음 : 조
용주(성도), 요한복음 : 김혁수(안수집사), 박혜경(집사), 사도행전 : 이
상임(집사), 로마서 : 박혜경(집사), 고린도전서 : 김기홍(초등학생), 서
정화(집사), 전숙희(집사), 고린도후서 : 이계천(안수집사), 갈라디아서 :
안은혜(중학생), 에베소서 : 홍정기(안수집사), 빌립보서 : 유동현(성도),
골로새서 : 백광복(대학생), 데살로니가전서 : 박태하(전도사), 데살로니

가후서 : 박태하(전도사), 디모데전서 : 안은미(고등학생), 디모데후서 : 안은미(고등학생), 디도서 : 안영신(중학생), 빌레몬서 : 안영신(중학생), 히브리서 : 신영자(사모), 야고보서 : 신하자(권사), 전숙희(집사), 베드로전서 : 김운택(권사), 박혜경(집사), 권혁례(성도), 베드로후서 : 안은순(집사), 요한일서 : 박말순(집사), 전숙희(집사), 요한이서 : 안성민(중학생), 요한삼서 : 조인호(초등학생), 유다서 : 변영찬(성도), 요한계시록 : 안정미(고등학생)

네가 죽도록 충성하라

1997년 신년 예배 때 우리 교회에 주어진 말씀은 "네가 죽도록 충성하라 그리하면 내가 생명의 면류관을 네게 주리라" 요한계시록 2장 10절의 말씀이었다.

전 교인이 금식 기도로 새해 첫날을 출발했다. 장년으로부터 세 살박이 어린아이까지 금식하며 예배를 드렸다. 금식을 마치고 나선 교회 밖은 흰 눈으로 뒤덮여 새해 아침을 환호하는 것 같았다. 그러나 이것은 어디까지나 은혜를 입은 어른들의 느낌이었고, 아이들은 "밥

언제나 주님의 십자가를 바라보며 죽도록 충성하는 성도들이 1997년 신년 새해를 금식 기도로 출발했다.

도 못 먹게 하는 교회는 안 다닐 꺼야."라고 불평하기도 했다.

신년 금식 기도회를 마치고 연이어 24시간 릴레이 기도를 시작했다. 성도들은 묵은 신앙의 매너리즘을 벗어 던지고 게으르고 나태한 육체의 습성을 과감하게 털고 일어나, 불순종과 자기 왕국의 고집 신앙을 부숴뜨리기 위하여 새벽 졸음을 쫓으며, 때로는 생활 전선에서 피곤하고 지친 육체를 쳐서 기도하는 거룩한 자리에 참여하였다. 그리고 하나님께서 각자의 심령 가운데 내재해 주시기를 간구하였다.

그러나 때때로 바쁜 일과 중에 기도 순서를 잊어버리기도 했고, 기도 줄을 잡지 못해 중언부언하기도 했다. 안 목사는 일사각오와 목양 일념으로 성도들을 격려하며 이끌어 갔다.

1월 12일자 주보 칼럼에서 그의 각오와 격려의 메시지를 들어본다.

하나님을 기쁘시게 하는 삶

어느새 새해 들어 두 번째 주일을 맞이합니다. 릴레이 기도가 처음 며칠은 기도 시간도 깜박 잊어버리더니 일주일이 지난 요즈음에야 기도의 줄을 잡은 듯합니다.

하나님께 무엇을 이루어 달라는 것보다 주님을 섬기네 하며 비기독교인보다 더 무서운 신앙 습관에 젖은 나의 모습을 더 두려워합니다.

게으르고, 나태하고, 비도덕적이며, 하나님을 두려워하지도 않고, 경건한 삶을 살기 위해 고민하지도 않는 우리들의 신앙 모습에 먼저 가슴을 치는 회개가 있어야 하겠습니다. 세상에 연연해하던 것들을 과감하게 손을 놓는 연습도 해야 하겠습니다.

나에게 허락지 아니하시는 것을 인간의 뜻대로 구하며 안타까워하지는 않습니까? 진정 주님께서 원하시는 기도는 나를 위한 내 가족의 이기심을 위한 것이 아닐 것입니다. 영혼 사랑하는 뜨거운 마음이요, 헐벗고 주린 자의 이웃이요, 병든 자의 위로자가 되며 겸손하고 낮은 자리에서 화평을 도모하는 자일 것입니다.

올해에는 "시험 들었어.", "지쳤어.", "쉬었으면 좋겠어.", "무슨 행사가 이렇게 많아.", "내 뜻에 안 맞아 싫어," 등등 지옥 방언은 흉내도 내지 말게 하시고 순종과 화합으로 아름다운교회에는 "아멘"만 있게 하옵소서.

안 목사는 릴레이 기도가 계속되던 1월 19일자 주보 칼럼에서 "구르는 돌에는 이끼가 끼일 틈이 없습니다. 열심히 충성할 수 있는 해가 되기를 기도드립니다."라고 당부했다.

그리고 1997년 예배위원회에서는 안 목사의 목회 계획에 발맞추어 한 해 동안의 집회 계획을 수립하고 일정표를 성도들에게 배부했다. 월별로 내용을 살펴보면 다음과 같다.

집회행사 일정표

1월 : 영성훈련(15일), 사회과학(12일), 명분과 실리(19일), 시와 찬미(26일)
2월 : 영성훈련(9일), 도기문화와 성서(9일), 헬레니즘과 체육(16일), 시와 찬미 (23일)
3월 : 영성훈련(2일), 성지순례(9일), 춤의 상징성(16일), 수난의 사계절 (23일), 부활절 축하예배(30일)
4월 : 영성훈련(6일), 인류론(13일), 부계, 모계사회(20일), 공개대담(27일)
5월 : 영성훈련(4일), 가족찬양대회(11일), 인카네이션(18일), 시와 찬미 (25일)
6월 : 영성훈련(1일), 회교와 기독교의 미술(8일), 여성론(15일), 성지순례 (22일), 해결의 시간(29일)
7월 : 기독교의 수난기(6일), 교회와 지역사회(13일), 안티 크리스트(20일), 선교 세미나(27일)
8월 : 영성훈련(3일), 동양 미술과 기독교(10일), 음악의 힘(17일), 선교와 취미 활동(24일), 시와 찬미의 시간(31일)
9월 : 영성훈련(7일), 참회록(14일), 인생론(21일), 찬송가 작시대회 (28일)
10월 : 영성훈련(5일), 명작 기도문 발표(12일), 토기장이(19일), 자유의 헌장(26일)

11월 : 영성훈련(2일), 교회 창립기념(9일), 피의 제전들(16일), 민속춤
　　　실습(23일), 시와 찬미(30일)
12월 : 위고의 세 가지 싸움(7일), 성지순례(14일), 성찬축하(21일), 연말
　　　총정리(28일)

또한 성도들에게 '아름다운교회 세미나 지원 신청서'를 받았다. 성도들이 선택할 수 있는 특별 활동반은 다섯 개의 반이 있는데 각 반의 내용은 다음과 같았다.

특별 활동반

전도반 : 효과적이고 보람있는 전도를 위하여 각종 행사를 주최 주관하며, 따로 연구반을 두어서 많은 정보를 취급, 분리하여 우수한 전도 아카데미 운영을 목표로 한다.

안무찬양반 : 찬양단(가스펠 중창단)을 조직하여 안무가 있는 시청각적인 작품을 연구 발표하여 각종 예배 행사 및 전도반을 중심으로한 교회 선교에 이바지한다.

도예반 : 도예 미술에 의해서 예술적 감각과 창작성의 개발로 흙을 통하여 자연과 교감하는 교회 공동체의 다양성을 빛나게 한다.

기악반 : 갈수록 늘어나는 교회의 음악 분야 작업을 대비하여 전문 연주인 육성을 목표로 하며 합주 훈련을 통하여 헌신적인 기독교인의 인격 형성을 도모한다.

스포츠반 : 삶의 현장에서 느끼는 고뇌와 난관을 조용하고 친밀한 위로가 있는 주일 예배를 통하여 구속감과 자유를 느낄 수 있다면 시시때때로 괴롭히는 압박감과 위축감을 성도의 친밀한 교제 속에서 활기찬 스포츠로 인하여 새 힘을 얻도록 하게 하기 위함이다.

우리 교회는 특별히 각 동아리 연구반을 조직하고 성도들의 숨은 달란트를 캐내는 일을 시작했다. 안무 연구반(사진 상), 도예 연구반(사진 중), 기악 연구반(사진 하), 문예 연구반, 생활체육반, 선교 신학반 등으로 나눠 특별 활동반을 조직했는데 이를 통해 성도들은 또다른 신앙생활의 맛을 보았고 모두들 만족스러워 했다.

극동방송 '1188 레이다'에 출연

1997년 3월 4일, 안도현 목사는 극동방송국의 방송출연에 초대를
받고 김혁수 집사와 함께 정은주 아나운서와 추부길 집사가 진행하
는 '1188 레이다' 프로에 출연하였다.

올바른 신앙 생활을 위해 여러 가지 주제를 가지고 대담을 하는 프
로였는데 그 날 주제는 '집사님, 권사님, 장로님 이 점을 돌아봅시다'
였다. 이 프로에 안 목사를 초청한 것은 가장 소신 있게 목회하는 목
사 중의 한 사람으로 지목되었기 때문이었다고 한다.

성도들로부터 직접 비난거리가 될만한 여러 이야기들을 청취하면
서 그 문제에 대해 대담하였다. 안 목사는 문제 있는 집사, 권사, 장로
를 탓하기 보다는 그들을 바로 지도하지 못한 목회자의 책임을 절감
하며 교회의 하나됨을 위한 섬김의 도를 강조했다. 그 날 대담 내용
중 일부를 요약하여 소개한다.

진행자 : 먼저 직분의 정의에 대해서 목사님께서 말씀해 주시겠습니까?

안도현 : 하나님과의 성도와의 관계를 여러 가지로 설명할 수 있지만 직
　　　　분과 관련해서 생각할 때 성도는 하나님의 것을 위탁받은 자라
　　　　고 말할 수 있습니다.

진행자 : 어떤 직분자들을 볼 때 인상이 찌프러지십니까?

안도현 : 남에게 피해를 주는 행동을 하거나 본이 되지 못해 비난을 받
　　　　는 경우지요.

진행자 : 김혁수 집사님은 어떻게 생각하십니까?

김혁수 : 각 사람의 환경이 다르기 때문에 이해하려고 합니다. 그러나
　　　　최소한 교회에 와서 만큼은 제대로 했으면 좋겠습니다. 시간을
　　　　잘 지켰으면 좋겠습니다.

진행자 : 요즘 교회 직분을 너무 남발하는 것 같다는 생각을 하게 되는

데 어떻습니까?

안도현 : 사실 그런 점이 없지 않습니다. 우리 목회자들의 잘못이라고
생각합니다.

진행자 : 의무보다 권리만을 주장하려는 직분자들에 대해서는 어떻게
생각하십니까?

안도현 : 하루아침에 좋아질 수는 없는 일이지요. 교회 생활하다보면 서
서히 좋아지겠지요.

진행자 : 바람직한 직분자들이 되기 위해서 해야 할 일은 무엇입니까?

안도현 : 다른 교우들과 조화를 이룰 수 있어야 합니다. 그러기 위해서
는 낮아져서 섬기는 자가 되어야 하겠지요. 그리고 기꺼이 십
자가를 질 수 있어야 한다고 생각합니다.

진행자 : 김혁수 집사님은 올바른 직분자가 되기 위해 어떤 노력을 해야
한다고 생각하십니까?

김혁수 : 사랑 안에서 순종해야 한다고 생각합니다.

아름다운교회는 직분자들에게 흔히 문제가 되고 있는 권위주의나
서열 등의 개념이 없다. 우선 담임목사부터 궂은 일을 도맡아 하기
때문이다. 안 목사는 평소에 성도들에게 "직임만 다를 뿐 모두 하나
님의 종이고 하나님의 자녀이다. 목사라고 특별히 다른 것이 아니
다."라고 가르친다.

그러다 보니 전도사를 비롯한 다른 직분자들도 봉사하는 일이라면
너나없이 앞장선다. 서로를 존경하고 섬기는 일에 익숙해졌다고 할까?

샤론동산

1997년 4월 6일, 지인숙 집사가 강원도 횡성군 청일면 유동리 산 1
만 2천평을 교회에 헌납코자 했다. 교회에서 일부는 매입을 했고, 일

부는 헌납을 받았다.

　하나님은 우리 교회가 어려울 때마다 이기고 나갈 수 있도록 은혜를 주셨다. 전도의 열매가 나타나지 않아 힘들어 주저앉을 때면 한 가정씩 보내 주셔서 다시 힘을 내게 하셨고, 「샤론동산」도 내일을 향한 우리의 발걸음을 힘있게 한 일이었다.

　샤론동산은 우리 교회의 꿈을 키우는 동산이 되고 있다. 앞으로 노인들을 위한 복지타운 내지는 신학교로 활용될 것이다. 그러나 사람이 계획을 세워도 그 걸음을 인도하시는 분은 하나님이심을 잊지 않고 있다.

박혜숙 선교사 뉴질랜드 선교사로 임명

　교회 개척 초기부터 함께 신앙 생활을 하던 박혜숙 목사가 우리 교회 소속 선교사에서 7월 교단 총회에서 인준을 받고 정식 뉴질랜드

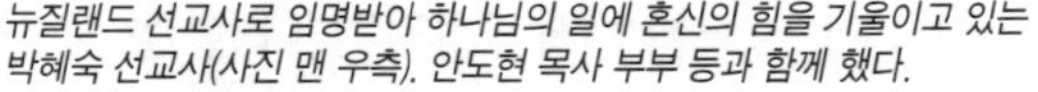

뉴질랜드 선교사로 임명받아 하나님의 일에 혼신의 힘을 기울이고 있는 박혜숙 선교사(사진 맨 우측). 안도현 목사 부부 등과 함께 했다.

선교사로 임명되었다.

1994년 2월 17일 순복음신학교를 졸업하고, 그해 4월 10일 우리 교회 심방 전도사로 임명되어 사역을 하다가 1995년 2월, 딸 지아를 데리고 뉴질랜드로 이민을 떠났다.

그가 뉴질랜드에서 보내온 한 편지를 소개한다.

할렐루야!

주님의 은혜 안에서 아름다운교회의 목사님 가정과 성도님들에게 문안드립니다. 이곳 기후는 아침, 저녁으로 한국의 봄 날씨와 가을 날씨 같다가 낮에는 또 여름 날씨 같고 바람이 대체로 많이 불며 보슬비가 수시로 내립니다.

꽃은 수시로 피고 지며, 공기는 참 맑습니다. 비가 자주와 식물과 나무, 꽃들이 잘 자라고 대체로 자연 환경은 좋은 것 같습니다.

제가 이곳에서 있는 동안 아름다운교회에서 얼마나 많은 사랑과 은혜를 받았는지 새삼 깨달았습니다. 모든 분들이 많이 그리웠습니다. 여전히 모든 분들이 예배 드리기 기뻐하시며 모이기를 힘쓰시며 충성하실 줄 믿습니다. 혼자 계시는 이계천 집사님을 위해 항상 주님께 간구 드리고 성령 안에서 큰 위로와 평강 주시기를 기도 드립니다.

아름다운교회 성도 여러분께 주님의 사랑을 전합니다.

뉴질랜드에서 박혜숙 선교사

안도현 목사 부부의 유럽 여행

독일로 간 문제홍 집사와 박은주 집사가 쉴틈없이 살아온 안 목사 부부를 독일로 초청했다. 6월 22일 안 목사 부부는 유럽을 향해 떠났고, 7월 2일 귀국하기까지 독일, 이태리, 스위스, 프랑스, 영국을 여행했다.

안 목사 부부의 유럽 여행은 그 동안 교회만을 위해 애쓰고 수고한 일에 대한 하나님의 위로로 생각되었다. 성도들의 마음을 대변하듯 쓴 박혜경 집사의 소감을 들어본다.

그립고 그리운 얼굴, 문제홍 집사님과 박은주 집사님께서 그 아름답고 따듯한 마음씨로 목사님 내외분을 독일로 초청해 주셨다. 그것은 하나님께서 그 분들의 마음을 사용하셨다고 믿는다.

우리 목사님이 얼마나 쉼이 없으신 분인가? 자기 자신에게 엄하시고 검소하시며 어려운 이웃들을 위한 일이라면 시도 때도 없이 아낌없이 주시는 분이 아니신가?

하나님의 종을 우리들의 종처럼 부리며 끊임없이 사랑 받기만을 갈구하며 그 진액을 다 쏟게 한 우리들이 아닌가?

큰 교회 목사님들처럼 한 일년 푹 쉬셨다가 오신다면 오직 좋으랴. 그나마도 얼마나 감사한지. 그곳에 가면 배려가 깊으신 박 집사님께서 얼마나 위로를 해주실까? 문 집사님의 남성미와 정겨운 인정까지, 또 혜원이의 살가운 애교. 너무 감사하고 감사하다.

하나님의 사랑을 듬뿍 받으신 목사님, '부디 평안한 여정이 되소서' 하는 마음이 우리 모든 성도의 마음이다.

이런 감정은 성도들 뿐 만이 아니었다. 그 무렵 우리 교회를 방문한 곽희문 목사는 그 때 일을 이렇게 이야기하였다.

광고 시간에 독일 여행을 간다고 했습니다. 어떻게 가는가 했더니 한 집사님이 독일에 이사가서 목사님 부부를 초청했다는 것입니다. 부럽기도 하고 눈물이 났습니다.

하나님, 감사합니다. 집사님, 감사합니다. 절로 기도가 나왔습니다. 너무나 큰 감동을 받았습니다. 누군지는 모르지만 교회 개척을 위해 그 동안 말로 다할 수 없는 고생을 하시던 목사님 부부를 독일로 초청한 그 집사님이 고마워 복주시기를 간절히 기도 드렸습니다.

아쉬운 여름 수련회

1997년도 전 교인 가족 수련회는 8월 3일부터 6일까지 3박 4일간 개최되었는데 장년과 교회학교를 구분해서 프로그램을 준비했다.

기간은 같았지만 장소를 분리했다. 주일 예배 후 1시에 같이 출발하여 장년은 전북 진안 조림초등학교에서, 교회학교는 전북 남원 덕산 영강교회에서 각각 수련회를 진행했다.

장년은 '깊은 곳에 던져라', 교회학교는 '힘써 하나님을 알자' 라는 주제로 가족 수련회를 가졌다. 장년은 '목마른 사슴' 을, 교회학교는 시편 40편을 주제가로 정했다. 수련회 10계명도 만들었다. 그 내용은 다음과 같았다.

1. 하나님께서 나를 늘 사랑하고 있다는 것을 기억하라.
2. 하나님의 자녀임을 기억하라.

1997년 교인 가족수련회. 장년은 "깊은 곳에 던져라", 교회학교는 "힘써 하나님을 알자" 라는 주제로 진행되었다. 사진은 국악전문가로부터 판소리를 배우는 모습.

3. 예수님이 우리를 불러 주셨음을 기억하라.
4. 하나님이 원하시는 결심을 하게 될 것을 기대하라.
5. 하나님이 가장 기쁘시게 할 사람이 될 것을 믿으라.
6. 친구는 천국까지 함께 갈 하나님이 주신 협력자임을 기억하라.
7. 하늘과 산, 숲과 바위를 통해 주시는 하나님의 음성을 들으라.
8. 지도자와 의논하라.
9. 위험한 일을 만나면 어떤 방법으로든지 알려라.
10. 언제든지 규칙과 질서를 지켜라.

김혁수 집사와 채은경 집사가 공동으로 준비위원장을 맡았고, 안성실 집사와 이상임 집사가 총무, 최영휴 집사와 최미자 자매가 서기, 김재영 집사가 재무를 맡았다.

예배 외의 장년 프로그램은 마이산 관광, 세례식과 세족식, 물놀이, 장기자랑, 영성훈련, 체육대회, 고기잡이, 운일암반일암 관광 등이었다.

교회학교는 인간관계 훈련, 레크리에이션, 물놀이, 대화의 시간, 천로역정, 큐티, 평가회 등이었다. 교회학교는 화요일 2시에 장년들의 모임 장소인 조림초등학교로 집결했고, 마지막 날은 함께 시간을 가졌다.

가족 수련회를 회고한 주보의 칼럼을 통해 즐거웠던 수련회의 일면을 엿보고자 한다.

일상(日常)을 벗어나

"주의 손으로 만드신 것을 다스리게 하시고 만물을 그 발아래 두셨으니…여호와 우리 주여 주의 이름이 온 땅에 어찌 그리 아름다운지요" (시 8:9)

3박 4일의 수련회 일정이 아쉽습니다. 진안 조림초등학교 골짜기에 불던 바람이 그립습니다.

비온 뒤끝의 맑은 하늘과 계곡의 모래알까지 비춰던 물, 그물에 잡히던 물고기, 튜브 타고 놀던 아이들, 토종 닭, 돼지고기 볶음 요리, 매운탕 등 주 메뉴 사이 사이에 복숭아, 감자, 수박 등 쉴새없이 먹고 또 드나들던 '공포의 W.C' 메탄가스에 숨을 죽이고 들어갔다가 그 사이에 볼일을 다보고 뛰쳐 나와야 했던 화장실.

또 3시 불볕 아래서 족구, 축구를 필사적으로 하며 그을린 얼굴, 너무 신나고 재미있었던' 97 여름 수련회였습니다.

다시 일산에 닿으니 조석으로 부는 바람이 서늘합니다. 모든 것은 지나고 세월은 날아갑니다. 오늘 이 시간을 의미 있게 최선을 다하지 않으면 우리 인생은 허무할 수 밖에 없습니다. 이 신선한 바람을 벗삼아 여름 뒷마무리를 기도회로 마치려 합니다.

여름 끝의 태양 볕은 곡식과 과일을 여물게 하고 맛들게 합니다. 천지를 주관하시는 주님을 찬양하며, 감사하며, 그 분으로 인해 기뻐합니다.

훈련소에서 온 편지

군에 입대한 청년부 소속 이승용 형제가 군 훈련소에서 편지를 써 보냈다. 우리 교회에서의 신앙 생활을 그리워하며, 특별히 학생부 아이들에게 하고 싶은 이야기를 적어 보냈다.

존경하는 목사님께

목사님, 안녕하십니까? 전 훈련병 승용이입니다. 오늘은 8월 24일 주일입니다. 지금은 자유시간이구요. 입대하고 매일 교회 생각을 했습니다. 왜냐하면 힘들 때마다 교회 생각이 났는데, 매일 매일 힘들었거든요. 한 2주 됐습니다. 입대한지. 사회에 있으면 참 짧게 느껴졌을 텐데 여기서는 2주가 왜 이렇게 긴지 모르겠습니다.

오늘 아침에 훈련소 안에 있는 교회에 예배 참석하러 갔습니다. 아직도 부모님, 영하, 여자 친구 등 생각나는 사람이 많습니다. 이렇게 심경이 정리되지 않은 상황에서 찬양 드리고 기도를 하는데 눈물이 나더군요. 집에 가고 싶어 눈물을 흘린 것도 아니고, 누가 보고 싶어 그런 것도 아닙니다.

힘들게 일하고 집에 돌아왔을 때의 그 위로감, 편안함이 느껴지는데 그것이 그렇게 감사했습니다. 저희 부모님이나 집사님들이 교회에 와서 눈물 흘리시며 기도하는 이유가 조금 이해가 갔습니다.

예배 시간 1시간이 너무 짧았습니다. 그래서 제 자발적인 의지로는 정말 오랜만에 저녁 예배도 참석했습니다. 저녁 예배는 형식이 조금 달랐습니다. 우리 아름다운교회 금요 철야 때 하는 것처럼 찬양 예배 형식이었습니다.

이곳 교회의 수용 가능 인원은 약 2천여 명 가량입니다. 피아노, 드럼, 키보드, 베이스 기타 등 갖가지 장비로 무장된 찬양팀이 하는 연주에 맞춰 찬양을 2천명의 인원이 함께 드리는데 그렇게 은혜로울 수 없습니다.

찬양팀을 만들어 보라고 목사님께서 저에게 권유하셨을 때 왜 목사님 말씀을 듣지 않았나 후회를 했습니다. 제가 전역을 한 후에라도 기회가 주어지면 한번 만들어 볼 생각입니다.

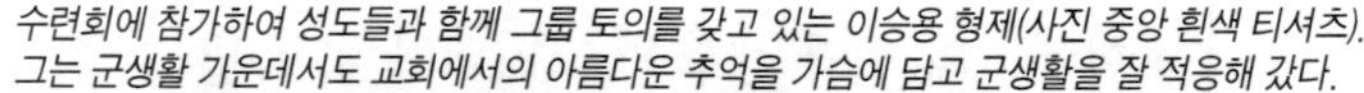

수련회에 참가하여 성도들과 함께 그룹 토의를 갖고 있는 이승용 형제(사진 중앙 흰색 티셔츠). 그는 군생활 가운데서도 교회에서의 아름다운 추억을 가슴에 담고 군생활을 잘 적응해 갔다.

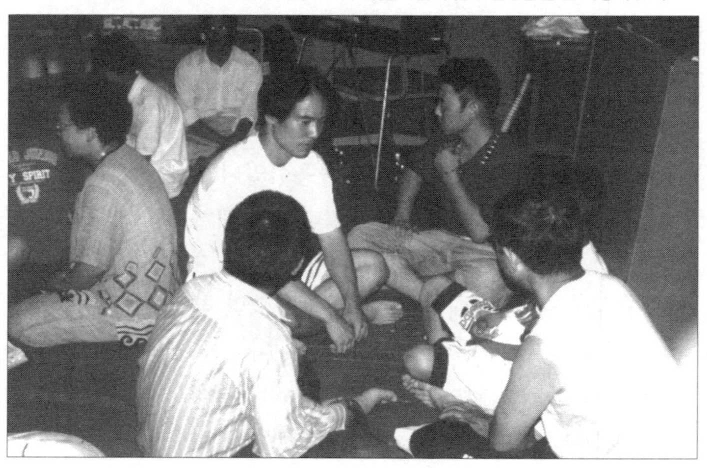

　　찬양이 끝난 후에는 영락교회 발레 선교단 팀이 와서 하나님께 영광을 돌리는데, 한가지 부러운 것이 있었습니다. 우리 교회도 하루 빨리 부흥되어 선교단도 갖고 발레 공연도 할 수 있는 넓은 강단을 가졌으면 좋겠다는 것이었습니다. 참, 뮤지컬 선교팀은 잘 하고 있는지 궁금하네요.

　　이곳은 군대이기 때문에 종교 행사를 하러 갈 때 모두 집합해서 인원을 점검하고 갑니다. 그 때 한가지 감사하고 또 느낀 점은 대한민국 육군이 하나님의 은혜를 많이 받은 군대라는 것입니다.

　　카톨릭, 불교 쪽에서는 쵸코파이, 아이스크림 등을 제공하며 병사들에게 손짓합니다. 사실 사회에 있다면 쵸코파이, 아이스크림이 별로 큰 것이 아니지만 군에서는 대단한 위력을 발휘합니다. 그런데도 불구하고 기독교로 집합하는 인원은 저희 중대 180명 인원 중 1백명 정도입니다. 미참석자까지 고려하면 다른 종교 다 합친 것의 2.5배 정도가 되는 수지요.

　　군에 입대한 후 여러모로 은혜를 받는 것 같습니다. 계속 은혜 받을 수 있도록 기도해 주십시오.

　　또 학생부 아이들에게 하고 싶은 이야기가 있습니다. 이 말은 좀 전해 주십시오. 엄마가 해주시는 밥, 옷, 또 밖(학교, 집, 사회)에서의 생활이 정말 행복한 것이라고. 힘들게 느낄지라도 별로 힘든 게 아니라고. 감사하는 마음으로 공부를 열심히 하라고 꼭 전해 주십시오. 그럼 목사님 건강하시고 나중에 다시 쓰겠습니다. 우리 교회 집사님들을 비롯한 모든 분들의 평안과 건강을 위해서도 기도하겠습니다. 할렐루야!

1997년 8월 24일

이승용 올림

충성을 다한 한 해

　　어느 해보다 열심히 달려온 한 해였다. 그러므로 11월 2일 맞이한 창립 7주년 기념 예배는 하나님께 대한 감사를 찬양으로 엮어 올리고

자 음악예배로 드렸고, 이어 제2부 순서로서 경로잔치 및 야외 만찬을 가졌다.

오후 3시 30분, 이날 예배 중 아름다운교회의 발전을 위해 특별히 수고한 일꾼들에게 감사패 증정이 있었는데 박용윤(최은실), 한장욱(지인숙), 오세홍(송희경), 김도현(한미경), 안승환(이유민), 이정숙 집사 등 여섯 가정이 감사패를 받았다.

음악예배는 실내악 연주로 시작되었다. 배민준의 바이올린 독주(종려나무), 박용윤과 기악반의 '내 평생에 가는 길' 과 '사랑의 종소리' 등이 연주되었고, 축하 연주로 이어졌다.

학생 중창단이 '우리의 어두운 눈이 그를' 과 '예수님이 좋은 걸' 그리고 '나 같은 죄인 살리신' 은 박용윤의 연주, 지인숙과 선교단의 안무, 박영란 임성균의 찬양으로 표현되었다.

마지막으로 크리스천 뮤지컬 '레기온' 중 하이라이트를 보여 주었다. 이 날 행사를 위해 홍복희 권사는 드레스를 기증해 주었다.

7주년을 맞이하며 우리 교회는 구역 조직을 목장 조직으로 전환하

창립 7주년 기념예배를 드리고 난후 인근 주민들과 성도들이 하나되어 경로잔치를 겸한 귀중한 교제의 시간을 가졌다.

였다. 그 조직은 다음과 같다.

1목장
성경교사 : 이길순
목 장 장 : 김선희
목 장 원 : 한경희, 최춘자, 권현순, 신지영

2목장
성경교사 : 안완석 전도사
목 장 장 : 김경애
목 장 원 : 류정향, 곽안자, 곽점이, 전미순

3목장
성경교사 : 박용윤
목 장 장 : 최미자
목 장 원 : 최은실, 이상임, 송희경, 전선미, 김유신

4목장
성경교사 : 박혜경
목 장 장 : 김현순
목 장 원 : 박말순, 김운택, 최복순, 권혁례

5목장
성경교사 : 박태하 전도사
목 장 장 : 채은경
목 장 원 : 이경월, 서정화, 장은해, 안은순, 송순진, 김범순, 지인숙

한 달 동안 극동방송 큐티 시간 출연

1997년 연말이 되면서 연일 매스컴에서는 우리 나라의 경제에 대하여 심상치 않은 말들을 계속했다. 사회 분위기는 우울했고, 날로

위기감이 고조되었다. 성도들도 모이면 걱정하는 말을 쏟아 놓았다.

　이러한 가운데 극동방송국으로부터 요청이 들어 왔다. 우리 교회가 아침 6시 5분 시작되는 프로 큐티시간을 진행해 달라는 것이었다. 뜻밖의 제안이었다.

　11월 30일자 주보 칼럼을 통하여 그 의미를 살펴본다.

　한 해가 저무는 마지막 달로 접어들었습니다. 이제 한 달 밖에 남지 않은 올해를 어떻게 마무리 할 것인가는 중요한 일입니다. 사회의 어수선한 분위기는 위기에 직면해 있음을 느끼게 합니다.

　정치도, 사회도, 경제도, 문화도 한 치의 앞을 내다 볼 수 없는 우려의 그림자가 드리워져 있습니다. 국내외 모두가 우리 경제의 위험성을 지적하고 있으며 불안의 요소로 국민의 마음은 사분오열되어 조화를 잃어버리고 만 것 같습니다. 허탈과 절망에 빠져 있는 불안한 마음으로 인해 한 해를 결산하는 마무리 작업이 어수선하기만 합니다.

　그런 와중에도 위대하신 하나님은 우리를 말씀으로 인도하시려고 극동방송 큐티시간을 예약해 놓으셨습니다. 올 한 해도 주일마다 심었던 입술의 열매가 드디어 말씀으로 마무리 되어짐을 보고 살아 계신 하나님을 찬양합니다. 새벽 6시 극동방송 1188로 하루를 시작하시길 부탁드립니다.

　이후 우리 교회는 그해 11월 30일부터 12월 31일까지 한 달 동안 극동방송의 큐티시간 '주님과 이 아침을' 프로를 담당하였다. 어느 날 하루의 내용을 요약하여 소개한다.

안도현 : 안녕하세요. 좋은 아침입니다. 오늘도 좋은 하루가 되시기 바랍니다. 오늘 나눌 말씀은 고린도전서 15장 50~58절입니다. 함께 읽겠습니다.
일　동 : 성경봉독

안도현 : 오늘 말씀은 승리, 부활, 이김을 주시는 하나님에 대한 말씀입
니다. 이제 이 말씀을 통해 은혜를 나누겠습니다. 김재영 집사
님부터 말씀하시지요.

김재영 : 그 동안 저는 주님의 부활에 동참하기를 늘 간절히 소망하지만
부활의 참 뜻을 깨닫지 못했습니다. 오늘 말씀을 통해 부활에
대한 확신을 얻은 것 같아서 상당히 기쁩니다. 부활을 통해 삶
의 어려움을 이길 수 있는 힘과 용기를 주신 아침이라고 생각
합니다.

박혜경 : 이기게 하신다는 말씀이 와 닿았습니다. 하나님 앞에서 바로 서
지 못하는 부분들로 인해 때로는 절망하고 때로는 낙심하면서
"왜 나는 날마다 이렇게 살 수 밖에 없을까?" 생각할 때가 많았
습니다. 그러나 하나님께서 이 시간까지 힘을 주셨기 때문에 승
리할 수 있었습니다. 이김을 주시는 하나님께 감사하면서 오늘
도 승리하며 살기를 소망합니다.

안도현 : 그렇습니다. 우리는 하나님의 능력을 받아야 이길 수 있습니
다. 능력을 받아야 죄도, 시험도, 마귀도 이길 수 있습니다.

윤정순 : 저는 58절의 말씀에 은혜를 받았습니다. 이 말씀에서 우리 믿는
자들이 주님의 말씀에 순종해야 함을 생각했습니다. 주의 일을
하다보면 힘들 때도 있지만 주안에서 하는 일들이 결코 헛되지
않다는 말씀으로 힘을 얻습니다. 앞으로 더욱 주안에서 순종하
고 충성하는 믿음의 자녀가 되겠습니다.

안도현 : 세상 일도 힘이 듭니다. 그러나 전도하고 생명을 구하는 일은
더욱 힘이 들 수 밖에 없습니다. '힘쓴다' 는 말은 '땀을 많이 흘
린다' 는 것인데 오늘도 주님을 위해 땀을 많이 흘리는 하루가
되어야 하겠습니다.

김선희 : 저도 58절에서 은혜를 받았습니다. "더욱 힘쓰는 자가 되라" 는
말씀이 저에게는 "더 많이 전도하라" 는 말씀으로 들려집니다.
아직 저희 아파트에서 한 사람도 전도하지 못했는데 좀 더 노력

해서 주님 앞에서 상급 받는 자녀가 되겠습니다.

안도현 : "견고하여 흔들리지 말라"고 했는데 김재영 집사님은 이 말씀
을 어떻게 적용하시겠습니까?

김재영 : 꼭 저에게 주시는 말씀 같습니다. 제가 인정이 많기 때문에 잘
흔들리고 견고한 믿음을 갖지 못하고 있습니다. 오늘 저에게 주
시는 말씀 같아서 참 감사합니다. 저는 57절에 나오는 '이김' 이
라는 단어를 통해 기쁨을 얻습니다. 오늘도 이김을 통해서 주님
의 자녀답게 살아가겠습니다.

안도현 : 세상을 살다보면 어려움이 많습니다. 그러나 오늘도 주님을 바
라보면서 묵묵히 걸어갔으면 하는 마음을 갖습니다. 오늘도 각
자 깨달은 바 대로 하루를 살아갈 수 있기를 바랍니다.

안 목사와 성도들이 날마다 진행한 이 큐티프로는 이후 대전, 마산,
창원 극동방송을 통해서도 한 달간 방송되었다.

이 땅에 은혜로운 많은 교회들이 있음에도 불구하고 어찌하여 시
골 작은 교회가 이런 프로를 담당하게 되었는지 모른다. 다만 하나님
께서 우리 교회를 쓰신다는 사실 밖에.

주여 내 입술을 열어주소서

　1997년 말부터 심상치 않던 경제 상황이 급기야는 IMF 체제를 맞이하게 하였다. 모이기만 하면 고물가, 고세금, 고실업에 대한 염려의 소리가 높아가고 무능한 정부, 무책임한 정치권, 무분별한 기업들이 나라를 경제 대국에 헌납해 버린 격이 되어 버린 현실로 인하여 분위기는 침통했다.

　그 때 우리 교회는 교회 건축 관계로 은행에 상당한 빚이 있었는데 IMF가 터지면서 더 어려운 상황이 되었다.

어려운 환경 속에서도 학생들은 하나님을 향한 열정으로 가득차 있었다.
입술로 드리는 찬양은 물론 기악 연주를 통해서 하나님을 찬양했다.

그러나 1998년 신년 예배 때 하나님께서 우리 교회에 주신 말씀은 "주여 내 입술을 열어 주소서 내 입이 주를 찬송하여 전파하리이다" 라는 시편 51편 15절 말씀이었다. 하나님께서는 우리가 탄식하지 아니하고 주를 찬송하며 전파하기를 원하셨다.

성도들이 어려우면 교회 재정 역시 어려워질 수 밖에 없기 때문에 우리 교회는 IMF 기간을 넘기기 위해 긴축정책에 들어갔다. 그 해 주보 제작도 중단했다.

때 마침 주보 용지가 떨어졌는데 새로 제작하려면 1백여 만원의 비용이 들어가야 했다. 또 개척 이후 줄곧 실시하던 여름 가족 수련회도 잠시 중단하기로 하였다.

'아름다운 성도님들'에게

2월 20일, 독일에 가 있던 문혜원 자매가 성도들에게 다정스런 장문의 편지를 보내왔다.

아름다운 성도님들께

저도 모르게 그냥 '아름다운 성도님들'이라는 호칭이 입에서 불쑥 나왔어요. 아름다운교회 성도님들이라 해야 맞는데 '아름다운 성도님들'이라는 어절이 제가 어차피 말하고 싶었던 것이니까 무슨 상관이 있겠어요.

이곳의 날씨는 너무 화창하고 바람이 살레 살레 불어서 제 기분이 너무 좋아요. 이렇게 날씨가 좋을 땐 펜을 잡고 누군가한테 몇 줄을 써보내고 싶어요.

가끔씩 혼자 있는 시간도 필요한 것 같아요. 생각도 많이 하게 되고 책도 읽게 되고. 엄마는 교회 일 때문에 집을 비우셨고, 아빠는 언제나 변함없이 아침에 엄마가 급하게 다린 와이셔츠 입고 출근하셨지요. IMF 시대를 맞이해서 은행 나가는 것, 그렇게 즐거운 낙은 아니겠지요.

오늘은 저와 가깝게 지낸 한국 친구들이 서울로 돌아갑니다. 저도 곧 가게 돼요. 은미가 그러는데 우리 교회에 저를 포함해서 대학 입시생이 8명이라면서요. 좋은 것 같아요. 서로 도우면서 몇 개월을 같이 보내고 싶습니다.

저 이런 생각했어요. 일요일날 밥 먹고 20~30분 정도 학생들이 모여서 사회적인 문제를 놓고 토론하는 것 논술에 많이 도움될 것 같아요. 지금이라도 우리 교회 고3 학생들 그것 시작하면 좋겠어요. 그러면 5월 초에 저도 그 자리에 참석할꺼구요.

오늘이 서울에 남아 있는 저희 오빠 생일이에요. 엄마가 생일 축하한다고 전화하니까 오빠가 묻더군요. 생일 선물 없냐구. 그러니까 엄마가 하는 말이 언젠가 무엇인가를 받는 날이 있을거라고 했지요. 오빠가 막 웃으면서 뭐라고 한 줄 아세요? 몇 달 후에 고3 학생 하나 던져 주는 것이 언젠가 무엇인가를 주는 거네요.

우리 오빠 너무 보고 싶어요. 우리 언니도 마찬가지고. 언니가 반찬을 꽤 하는 모양이에요. 조금 떨리지만 빨리 돌아가서 그 음식에 익숙해져야 할텐데.

어제 김치 담근 것도 맛있대요.

지금은 나른한 오후 2시, 초등학교 다닐 때가 생각나요. 매일 매일 날씨만 좋으면 밖에서 뛰어 놀았는데 이제 더 이상 그러지 못하잖아요. 고무줄 놀이도 다시 하고 싶고, '무궁화 꽃이 피었습니다'도 하고 싶어요. 그런 것 아시죠? 계속 어느 한 시점에 머물고 싶고, 앞으로 나가고 싶지 않은 것 말이에요. 더 좋은 일이 펼쳐질 것이지만 간혹 가다가 바로 그 자리에서 만족을 느끼고 욕심이 생기지 않을 때 있어요.

인생은 단 한번 살아 볼만한 것 같아요. 살아 계신 하나님과 가족이 있고, 이웃이 있기에 그렇죠. 열심히 살아야겠어요.

1999년 2월 20일 금요일
오랜만에 문안 인사드리며 혜원이가

「샤론 크리스천 뮤지컬 선교단」 자선 콘서트

1998년 5월 16일 오후 6시 30분 고양시청 문예회관에서 사단법인 한국장애인선교단 총연합회 금빛사랑선교회가 주최하고 본 교회의 「샤론 뮤지컬 선교단」이 참여한 자선 콘서트가 열렸다.

이날 행사는 제1부 실내악 연주에 이어 제2부에서 뮤지컬 레기온이 공연되었다. 지인숙 집사가 연출을 맡았고, KBS 성우인 김도현 집사가 해설을 했다. 조영일 외 20명이 출연했고, 이정숙 외 12명이 찬양을 했다. '레기온'(Legion)은 작가 박용윤의 작품으로서 그 내용은 다음과 같다.

예수님 당시, 로마의 지배를 받고 있던 거라사 마을은 로마 침략군의 전진 기지로서 로마군대가 주둔하기 시작하면서 레기온 사건이 벌어진다.

로마군의 군대 이름은 레기온, 단지 레기온은 군단만이 주둔했던 것

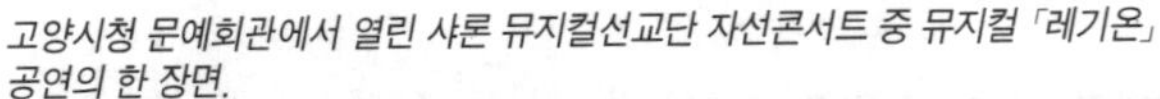

고양시청 문예회관에서 열린 샤론 뮤지컬선교단 자선콘서트 중 뮤지컬 「레기온」 공연의 한 장면.

은 아니었지만 특히 남부 이태리에서 용맹을 펼치던 막강한 레기온 군단이 공포의 대상이 되었기에 전 로마군을 레기온이라 칭할 수도 있었다.

빨간 돼지 마크가 그려진 노란 깃발은 끝없는 정복과 야욕의 상징이었으며, 또한 갖은 만행과 흉포의 상징이기도 했다.

레기온을 상대로 맨주먹으로 저항하던 젊은이들은 모든 가족과 재산을 잃고 좌절한 나머지 뜨거운 광야와 무덤가를 배회하며 로마의 횡포에 물들여졌으며 한둘씩 이성을 잃고 미쳐가기에 이르러 거라사 마을은 또 다른 어려움이 되었다.

이 때 예수께서 로마군에게 영향받아 좌절하고 난폭한 행동을 일삼는 젊은이들에게 다가와 레기온이라는 군대 귀신을 돼지들에게 들어가게 하시고 바다 건너 깊고 먼 곳으로 쫓아내시는 사건이 벌어졌다.

그것은 곧 로마 돼지 군단에 정면으로 도전하는 적극적인 상징으로서의 정치 행동이 되어서 마을 사람들이 한편으로는 로마군을 몰아내고 유대를 구하시는 메시야의 뜻이라고 여기며 내심으로는 로마 돼지 군단의 보복을 두려워하며 예수님을 피신시키려고 노력하기에 이르렀다.

그러나 예수님의 목적은 로마군을 직접 몰아내고 정치적 자유를 쟁취하는 것 이상의 의미를 부여받기를 원하셨다. 정작 두려워하고 걱정해야 할 일은 흉악한 레기온의 행위에 분노를 이기지 못하여 폭력으로 대항하고 좌절하고 무분별한 행위를 일삼는다는 것이 곧 레기온 안에 숨어 있는 흉악한 악마의 계략에 넘어가는 것이기에 유대의 미래를 더욱 어렵게 만들고 하나님께서 사랑하시는 유대 백성의 참 모습을 잃어버리게 되는 결과를 초래하는 것으로서 단호한 말씀으로 젊은이들의 몸과 마음에 깃든 레기온의 악령을 몰아내신 것이었다.

이 사건을 통하여 유대인의 정치적 메시야관을 보면 알 수 있듯이 모든 것이 폭력과 분노로 해결되는 것이 하나님의 뜻이 아니며, 믿음과 인내로 기다리며 결코 희망을 저버려서는 안되며, 진정한 하나님의 나라 도래를 기다리는 것이 현대를 살아가는 기독교인들의 참 모습일 것이다.

고양시 경목위원회 조찬기도회

10월 28일 오전 7시 30분, 고양경찰서 경목위원회 주최로 40여 명의 경목위원들과 경찰 관계자들이 참여한 조찬기도회가 본 교회에서 있었다.

국가와 사회의 안정, 그리고 고양시 복음화와 경찰 가족을 위하여 기도한 후 '빛과 소금' 이라는 말씀이 증거 된 이날 예배에서 안도현 목사는 축도의 순서를 맡았다.

우리 교회로서는 큰 행사였다. 여 선교회에서는 미리 준비하여 여유있게 식사 대접을 했다. 사람들에게 시골 교회는 늘 받기만 하는 교회로 인식되어 있는데 우리는 이 일을 통해 우리 교회의 존재를 알리며 동시에 시골 교회의 이미지를 새롭게 했다는 생각을 했다.

안 목사는 그 무렵 경목위원으로 위촉을 받고 지금까지 일하고 있다. 이후 우리 교회는 해마다 경찰 간부들을 초청하여 그들을 대접하

우리교회에서 개최된 고양시 경목위원회 조찬기도회에서 안도현 목사가 축도하고 있다.

고 교회와 지역사회와의 유대 관계를 돈독히 하고 있다.

어려움 속에서도 베풀다

느닷없는 IMF로 인해 1998년 한 해는 조금은 우울하고 긴장된 분위기였다. 그러나 그 가운데서도 이웃을 위해 베풀며 지낼 수 있도록 하나님께서 은혜를 베풀어 주셨다.

교회 창립 8주년 기념예배는 11월 8일 주일 성만찬 예배 및 마을 주민 잔치, 그리고 우리들의 자축 만찬으로 진행되었다. 이날 안도현 목사의 초청 인사를 들어본다.

인사 말씀

아름다운교회는 하나님의 교회요, 성령님이 역사 하시는 교회입니다.

450여 년간의 우상의 뿌리가 때로는 애쓴 보람도, 성취감도 없게 하지만

창립8주년 기념예배는 주일 성만찬예배로 드려졌으며 주민잔치와 만찬으로 진행되었다.
사진은 잔치를 마치고 인사의 말씀을 하고 있는 안도현 목사.

"풍동을 복음화시키라" 명령하셨기에 아름다운교회는 사명의 교회요, 아름다운 교회의 성도는 사명의 일꾼입니다.

덧없이 빠른 세월 8년, 성도들과 무릎을 모으며 8주년 기념 및 임직예배를 준비했습니다. 바쁘신 중에도 예배를 인도해주신 목사님들께 감사드리며 오셔서 기쁨을 함께 해주신 형제, 자매님들께 진심으로 감사를 드립니다.

이 날 아름다운교회 성도들은 교회 마당 상수리나무에서 떨어진 도토리로 묵을 만들고 푸짐한 시골 잔칫상으로 찾아주신 손님들을 정성껏 대접하였다.

오후 4시에는 경기북지방회 주관 하에 임직예배를 드렸다.

이날 김재영 집사가 안수를 받았고, 박혜경, 김선희 집사가 권사로 취임하였다. 집사안수 및 권사 취임은 지난 1995년 10월 8일에 이어 두 번째였다.

임직자의 인사말을 들어본다.

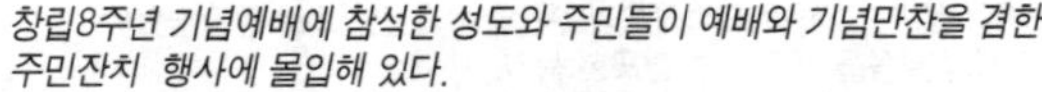

창립8주년 기념예배에 참석한 성도와 주민들이 예배와 기념만찬을 겸한 주민잔치 행사에 몰입해 있다.

고난 속에 자란 믿음

큰 어려움 속에서도 주님 바라보게 하시고 소망 주심을 감사드립니다. 청소년기에 주님을 영접한 이후 삶의 고비 고비마다 선한 목자가 되셔서 나를 위해 죽으신 주님을 무수히 바라보게 하셨습니다.

이제는 사도 바울에게, 베드로에게 허락하셨던 신실한 일꾼이요, 선한 청지기가 되기를 소원합니다. 남은 생애 주께서 기뻐하시고 교회의 큰 힘이 되는 일꾼으로 사용되어지기를 기도합니다. 특히 오늘이 있기까지 목사님의 기도와 교우들, 가족 친지들의 사랑에 감사드립니다.

안수집사 김재영

선한 청지기

"충성되고 지혜 있는 종이 되어 주인에게 그 집 사람들을 맡아 때를 따라 양식을 나눠줄 자가 누구뇨 주인이 올 때 그 종의 이렇게 하는 것을 보면 그 종이 복이 있으리로다"(마 24:45-46)

하나님의 백성이면 누구에게나 허락하신 종의 직분을 새삼스레 확인하며 내 주관대로, 내 감정대로, 사람을 기쁘게 하려고 살지는 않았는지 조심스레 돌이켜 봅니다.

실수와 허물이 많음에도 불구하고 하나님의 교회를 섬기게 하시고 오늘날에 분수에 넘치는 직분을 허락하심에 송구한 마음입니다. 지극히 높으신 그 분을 찬송하며 하나님의 영광을 선포합니다.

미천한 여종을 받으시되 비옵기는 지혜로운 처녀가 되게 하시고, 착하고 충성된 종으로 주님의 뜻이 이루어지이다.

권사 박혜경, 권사 김선희

이날 임직 예배에서 1부는 경기북지방회의 주관으로 진행되었는데 총무 우시홍 목사의 사회, 박상필 목사의 기도, 샤론선교단의 찬양, 지방회 증경회장인 윤용철 목사의 설교로 진행되었다.

이어서 담임목사의 사회로 진행된 집사 안수 및 권사 취임식에서 윤용철, 최병기, 이재헌, 나상만, 안도현 목사가 안수위원으로 수고하였고, 동인배 목사가 축사를 했다.

그리고 김도현 집사가 축시를, 김혁수 집사가 인사 및 광고를 하고 윤용철 목사의 축도로 행사를 마쳤다.

장옥현 자매를 떠나 보내다

병원에서 대장암 말기의 진단을 받고 전신에 암이 퍼진 장옥현 자매를 교회 안에 딸린 방으로 데려 오기로 했다. 마땅히 그를 간호해 줄 사람도 없고 환경도 못되는 처지라 교회에서 보살피기로 결정했다.

원래 건강에 조심해야 할 자매였지만 세상으로 많이 빠져 있었다. 그 해 첫 눈이 얼마나 많이 내렸던지 길이 막히고 차도는 엉키고 엉망이었다.

그날 박혜경 권사가 제의했다.

"사모님은 유기농으로 식단을 짜서 식사를 맡아 주세요. 저는 마트에 가서 당근, 샐러리, 케일, 신선초, 미나리 등을 사서 녹즙을 만들께요."

신영자 사모는 양념 하나 하나까지 조미료가 들어가지 않은 음식을 만들었고, 박 권사는 눈 발을 헤치고 장을 보러 다녔다. 재료를 준비한 박 권사는 아침 일찍 당근 주스로 시작해서 황녹색 야채를 녹즙으로 갈아 삼 시 세 때를 먹게 했다.

그리고 틈만 나면 예배 드리고 위로하며 주물러 주었다. 주물러 달라는 횟수가 점점 늘어가고 보살피는 사람들은 서서히 지쳐갔다.

"장옥현 자매님, 드라이브 할래요? 아마 기분 전환도 될꺼예요."

　박 권사의 팔에 의지하여 겨우 차에 올라탄 그는 누워서 창 밖의 하늘을 처다보았다가 눈이 시리면 감기도 하면서 자유로를 한바퀴 돌았다.

　그가 기운이 좀 남아 있을 때는 신영자 사모가 미장원에 데려가 머리도 만져주고 뼈만 앙상한 몸을 씻겨 주었다.

　결국 강남성모병원 호스피스 병실에서 안도현 목사와 박 권사는 그 딸의 임종을 지켜보게 되었다. 마흔 살의 화사한 미모도 죽음 앞에는 아무 소용이 없었다.

　우리들은 그에게 하얀 드레스를 지어 입히고 하얀 모자를 만들어 씌워 먼 여행을 떠나 보내는 양 떠나 보냈다. 그가 좀 더 하나님을 사모하고 주님의 은혜의 팔을 굳게 붙들었더라면 하는 아쉬움을 남기며…….

이곳이 베데스다 연못이다

1999년 신년 예배 때 우리 교회에 주어진 하나님의 말씀은 "할렐루야 여호와를 경외하며 그 계명을 크게 즐거워하는 자는 복이 있도다"라는 시편 112편 1절의 말씀이었다.

새해를 맞아 교회는 1월 1일부터 23일까지 기도회를 실시했다. 기도회를 마치기 하루 전 날인 22일, 의료 봉사 시간에 92세 된 정원봉 집사가 교회 뒷방에서 홀로 기도를 하고 있었다.

"이제 나 같은 사람이 교회에 무슨 도움이 될꼬."

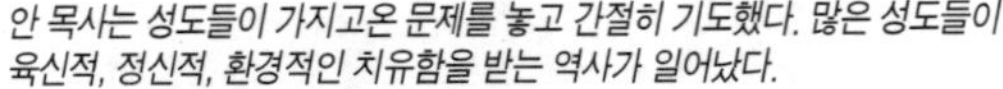

안 목사는 성도들이 가지고온 문제를 놓고 간절히 기도했다. 많은 성도들이 육신적, 정신적, 환경적인 치유함을 받는 역사가 일어났다.

정원봉 집사는 나이를 먹어 더 이상 교회를 위해 일할 수 없는 자신의 모습이 안타까워 푸념하면서 기도하다가 하나님의 음성을 듣게 되었다.

"이곳이 베데스다 연못이다!"

뚜렷한 음성이었다. 정원봉 집사는 자리에서 일어나 그가 들은 하나님의 음성을 모인 성도들에게 전해 주었다.

"이곳이 베데스다 연못이라고 하셨어요. 그래서 어떤 병에 걸렸든지 하나님 아버지께서 다 아시고, 보시고, 치료해 주신다고 하셨어. 그리고 요한복음 5장 1절부터 9절까지 말씀을 아버지께서 내게 주셨어요."

그는 "이제 다 치료받았다!" 라고 하면서 기뻐했다.

'아멘 집사님' 으로 통할 정도로 주님을 향한 뜨거운 사랑으로 불붙어 있었고, 평소 기도를 많이 하던 집사이었기에 우리 교회는 치유를 위한 하나님의 특별한 역사 하심이 있을 징조로 받아들이고 김용환 선교사의 무료 침술로 본격적인 치유 사역을 시작했다.

그 동안 비정기적으로 실시하던 침술 사역을 정기적으로 실시했다. 이 때 수요 저녁 예배를 낮 예배로 전환했다. 성도들 뿐 아니라 찾아오는 모든 사람들에게 무료로 침을 놓아주었다. 소문을 듣고 찾아온 사람 중에 일본 동경대 교수로 재직했던 77세의 오무라 박사가 있었는데 침을 맞고 불편해하던 다리를 치료 받았다.

'할렐루야'가 무슨 뜻입니까?

침술 사역을 통해 한 사람이 구원을 받게 되었는데 3대 째 불교를 믿던 89세된 김용길 노인이었다. 1월 24일, 89년만에 처음 교회에 나온 그는 침을 맞기 위해 교회에 나와 억지로 예배에 참석했다. 그리고 안도현 목사의 요청에 의해 신앙고백을 따라 했다.

노환으로 몸이 너무 허약한 상태에 있던 그는 1월 28일 쓰러지고 말았다.

새벽 4시 복음 병원에 실려갔는데 안 목사가 소식을 듣고 병원 응급실로 달려가 보니 아무 말도 못하고 완전 마비 상태에 있었고 의사들이 손을 쓰지 못하고 있었다.

안도현 목사는 사정이 급박하다는 판단이 들자 의사들의 허락도 없이 하나님의 치유의 역사를 기도하며 급히 침을 놓았다. 그러자 놀랍게도 김용길 노인이 마비에서 풀려나 그대로 퇴원는 놀라운 일이 있었다.

김용길 노인은 잠시 혼수 상태에 있었던 이야기를 들려주었다. 그는 잠시 천국의 입구에 다녀온 것 같았다. 그가 물었다.

"어느 곳을 갔는데 그곳에서 "할렐루야"라고 하면서 환영을 하는데 도대체 '할렐루야' 가 무슨 뜻입니까?"

"할렐루야는 하나님을 찬양한다는 뜻입니다."

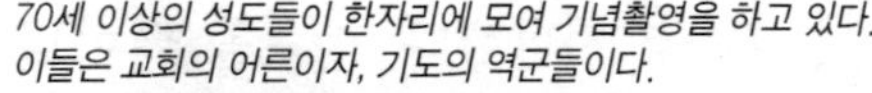

70세 이상의 성도들이 한자리에 모여 기념촬영을 하고 있다.
이들은 교회의 어른이자, 기도의 역군들이다.

안 목사가 복음을 들려주자 김용길 노인은 오전 내내 안 목사의 손을 붙잡고 놔주지 않았다. 그리고는 돌아갈 때 불교 서적들과 테이프를 한 보따리 내어 놓으면서 태워서 깨끗한 산에 버려 달라고 부탁을 하며 성경책을 구해 달라고 했다.

2월 3일, 김용길 노인은 세상을 떠날 때가 가까이 왔음을 직감했던지 온 가족을 모아 놓고 유언을 했다.

"내가 죽으면 병원으로 가지 않고 교회로 가겠다."

그래서 가족들은 김용길 노인의 장례는 유언을 따라 교회장으로 하기로 결정하였다.

그런데 곧 숨이 넘어갈 듯 하면서도 김용길 노인은 세상을 떠나지 못했다. 그 때는 우리 교회의 뮤지컬 선교단이 뉴질랜드에 있을 공연을 준비하고 있을 때였고, 21일 저녁에 뉴질랜드로 출발하도록 계획되어 있었다.

그런데 김용길 노인으로 인해 자칫하면 뉴질랜드 공연에 차질을 빚게 될 형편이었다. 아무리 뉴질랜드 공연이 중요하다고 해도 교회장으로 치르기로 한 노인을 놔두고 떠날 수는 없는 일이었다.

그런데 하나님께서는 그 노인의 죽음까지 날짜에 맞춰 역사해 주셨다. 2월 19일 새벽 4시에 김용길 노인이 소천을 한 것이다. 우리 교회는 2월 21일 그의 발인예배를 드렸다.

마지막 순간 하나님의 은혜로 구원을 받고 세상을 떠난 김용길 노인으로 인해 오랫동안 가슴속에 맺혀있던 응어리가 풀어졌던 김정자 권사의 간증을 들어본다.

전도의 승리

어느 날 새벽 3시경 아버지께서 중풍 증세로 입이 돌아가는 급박한 상황이 벌어졌습니다. 구급차로 병원 응급실에서 대기하던 중 연락을 받으신 목사님께서 단잠을 떨치고 병원으로 달려 오셨습니다.

목사님은 하나님께 간절히 기도하고는 침을 놓았습니다. 한순간 아버지의 돌아간 입이 제자리로 돌아오는 놀라운 역사가 일어났습니다. 하나님께서 역사하심으로 아버지는 평생을 숭배해온 불신의 벽을 허물고 예수님을 영접하게 되었습니다.

이로 인해 저는 23년 간 시련과 좌절, 멸시와 핍박 속에서 살아오며 가슴에 맺혔던 응어리가 풀어지는 듯 했습니다. 불교를 숭상하는 가문에서 예수를 믿는다는 이유 때문에 저와 남동생 성식이에게 가해지는 냉대는 말로 표현할 수 없을 정도였습니다.

그 중에서도 평생을 불교에 정진하신 아버지와의 관계는 견디기 어려운 고통이었습니다. 부모와 자식이 원수 아닌 원수로 함께 지내야 하는 기나긴 세월을 생각하면 저는 지금도 가슴이 아픕니다.

그런데 그 아버지가 마지막 순간 예수님을 영접하고 아름다운교회 성전 뜰에서 하늘 나라로 가시는 축복을 받으셨습니다. 주님, 감사합니다. 아버지의 영혼이 하늘 나라에서 영생하실 것을 생각하면 가슴이 벅차오릅니다. 하나님께 감사와 찬양을 올립니다.

김용길 노인의 구원 사건은 우리 모두에게 하나님의 사랑이 얼마나 큰가를 다시금 깨닫게 해주었다. 하나님께서는 89년 동안 하나님을 대적하던 사람도 사랑하셨던 것이다.

우리는 그 하나님의 사랑을 품고 뉴질랜드 장애인들을 돕기 위한 자선 공연을 위해 발인예배를 드린 그날 저녁 7시에 뉴질랜드 공연을 위해 출발할 수 있었다.

단원들은 비행기에 올라 겨우 안도의 한숨을 쉴 수 있었다. 한정된 교인인지라 여 집사들은 뉴질랜드 공연 연습하랴, 김용길 노인 돌아가시기 전 심방,예배에 참석하랴 정신이 없었다. 돌아가신 뒤에는 장례 음식 준비에 장지까지 따라가 예배드렸다. 그리고 나서 헐레벌떡 짐을 꾸려 뉴질랜드를 향해 나섰던 것이다.

뉴질랜드 장애인 돕기 뮤지컬 자선공연

1999년 2월 25일 오후 7시 본 교회 뮤지컬 선교단은 브루스 메이슨 센터(Bruce Mason Centre)에서 주최하고 뉴질랜드 기독실업인연합회의 후원한 가운데 뮤지컬 자선공연을 하게 되었다. 그 날 선보인 작품은 박용윤 집사의 작품으로 그 동안 10여 회 공연을 했던 레기온 (Legion)이었다.

뉴질랜드 장애인 1천여 명이 모인 자리에서 막이 오른 이날 자선공연은 장애인들 위한 자선공연 외에 또 하나의 목적을 두고 있었다. 그것은 그해 김대중 대통령이 방문하기로 되어 있었기 때문에 교민들은 이 행사를 통하여 한국 붐을 일으키고자 했던 것이다. 우리 교회는 이런 일들을 통해 부족한 자를 들어 쓰시며 영광을 받으시는 하나님의 역사를 몸소 체험할 수 있게 되었다.

행사 팜플렛에 실린 글들을 통해 당시 상황을 조명해 본다. 한국 크리스천 뮤지컬 선교단 지도목사인 안도현 목사는 이러한 행사가 세계를 향한 문화 선교의 시발점이 되기를 기원하며 이렇게 격려했다.

한국 크리스천 뮤지컬 선교단의 태동부터 하나님께서 계획하셔서 동서남북에서 단원들을 불러 모으시고 주님의 일을 이루시는 것을 바라봅니다.

현대문화와 문명이 발달하면서 예수 그리스도의 복음을 전파하고 증거하는 일이 점점 어려워지고 있는 처지에서 문화 선교사역은 그만큼 중요한 위치를 차지합니다.

많은 대중매체와 공연의 홍수 속에서 기독교인들이 기독교 문화의 가치관을 찾지 못하고 세계 복음화의 실용적인 선교 방법의 혼선을 거듭하는 마당에 한국 크리스천 뮤지컬 선교단의 활동은 그 무엇보다 감동적이고 가시적인 이벤트로서 선교 활동에 앞장서고 있습니다.

창작 크리스천 뮤지컬의 부족으로 많은 어려움을 겪고 있는 국내외 크리스천 뮤지컬 활동에 많은 영향을 끼칠 수 있으리라 봅니다.

뉴질랜드 공연을 성사시킨 박혜숙 선교사는 한국 크리스천 뮤지컬 선교단 뉴질랜드 공연을 축하하며 이렇게 감사했다.

먼저 뉴질랜드에서 이 공연이 무대에 올려지게 됨을 하나님께 감사와 영광을 돌립니다. 이번 뮤지컬 선교단의 뉴질랜드 공연이 이루어지기까지 한국과 뉴질랜드에서 많은 기독교인들의 관심과 격려, 그리고 배후에 많은 기도가 있었음을 감사드립니다.

주님께서 문화 선교 사역의 일환으로 뮤지컬 공연이 이곳에서 꼭 이루어지기를 원하셨고, 특히 뉴질랜드 한국 기독실업인회의 큰 섬김을 통해 이루어질 수 있었음을 감사드립니다.

하나님의 형상대로 지음 받은 우리는 장애인이나 비장애인 모두 하나님 앞에 구원받아야될 영혼들이며 올바른 인격체로서의 대우와 권리를 누릴 수 있어야 합니다.

뉴질랜드 브루스메이슨센터에서 열린 「레기온」 공연.
뉴질랜드 장애인 1천여 명이 참석해 큰 은혜를 받았다.

이 문화 선교 사역을 통해 주님께서는 우리에게 특히 기독교인들에게 무엇을 요구하시는지 생각할 수 있는 기회가 되었으면 합니다.

또한 안무, 연출을 맡았던 지인숙 집사는 뉴질랜드 공연을 앞두고 이렇게 인사말을 했다.

공연 날짜가 잡혀지기 전부터 연습에 임하였습니다. 수많은 국내외 공연을 치렀지만 공연이 정해지면 또 다시 긴장하며 주님께 의지하며 무릎을 모읍니다. 특별히 문화선교에 뜻을 함께 하신 분들의 기도와 격려에 힘입어 이 자리까지 오게 됨을 감사드리지 않을 수 없습니다.
비옵기는 한국 크리스천 뮤지컬 선교단을 통하여 하나님의 선교 사역이 확장되어 사용되어지기를 원합니다. 초청해주신 뉴질랜드 한국 기독 실업인회와 밀알선교단과 아낌없이 지원해주신 뉴질랜드 성도님들, 또한 이 공연이 이루어지기까지 노고와 수고를 아끼지 아니한 대원들 모두와 목사님과 그 외 스탭 여러분들게 진정한 감사를 표하며, 이 모든 영광은 하나님이 받으시길 기도합니다.

뉴질랜드 장애인 1천여 명을 위한 자선 공연 「레기온」의 안무와 연출을 맡았던 지인숙 집사와 안도현 목사(사진 죄측)과 안내 팜플렛.

뉴질랜드 공연은 성공적으로 치뤄졌다. 공연의 성공은 기도로, 헌신으로 함께한 한국 크리스천 뮤지컬 선교단의 선교에 대한 열정이 있었기에 가능한 일이었다.

선교단의 스탭과 캐스트는 다음과 같았다.

스탭(Staff)
안도현(지도목사), 한장욱(단장), 지인숙(원장), 김도현(연기감독), 박용윤(음악감독), 김혁수(미술감독), 이계천(홍보섭외), 안완석(소품), 채은경(무대의상)

캐스트(Cast)
지인숙(연출·안무), 박용윤(작품·음악), 김도현(연기연출), 홍대순, 김휘수, 박혜경, 김성아, 한미경, 신창준, 김지현, 김선희, 홍온순, 권분순, 최은실, 안은미, 이정선, 정선옥

공연을 마친 후 뉴질랜드 한국신문은 2월 26일자(제219호) 31면에 다음과 같이 보도했다.

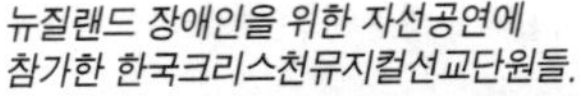

뉴질랜드 장애인을 위한 자선공연에
참가한 한국크리스천뮤지컬선교단원들.

CBMC 주최 한국 크리스천 뮤지컬 선교단 초청 공연
오후 6시 1천여 입장객 · 브루스 메이슨센터 장사진 대성황!

뉴질랜드에 거주하고 있는 한국인 장애인과 현지인 장애인들에게 용기와 희망을 주고자 재뉴기독실업인회(CBMC)가 한국 크리스천 뮤지컬 선교단을 초청하여 펼친 공연은 근래 보기 드문 대성황을 이룬 채 성공적인 막을 내렸다.

어제(25일) 오후 7시, 오클랜드 타카푸나 지역의 브르루 메이슨 센터에서 막을 올린 금번 공연을 보기 위해 약 1천여 명의 관중들이 오후 6시부터 장사진을 쳤다.

CBMC 김종건 회장은 "뉴질랜드 교민 사상 최초 공연을 펼친 크리스천 뮤지컬 선교단은 기독교 문화의 참다운 면모와 대중화를 위해서 더욱 세분화된 고급 문화를 창조하고 비전을 제시하기 위해 설립된 단체." 라고 전했다.

1, 2, 3부로 나뉘어 진행된 금번 공연의 1부 서막은 김성아 외 10명이 연출한 부채춤으로 시작되었다. 무대를 화려하게 수놓은 부채춤을 본 관중, 특히 1백 여 명의 뉴질랜드 현지 백인 장애인들은 박수를 그칠 줄 모르게 환호했으며, 이어서 기독교 문화 행사인 '용서받은 여인', '주 하나님 지으신 세계' 등의 무대가 관중들을 매료했다.

2부 순서로 넘어가 뉴질랜드 장애인 Jacgui Gardener와 Matelena Moliole의 노래 및 간증으로 장내는 엄숙한 분위기가 맴돌았으나 이들의 맑은 정신과 청순한 매너에 관중들은 커다란 박수를 보냈다.

이번 공연의 하이라이트는 3부에서 막을 올린 뮤지컬 '레기온' 이었다. 총 21명의 출연진이 숨가쁘게 연출한 이 뮤지컬 공연은 예수 생존시 로마의 지배를 받고 있던 거라사(Gerasa)마을의 레기온 사건을 연출한 것이다.

공연에 들어가기 전 리허설 때의 기막힌 에피소드가 있다.

공연 30분 전까지 연습이 제대로 맞지 않았다. 더구나 그곳 무대 실무자들과 말이 통하지 않아 곤경에 처했을 때 안 목사는 대원들을 분장실로 모두 모이게 한 다음 성령 대망회를 열었다. 모든 행사를 주님께 맡기며 간절히 기도한 뒤 정작 공연이 시작되자 대원들은 그렇게 담대하고 당당할 수 없었다. 무엇인가에 이끌리듯 진행되어 성공리에 끝낼 수 있었다.

뉴질랜드 한인 기독교방송 출연

뉴질랜드 한인 기독교방송국에서 장애인 돕기 공연을 마치고 인터뷰를 하면서 하나님의 은혜를 간증할 수 있는 기회가 주어졌다.

방송국 관계자는 1백여 명 밖에 안되는 시골 교회에 소속한 무용단인 줄 알고 한동안 입을 다물지 못했다. 그들은 프로 무용단인 줄 알았던 것이다. 이런 찬사를 듣기까지는 지인숙 집사와 박용윤 집사의 노고가 컸다.

2월 27일, 뉴질랜드 한인 기독교방송의 '새롭게 하소서' 프로에 출연한 안 목사와 지인숙 집사는 이명희 아나운서와 대담을 하면서 우리 교회가 지금까지 걸어온 일들을 자세히 간증하는 시간을 가졌다. 지인숙 집사는 그 동안 걸어온 이야기를 이렇게 간증했다.

3년전 아름다운교회에서 선교단을 구성하고 출발할 때는 오늘날 이와 같은 공연은 상상할 수도 없었습니다. 너무도 부족해서 기도하고 묵상하며, 때로는 금식하면서 3년을 훈련시킨 결과 이렇게 큰 공연을 하게 되었습니다.

처음에는 대원들을 훈련시켜 선교 무용을 했는데 하다보니까 단순한 선교 무용보다는 복음의 메시지를 전할 수 있는 것을 해야겠다고 생각이 들었고, 그래서 뮤지컬을 생각하게 되었습니다. 그러나 막상 일을 진행하려고 하니 난감한 일이 한두 가지가 아니었습니다.

의상을 만드는 경우만 해도 제가 미싱을 잘 할줄 몰라 일일이 손으로 바느질하여 단원들의 옷을 만들어 입혔습니다. 후에 교회에 재봉 일을 하시는 분이 오셔서 도움의 손길을 주셨습니다.

단원들의 남편들의 반대도 컸습니다. 어려움을 극복하는 방법은 기도 밖에 없었습니다. 큰 힘이 된 것은 "아무 염려하지 마세요."라는 안도현 목사님의 위로와 격려였습니다.

공연을 앞두고 단원이 부족해서 난감해 할 때면 그 때 마다 외부에서 인원들을 채워 주셨습니다. 뮤지컬 레기온은 50명이 참여해야 할 작품인데 우리는 12명이 해내야 했습니다. 그러기 위해서는 옷을 20번씩 갈아입어야 했습니다. 그래서 무릎이 다 벗겨지고 발이 짓무르기도 했습니다.

이번 공연을 앞두고 리허설을 하던 날 단원 두 사람이 과로로 쓰러졌습니다. 무대 뒤는 아수라장이 되었습니다. 마침 동행한 한의사 목사님이 응급조치로 어려움을 넘길 수 있었습니다.

그렇게 우여곡절 속에서 우리는 공연을 잘 마치게 되었습니다. 하나님께 감사와 영광을 돌립니다.

우리 교회 이야기는 '새롭게 하소서' 프로를 통해 2회에 걸쳐 방송되었다. 안도현 목사와 지인숙 집사가 나눈 이야기는 하나님께서 어떻게 부족한 자들을 들어 쓰시는지를 보여주는 은혜로운 이야기 였다.

모두가 많은 수고를 하였다. 그러나 영광은 하나님께만 돌린다. 하나님께서 영광을 받으시기 위해 부족한 자들을 택하시고 역사 하셨음을 우리는 너무나 분명하게 보고 있기 때문이다.

느닷없이 다가온 위기

뉴질랜드 공연을 마치고 돌아온 안도현 목사는 3월 19일, 장애자 진단을 받아 운행하고 있는 휘발유 차를 가스 차로 바꿀 계획을 세우고 서류 준비를 위해 적십자 병원에 가서 검진을 받았다.

안 목사가 가지고 있는 장애는 어릴 때 철봉을 하다가 떨어져 위골이 된 오른쪽 팔을 그대로 두었기 때문에 생긴 것이었다. 의사들의 판단이라면 숟가락도 들 수 없을 정도의 심각한 상태인데도 그럭저럭 지내왔다.

병원 측에서는 안도현 목사에게 제안을 했다.

"목사님, 이제 나이도 있고 하니 기왕 내친 김에 종합 검진을 하는 것이 어떻겠습니까?"

안 목사는 의사의 제안에 응하여 종합 검진을 받았다. 그런데 폐에 이상이 발견되었다. 전혀 생각지 못한 일이었다.

당시 검진을 맡았던 양상기 박사는 다시 정밀검사를 하자고 했다. 3월 22일 재검사를 했다. 26일 그 결과가 나왔는데 폐 결절이었다. 좌측 7, 8 갈비뼈 사이에 결핵 아니면 암으로 여겨지는 무언가가 있는 것으로 판정되었다. 결핵 세균 검사 결과는 무반응 판정이 나왔다. 그러므로 병원 측에서는 거의 90퍼센트 암으로 예상했다. 다시 CT 촬영을 해 보았지만 결과는 마찬가지였다.

3월 28일, 안 목사는 교인들에게 기도를 부탁했다. 그 날부터 안 목사는 교회 강단에서 생활했다. 3월 29일부터 고난주간이 시작되었다. 안 목사는 금식하면서 기도하다가 말씀을 받았는데 그 말씀은 개척 당시 주신 이사야 41장 15~16절의 말씀이었다.

3월 30일, 하나님께서는 안 목사에게 다시 예레미야 1장 4~10절까지의 말씀을 주셨다.

"내가 너를 복중에 짓기 전에 너를 알았고 네가 태에서 나오기 전에 너를 구별하였고 너를 열방의 선지자로 세웠노라"

3월 31일, 금식을 마치는 날에는 이사야 44장 1~5절의 말씀을 주시며 마음에 평안을 주셨다.

"나의 종 야곱 나의 택한 이스라엘아 이제 들으라 너를 지으며 너를 모태에서 조성하고 너를 도와줄 여호와가 말하노라 나의 종 야곱

나의 택한 여수룬아 두려워 말라 대저 내가 갈한 자에게 물을 주며 마른 땅에 시내가 흐르게 하여 나의 신을 네 자손에게 나의 복을 네 후손에게 내리리니"

우리 교인들은 안 목사의 회복을 위해 계속 기도회를 가졌다. 하나님께서는 성도들을 통해서도 격려를 해 주셨다.

보험을 들어놓은 것이 없다는 말을 들은 어떤 성도는 아무 말 없이 가서는 이틀 후 보험증을 만들어 왔다. 어떤 지혜로운 성도는 암이라는 말을 듣고도 일부러 그 용어를 쓰지 않았다.

"목사님, 염려하지 마십시오. 이상 세포는 정상으로 돌아올 수 있습니다."

세심한 배려였다. 안 목사는 이런 성도들을 보면서 위로를 받을 수 있었다.

3일 금식을 끝낸 안 목사는 우리 교회 뮤지컬 선교단과 함께 고양시청 문예회관에서 열린 제1회 고양시 경로공연 축제에 참여했다. 또한 4월 1일, 안 목사는 우리 교회를 소개하고자 하는 국민일보 취재 요청에 의해 인터뷰를 했다.

짜여진 스케줄에 의해 평소와 다를 바 없이 활동했지만 안 목사의 마음은 착잡했다. 만감이 교차했다.

"좋아지면 간다더니, 내가 그런가 보다."

그 동안 개척교회를 하며 고생한 생각을 하면 섭섭하기 그지 없었다. 그러나 안 목사는 빨리 받아 들였다. 마음을 정리했다. 남은 날이 얼마가 될지는 모르지만 그 동안 할 수 있는 일들이 무엇일까 생각해 보았다.

그가 생각한 가장 귀한 일은 마지막 순간까지 성도들을 위해 기도하는 일 뿐이었다. 그는 제자들을 남기고 떠나는 예수님의 심정으로 자신을 믿고 따르는 성도들을 위해 기도했다.

그 무렵 경기북지방회의 새 임원 선거가 있었고, 부회장으로 선출

된 안 목사는 다른 임원 목사들과 함께 설악산 한화 콘도에서 교제의 시간을 가졌다. 그는 그 모임에서 조차 자신의 형편을 알리지 않았고 내색 조차 하지 않았다.

국민일보에 소개

4월 1일 취재한 내용이 정리되어 국민일보 4월 10일자 28면에 '산골 예배당에 놀라운 은혜' 라는 제목으로 우리 교회가 소개되었다. 우리 교회를 찾아왔던 유연옥 기자는 우리 교회를 이렇게 소개하였다.

산골 예배당에 놀라운 은혜

산 하나를 넘어 아무도 살지 않을 것 같은 곳에 마을이 있고 교회 하나가 있다. 일산 풍동에서도 안쪽 깊숙이 위치한 450년된 마을에 생긴 '아름다운 교회.' 불과 서울에서 1시간도 떨어지지 않은 그곳은 아직도 세

1999년 4월 10일자 국민일보에 목회현장이라는 제목으로 한면 전체를 할해해 소개된 우리교회 신문기사.

월을 거꾸로 올라가는 듯한 모습을 하고 있다. 아침마다 동네 이장이 알려주는 공지사항이 스피커를 통해 나오고 1백년이 넘는 한옥들이 즐비하다.

그곳에 자리잡은 아름다운교회(안도현 목사)는 마을이 형성된 이래 처음으로 들어선 교회이며 마을 높이 십자가를 세운 첫 교회다. 원래 전주 이씨 전주 김씨만이 사는 마을로 아직도 신당을 세워놓고 우상 숭배하는 그곳에 교회가 들어선 것 자체가 기적이었다.

안 목사는 서대문순복음교회를 시무하다 1990년 풍동에 교회를 개척, 5평되는 사택 마루에 두 가정이 모여 첫 예배를 드렸다.(중략)

한국전쟁 때 공산군이 마을 앞 도로를 지나가면서도 무사했을 만큼 그렇게 깊숙이 숨어 있는 풍동에서 시작한 목회는 처음부터 많은 난관에 부딪쳤다. 이곳에 절대로 교회를 세울 수 없다는 마을 주민들의 반대는 생각보다 심했다. 걸어 다니는 길을 막는 것은 예사이고 주민들이 단체로 몰려와 이사갈 것을 요구해 두 달 동안 십자가를 세우지 못했다.

심지어는 마을에 전도 나간 안 목사를 향해 소금이나 물을 뿌리는 사람들도 있었다. 특히 교회가 세워져 곧 마을이 망할 거라는 터무니 없는 소문은 안 목사를 더욱 곤혹스럽게 했다. 언젠가는 신당에서 굿을 하니 참여하라는 협박도 있었다. 그러나 이상한 것은 그런 주민들의 반대가 오히려 안 목사에게 힘을 주었다. 이 마을을 변화시켜 놓으리라. 우상숭배로 가득 찬 이 마을에 찬송가가 울려 퍼지도록 하리라는 결심은 생각만으로도 즐거운 일이었다.

"오래된 마을이라 노인들이 많은 것이 특징입니다. 교회가 무엇인지도 모르는 어른들도 많았고요. 강퍅한 그들의 마음을 돌리기 위해 교회는 새로운 목회방법을 구상했습니다."

예배를 드리고 전도하는 일 외에 개척한 이래로 지금까지 주민을 상대로 교회가 하는 일은 다양하다. 주민들을 불러 머리를 깎아 주고, 침을 놓아주며, 주민들의 경조사를 챙기고 매년 경로잔치를 베풀었다. 물론 이 모든 모임은 다 교회 안에서 이루어졌고 모든 일을 시작하기 전 예배를 전제로 한 것은 당연했다. 처음에는 교회 오기를 꺼리던 주민들의 반응이 점차 바뀌었다..

"아무 것도 모르는 그들에게 하나님을 알리는 것은 참으로 어려운 일이었습니다. 기적적인 것은 1년 후 마을에 첫 교인이 생겼다는 것입니다."

현재 주민들의 교회에 대한 생각은 완전히 바뀌었다. 교회에 나오지 않더라도 어려운 이웃을 위해 사용해 달라고 헌금하는 주민들이 있다.

안 목사는 매일 교인들이 마을의 변화를 위해 한 기도가 열매를 맺는 것이라고 말한다.

아름다운교회의 교인은 70퍼센트가 처음 믿는 신자들이다. 그들을 위해 교회는 6개월 과정으로 일대일 신앙 교육을 철저히 하고 있다. 교회가 활기찬 것은 어린아이와 같은 믿음을 가진 교인들이 많기 때문이다.

"나머지 30퍼센트는 각처에서 일하는 일꾼들이 우리 교회에 왔어요. 정말 우연히도 하나님이 보내 주셨더군요. 그래서 아주 작은 교회이지만 하는 일은 많습니다."

특별히 문화 혜택을 받지 못하는 주민들을 위해 교회는 도예 연구반, 생활 체육반, 문예 연구반, 기악 연구반, 안무 연구반, 선교 신학반 등을 개설했고, 교인들을 상대로 주일 예배후 나누어 활동하게 했다. 특히 안무 연구반이 모태가 되어 만들어진 「크리스천 문화연구원」은 아마추어 수준을 넘어 고양 시청에서 노인들을 위해 공연을 열 정도이며 금년 2월에는 국내 처음 뉴질랜드로 공연을 다녀와 화제가 되기도 했다.

게다가 교회가 개척된 그 이듬해부터 신학생들에게 장학금을 지급해 현재 12명이 해외 선교사로 나가 있는 상태이다. 이제 겨우 1백 70명이 모이는 교회이지만 하나님의 놀라운 역사는 계속되고 있다. 또한 전혀 불가능할 것이라고 믿었던 신당이 곧 없어지게 돼 온 교인들은 요즘 하나님의 역사를 체험하고 있다.

"기도 중에 하나님이 주신 이름인 '아름다운교회' 가 점점 빛을 발하고 있다고 생각합니다. 언제까지가 될지 모르지만 반드시 마을 스피커에서 찬송가가 울려 퍼지도록 우리의 기도는 계속될 것입니다."

국민일보에 우리 교회가 소개된 직후 한 가족이 우리 교회를 찾아왔다. 후에 우리 교회에서 권사 직분을 받은 김순월 권사 가족이다. 그의 간증을 들어본다.

하나님이 인도하신 아름다운교회

1999년 저희 가정은 이곳 일산으로 이사를 오게 되었습니다. 그 동안 섬기던 교회를 떠나 이곳 일산에서 신앙생활을 해야 하는데 여러 가지로 염려가 되었습니다. "마지막 때에 교회와 주의 종을 잘 만나야 하는데 어떻게 하나." 걱정을 하며 하나님께 인도하심을 구했습니다. 처음 몇 개월은 매주 일산에 있는 교회들을 다니며 예배를 드렸습니다. 그러나 내 마음에 감동이 되는 교회는 없었습니다. 그러고 있던 중 어느 주일 아침 저를 잘 아시는 권사님이 전화하셔서 국민일보 신앙란을 보라고 하셨습니다.

거기에 한 교회가 소개되어 있었습니다. 저는 그 기사를 자세히 읽고 마음이 흥분되어짐을 느꼈습니다.

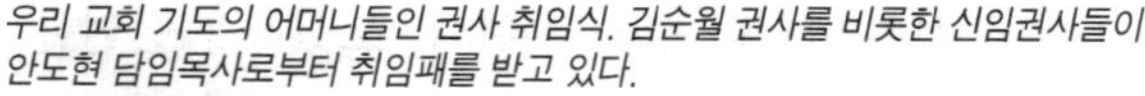

우리 교회 기도의 어머니들인 권사 취임식. 김순월 권사를 비롯한 신임권사들이 안도현 담임목사로부터 취임패를 받고 있다.

"요즘 같은 세상에 산골에 전원교회 같이 아름다운 교회가 있다니……."

강한 기대와 호기심에 당장 찾아가 보고 싶은 충동을 느꼈습니다. 권 사님에게 같이 가보자고 전화를 했습니다.

가는 도중 우리는 마음이 너무 흥분이 되었습니다. 비포장 도로가 나 있는 산속 시골길을 달려 찾아가 보니 도심에 위치해 있는 여느 교회와 달리 다소 초라해 보였습니다.

그러나 성전 안에 들어가 보니 겉과는 달리 세련된 분위기였고, 무엇보다 순수함과 평안함이 성전 안을 감싸고 있음을 느꼈습니다. 우리가 처음 아름다운교회를 찾은 그 날은 마침 주일이어서 우리는 먼저 하나님께 감사로 예배를 드렸습니다.

예배를 마치자 점심식사가 준비되었습니다. 정말 오랜만에 신토불이 자연 식품으로 준비한 맛있는 점심을 먹었습니다. 아직도 그 날 먹었던 꼬들배기 김치 맛을 잊을 수가 없습니다.

그 날 제가 처음 감동을 받은 것은 목사님과 사모님, 전도사님들이 헌신적으로 성도들을 섬기는 모습에서였습니다. 주의 종이 성도들로부터 섬김을 받는 것이 당연한 것으로 알았던 제 생각을 부정하는 그 모습에서 '섬김을 받으러 온 것이 아니라 섬기기 위해' 오셨음을 선언한 예수님의 말씀을 진정으로 실천하는 모습들을 발견한 것입니다.

그날 이후 이런 아름다운 모습들이 내 마음을 움직여 매주 아름다운교회로 발걸음을 옮기게 되었습니다. 하지만 새신자 등록은 하지 않았습니다. 그렇게 몇 달을 예배만 드렸습니다. 온 가족이 한마음으로 섬길 수 있는 교회이어야 하기에 가족들의 의견을 존중하여 조용히 기다리며 기도했습니다.

그 몇 달 동안 목사님께서는 등록하라는 권유도 한 번 하지 않으셨고 그런 면들이 내게 목사님에 대한 존경심과 신뢰감을 갖게 만들었습니다. 이러한 점들이 타 교회와 비교가 되었습니다. 그럼에도 불구하고 저는 결정을 내리지 못하고 매주일 이곳 아름다운교회를 찾아오고 있었습니다.

그러던 어느 날, 저같이 부족한 사람에게 목사님께서 권사 직분을 추천하셨습니다. 많은 망설임 속에서 기도하다가 순종해야 된다는 생각이 들어 부족하고 연약하지만 떨리는 마음으로 권사 임명을 받게 되었고 이를 계기로 우리 온 가족이 아름다운교회를 섬기게 되었습니다.

특히 우리 바깥 집사님께서는 많은 교회를 다니며 예배를 드렸으나 신령과 진정으로의 예배가 아닌 의무감에 의해 마지못해 참석하는 정도였습니다. 하지만 이곳 아름다운교회에 출석하고 난 뒤 절대 졸지 않고 목사님의 설교에 "아멘"으로 화답하는 모습으로 변화되었습니다.

이 모든 것들이 하나님의 은혜임을 믿고 우리 가정을 이곳 아름다운교회로 인도하신 하나님께 감사드립니다. 할렐루야!

하나님의 기적

안도현 목사는 4월 12일 적십자병원에서 세브란스병원으로 옮겨 수술을 받기로 했다. 그러나 「한국 크리스천 뮤지컬 연구원」 개원 예배, 성도 가정의 추도 예배가 있어 그날 병원에 가지 못했다.

안 목사는 깊은 좌절감 속에서도 자신이 해야 할 일을 게을리 하지 않았다. 그는 평소와 다름없이 똑같이 활동하였다. 4월 13일 세브란스병원에 가보니 오전에는 안 목사가 원했던 의사의 진료 시간이 없었다. 그래서 오후에 진료하기로 시간을 정하고 남은 시간을 이용하여 신촌 방사선과의원에 가서 하해구 원장에게 상담을 했다.

갖고간 X-Ray와 CT촬영 사진을 보여 주면서 판독을 요청하자 크리스천인 그는 환자가 목사인 것을 알고 가슴 아파했다. 그는 다시 한번 찍어 보자고 했다.

결과는 아무 이상이 없었다. 하해구 원장은 놀라워하며 검사 결과 용지에 이렇게 적어 주었다.

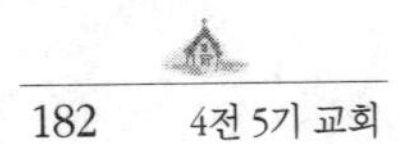

"Thanks. Hallelujah!! 主님의 은총을."

하해구

우리는 믿는다. 하나님께서 안 목사를 치료해 주신 것을. 하나님은 안 목사의 기도를 들어 주셨고, 그를 위해 기도하는 성도들의 간절한 기도를 들어 주셨다.

약속이 되어 있었으므로 오후에 세브란스병원에 갔다. 역시 그곳에서의 검사 결과도 아무 이상이 없었다. 하나님은 기도했을 때 이미 치료해 주셨던 것이다. 실로 하나님의 놀라운 기적이었다.

5월 5일 체육대회 때 안 목사는 자주 마른기침을 했다. 성도들은 염려가 되어 안 목사에게 강권하여 서울대학병원에 접수해서 계속 정기 검진을 받도록 했다. 그러나 그 후 계속 아무 이상이 없었다.

남편 안 목사를 위해 눈물로 기도하며 성도들 앞에서 조금도 흐트러진 모습을 보이지 않고 꿋꿋하게 사모의 자리를 지켜온 신영자 사모는 훗날 이렇게 간증했다.

안도현 목사는 폐암선고를 받았으나 하나님은 그를 치유해주셨다.
신촌방사선과의원 하해구 원장이 검사결과용지에 적어준 축하 메시지.

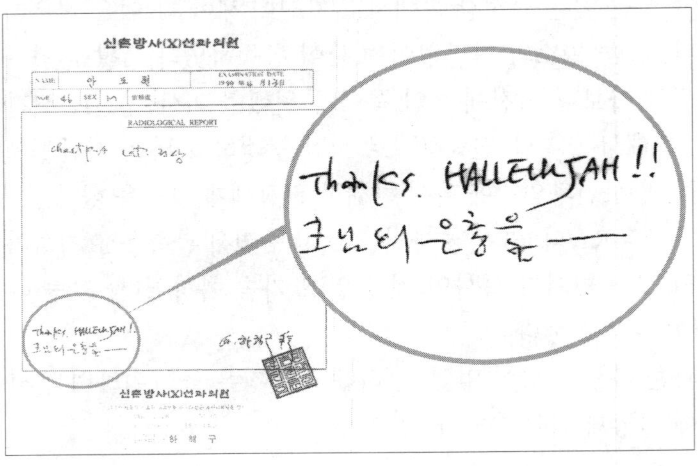

"너희는 마음에 근심도 말고 두려워하지도 말라"

그 동안 아름다운교회를 지켜 주시고 사랑해 주시는 하나님의 은혜에 감사드립니다. 올해도 아름다운교회를 아름답게 증축하게 하시고 누구든지 찾아오기만 하면 성령 충만함과 기쁨과 평안을 얻게 하심에 감사드립니다.

주님께서는 저에게 기쁨을 나눌 수 있는 은사를 주셨습니다. 예수님의 오병이어 기적을 보면 떡 다섯 개와 물고기 두 마리로 오천명을 먹이시고 남은 것이 열 두 광주리라고 했는데 그러한 기적이 우리 아름다운교회에서도 일어나고 있습니다. 없는 가운데서도 주일마다 성도들에게 풍성하게 먹이고 나면 주님께서는 부족한 것을 채워 주십니다.

또한 아무리 힘들고 어려운 일이 닥칠지라도 주님께서는 모든 것을 빈틈없이 준비해 주시고 인도해 주십니다. 그리하여 항상 근심과 두려움 없이 주님의 역사 하심으로 살아가고 있습니다.

작년은 나의 힘으로는 견디기 힘든 해였습니다. 그것은 목사님께서 폐암이라는 진단을 받은 일입니다. 상상도 못할 일이라 마음이 너무나 어려웠습니다.

목사님께서는 병원에서 병이 발견되자 마자 강단에서 "나의 건강을 위하여 기도해 달라."고 하셨습니다. 그날부터 목사님을 비롯하여 온 교인이 철야 기도회, 금식기도회, 낮 기도회 등 기도회 때마다 부르짖기 시작했습니다.

"하나님께서는 왜 우리 가정에 이렇게 큰 고통을 주시는가? 지나간 세월 동안도 어려움을 겪으며 많은 연단을 받았는데 아직 무엇이 부족해서 이런 연단을 받아야 하나? 짜증도 내고 싶고 하나님께 원망도 하고 싶었지만 사모라는 직책 때문도 그렇게 하지도 못했습니다. 고통을 참고 견디며 아무 일 없는 것처럼 하루하루를 지냈습니다.

그러던 어느 날 하나님께서 사랑으로 저를 위로해 주셨습니다. 마음에 빛으로 임하신 주님은 저에게 요한복음 8장 12절 말씀을 주셨습니다.

"예수께서 또 일러 가라사대 나는 세상의 빛이니 나를 따르는 자는 어두움에 다니지 아니하고 생명의 빛을 얻으리라"

기도 가운데 들려주신 주님의 음성은 저에게 큰 위로가 되었습니다. 또한 주님께서는 저희 아이들에게도 평안을 주셨습니다.

온 교인들과 합심하여 하루하루 단을 쌓으며 지내던 어느 날 우리는 기적을 체험하게 되었습니다. 병마가 물러갔습니다. 목사님의 폐암이 간 곳 없이 사라졌습니다. "할렐루야!"

하나님께서는 기쁠 때나, 슬플 때나, 어려울 때나, 힘들 때나, 어느 때이건 늘 지켜 주시고 인도해 주십니다. 그러므로 우리에게 어려움이 다가올 때는 오히려 축복의 기회로 삼아야 한다고 생각합니다.

이제는 하나님의 계획하심을 믿고 근심도 말고 두려워하지도 않을 것입니다. 나의 모든 것을 계획하시고 인도하시는 주님을 사랑합니다.

안 목사는 하나님의 치유를 경험한 후 더욱 마음을 비우고 겸손하게 주의 일에 전념할 수 있는 기회가 되었고 죽음을 생각하는 동안 영원한 것과 유한한 것들에 대한 안목이 더욱 분명해졌다고 고백했다.

비가 온 뒤에 땅이 더욱 굳어지고 세찬 바람에 나무가 더욱 뿌리를 깊이 내리는 것처럼 우리 교회는 시련을 통하여 그리스도께 더욱 굳건히 믿음의 뿌리를 내리는 교회가 되었다.

교회 본당 증축과 문화관 신축

성도들이 늘어나 1층 예배실로는 부족했다. 안도현 목사는 교회 본당과 문화관을 증축하기 위한 계획을 수립했다.

7월 5일 안 목사는 역대상 17장의 말씀을 선포하고 기도회를 시작하였다. 한편에서는 증축을 위한 서류 준비에 들어갔다.

그러나 교회 재정이 여의치 않았다. 9일까지 교회 증축을 위한 특별 기도회를 하면서 성령의 감동을 받은 성도들이 교회 증축을 위해 자발적으로 헌금을 하기 시작했다. 여러 성도들과 마리아회, 에스더회 등에서 각각 믿음의 분량대로 정성껏 헌금을 했다. 그렇게 해서 마련된 금액은 1천 7백 30여만 원이었다.

　드디어 7월 21일 농지 전용 허가를 받았고, 이어서 7월 24일 증축 허가가 떨어져 우리는 7월 26일 증축 허가증을 찾아오면서 감사를 드렸다.

　그런데 깜짝 놀랄 일이 일어났다.

　그 다음날 건설교통부에서 풍동지구 24만 4천평을 택지 개발 예정 지구로 확정 발표됨으로 인해 그 이후에는 이 마을에서 집을 짓거나 고치거나 아무런 일도 할 수 없게 되었던 것이다.

　그러나 우리 교회는 건설교통부 발표 하루 전날 일단 허가를 받은 상태이기 때문에 그 일과는 상관없이 교회를 증축할 수 있었다. 하나님의 은혜가 놀랍기만 했다. 우리는 교회를 증축을 하면서 하나님의 일은 하나님이 친히 하신다는 사실을 깨닫고 감사와 찬송을 드렸다.

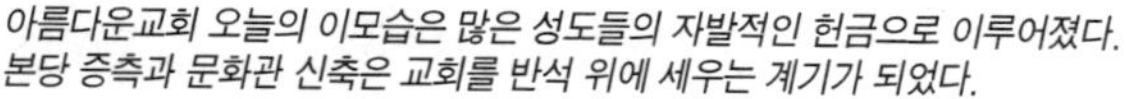

아름다운교회 오늘의 이모습은 많은 성도들의 자발적인 헌금으로 이루어졌다. 본당 증측과 문화관 신축은 교회를 반석 위에 세우는 계기가 되었다.

8월에 교회 본당 증축에 앞서 교회 옆 공터에 40평 부속건물을 신축하였다. 이 건물은 「문화관」이라고 이름을 붙였다. 이러한 이름은 우리 교회의 문화 선교의 의지를 보여주는 것이었다. 문화관에는 무엇보다도 뮤지컬 연습을 할 수 있도록 시설이 마련되었고, 그 외 여가활동을 할 수 있는 공간으로 사용되고 있다.

언제부터인가 이 시대 상황을 '문화 전쟁'이란 말로 표현하고 있다. 문화 전쟁의 와중에서 교회 한편에서는 문화에 대해 부정적인 입장을 취하는가 하면 또 다른 한편에서는 지나치게 수용적인 입장을 취하여 교회의 거룩성을 상실하고 세속화되기도 한다.

우리 교회는 문화를 하나님의 일반 은총으로 이해하고 문화를 거부하지 않는다. 오히려 교회가 주도권을 가지고 문화를 만들어가야 한다고 생각한다.

간접적이기는 하지만 복음의 정신을 담은 문화를 통하여 세상 속에서 빛이 되고자 하는 것이 우리 교회의 소망이다.

9월부터 10월까지 교회 본당 2층 79평의 증축 공사를 계속하였다. 증축 비용은 후불로 하고 온누리교회의 진용환 장로의 소개로 그 교회 강찬석 장로가 수고했다.

예배실 내부는 문화 사역을 하는 교회인 만큼 강단이 무대로 사용될 수 있도록 꾸며졌고, 좌석은 중앙에 주문 제작한 개별 의자를 배치하고 좌우로 장의자를 배치했다. 바닥은 전체를 카페트로 깔았다. 1층 예배실 계단 입구에 신발장을 마련했고, 예배실에서는 실내화를 사용하도록 했다.

소년소녀 가장 돕기 KBS 자선공연

1999년 10월 9일부터 10일까지 가정상담선교센터와 국민일보가 주최한 여의도 KBS 홀에서 아름다운 사회 가꾸기 캠페인 이벤트로서 '제6회 소년소녀 가장 돕기 사랑의 콘서트' 가 열렸다.

이 행사에는 크리스천 오케스트라, 범어 핸드벨 콰이어, 출애굽 합창단 외에 가수 패티김, 조영남, 개그우먼 이영자, CCM 가수 최인혁 등 국내 유명 가수와 연예인이 대거 출연했다.

우리 교회 뮤지컬 샴(Psalm) 무용단은 이 행사에 참여하여 이틀간 세 차례에 걸쳐 서장(序章) '우리는 하나' 순서를 담당했다.

창립 9주년 기념 입당 및 임직예배

1999년 한 해는 안도현 목사의 폐암 발병으로 시련도 컸지만 그만큼 하나님의 은혜도 풍성했다. 무엇보다도 하나님의 치유의 기적을 체험하는 놀라운 은혜를 누렸고, 부속건물 신축과 본당 2층 증축은 우리 교회의 새로운 시대를 예고하는 기쁜 일이었다.

KBS홀에서 열린 '제4회 소년소녀 가장돕기 사랑의 콘서트' 에
우리교회 뮤지컬 샴무용단이 참여한 행사 포스타.

그리고 우리 교회의 문화 사역의 주축인 뮤지컬 샴 (Psalm) 무용단이 대외적으로 실력을 인정받아 크고 작은 행사에 계속 쓰임을 받게 됨으로써 교회 문화 선교의 가능성을 제시할 수 있게 되었다.

11월 7일 우리 교회는 창립 9주년을 맞이하면서 2층 본당 입당 및 임직예배를 드리며 하나님의 무한한 은혜에 감사를 드렸다.

오전 9시 안도현 목사의 집례로 예배를 드린 이후 '아름다운 교회'라는 주제로 축하공연을 가졌다. 우리 교회 실내악단의 오프닝에 이어 성시(최설희), 중창(청년회), '주여, 주의 백성을 구하소서' 라는 제목의 뮤지컬(청년회), 간증(유혜경), 성가대의 찬양, 실내악단의 축복송 등으로 진행되었다.

축하공연은 박용윤 집사가 기획했고, 지인숙 집사가 연출을 맡고, 김도현 집사가 내레이션을 맡았다. 이들 전문가들에 의해 우리 교회는 전 교인이 문화 선교 사역에 관심을 가지게 되었고 문화 사역을 위한 안목도 점차 넓어지고 있다.

오후 3시에는 경기북지방회 목사들이 참여하여 임직예배를 드리

우리 교회 기둥인 안수집사들. 집사 안수식에서 교회와 성도들의 일꾼이 될 것을 서약을 하고 있다.

고 집사 안수 및 권사 취임식을 집례하였다. 집사 안수 및 권사 취임은 지난 1995년 10월 8일과 1998년 11월 8일에 이어 세 번째였다.

이날 경기북지방회에서는 윤용철, 지효현, 이재헌, 김연배, 김대용, 동인배, 박상필, 안도현 목사 등이 안수위원으로서 수고한 가운데 우리 교회의 최경호, 문제홍, 정윤식, 최영휴 집사가 집사 안수를 받았고, 정원봉, 이상철은 명예집사를 받았다.

또한 정효자, 김미자, 김정자, 김순월, 문성규, 박은주 집사가 권사로 취임하고, 박말순, 신순업은 명예권사로 취임하였다.

크고 비밀한 일을 네게 보이리라

2000년 신년 예배 때 우리 교회에 주어진 하나님의 말씀은 "너는 내게 부르짖으라 내가 네게 응답하겠고 네가 알지 못하는 크고 비밀한 일을 네게 보이리라"는 예레미야 33장 3절의 말씀이었다.

희망과 기대의 새 천년을 맞이하여 하나님께서 우리 교회를 통해 무엇인가 놀라운 일을 계획하고 계시고 우리가 기도하면 하나님께서 우리가 알지 못하는 크고 비밀한 일을 이루실 것을 기대하게 하는 말씀이었다.

강원도 주문진에서 열린 수련회는 성도님들의 영성의 깊이를 더하게 하며 심신의 피로를 말끔히 씻는 좋은 기회가 되었다.

부르짖어 기도하기를 원하시는 하나님의 뜻을 좇아 안도현 목사는 1월 2일자 주보에 한 해 동안 기도할 특별 기도 제목을 제시하였다. 그 내용은 다음과 같다.

1. 교회를 위하여
예배 공동체, 교육 공동체, 나눔 공동체

2. 전도를 위하여
영혼 사랑하는 교회 되어 전도 사명 감당합시다.

3. 교육을 위하여
21세기는 교회 교육에 생명이 달려 있습니다.
각 교회학교에 성령의 바람이 불어오게 하소서.

4. 선교를 위하여
협력 선교, 파송 선교, 미전도 종족 선교를 감당할 수 있는 교회가
되게 하옵소서.

5. 찬양을 위하여
각 찬양대, 합주단, 중창단 찬양은 살아 있는 영혼들의 곡조 있는
고백입니다.

6. 가정을 위하여
가정들마다 화목하고 인가귀도 되도록.

7. 남북통일을 위하여
통일 대비한 교회 공동체를 위하여.
무너진 제단의 수축과 이북 교회 재건을 위하여.

8. 봉사를 위하여
교역자, 제직, 구역 사역자, 각부 임역원, 봉사자들을 위하여.
눈물로 예수님의 발을 적시는 감격으로 교회를 섬깁시다.

9. 중보의 기도를 위하여
해외 출타자, 군 복무자, 연약한 자, 병중에 있는 자
예수님께서 나그네 되고 연약한 자 등에게 힘이 되어 주시도록.

천국잔치 같았던 장례식

1999년 1월 22일 "이곳이 베데스다 연못이다"라는 하나님의 음성을 듣고 교회에 치유의 역사를 일으켰던 정원봉 집사가 2000년 2월 28일 5시 35분에 93세의 나이로 안 목사의 품에서 세상을 떠났다.

그는 임종에 앞서 자녀들이 모인 자리에서 자녀들에게 소중한 신앙의 교훈을 유산으로 남겨 주었다. 특별히 며느리 김영희 전도사에게 "내 갈 길이 바뻐."하시며 믿지 않는 일부 가족들에게 "예수 믿거라."는 유언을 남겼다. 그리고 김영희 전도사를 바라보며 이런 마지막 말을 남겼다.

고맙다. 정말 고마워. 네 짐이 얼마나 무거우냐. 아버지께 다 맡겨. 아버지가 다 아시고 계셔. 그저 묵묵히 참고 십자가만 바라 보아라. 이 교회가 앞으로 성령이 충만하고, 주님이 교회에 빛을 비추시는데 눈이 부셔서 볼 수 없을 정도란다. 그리고 무어라 말로 형용할 수 없는 어마어마한 사람들이 몰려오고 일꾼들이 다 준비가 되어서 착착 엮어 나가는데 정말 놀랍다. 놀라워. 그리고 신명기 말씀을 많이 읽어라. 거기에 다 기록해 놓았으니 찾아서 받아 먹어라.

정원봉 집사의 장례는 하나님의 은혜 가운데 화창한 봄 날씨 같았다. 우리 교회는 그를 위해 훌륭한 장례식을 치렀다. 여 선교회에서는 문상객들을 위해 정성스럽게 음식을 준비하고 남 선교회에서는 장례의 모든 절차가 순조롭게 진행될 수 있도록 힘써 봉사했다.

교회 전 성도가 참여해서 드린 장례 예배는 그야말로 천국 잔치였다. 성도들 가슴 속에 천국의 소망이 심어졌다. 가장 보람있었던 일은 이 장례 예배를 통하여 불신 가족들이 예수를 영접하고 하나님의 자녀가 된 일이었다.

아이쿠 하나님, 제가 잘못했어요

낮 11시, 수요예배를 마치고 잠시 각자 휴식을 취하고 있는데 느닷없이 다급하게 외치는 소리가 들렸다.

"불이야! 불이 났어요."

"어디요? 어디?"

"저기! 교회 텃밭에요."

교회 텃밭은 임자는 따로 있고, 우리 교회에서 야채를 재배하기 위해 빌려쓰고 있었다. 텃밭은 봄, 여름, 가을 우리 교회의 식탁을 풍성하게 해주고 있다.

가랑잎과 볏짚을 태우려고 불을 붙였는데 그만 '그 놈의 봄바람' 때문에 불똥이 순식간에 잔디를 잠식하며 타들어 갔다. 불은 이 동네 터줏대감들의 조상들을 모셔 놓은 묘들을 모두 끄슬러 놓았다.

"정경 부인 마님 묘가 다 탔네."

"나무에 불이 붙기 시작했어."

불은 순식간에 50여 구의 묘를 새까맣게 끄슬러 놓고 병풍처럼 드리워 있는 상수리나무, 소나무 등에 옮겨 붙기 시작했다. 이 엄청난 광경에 놀란 우리들은 손에 뭔가를 들고 불을 끄기에 정신이 나갈 지경이었다. 어느 권사는 그 광경을 보자 울부짖었다.

"아이쿠, 하나님. 제가 잘못했어요. 용서해 주세요."

무엇을 회개하는지도 모르게 "내가 잘못했어요."부터 부르짖기 시작했는데 어디 권사뿐이랴. 이곳 저곳에서 성도들은 속으로는 기도하며 발로 밟고 불길을 따라 손에 쥔 뭔가를 내리치면서 불을 끄기에 여념이 없었다. 마을 이장이 방송을 시작했다.

"산에 불이 났습니다. 동네 사람들은 삽이나 곡괭이를 들고 불을 끄러 나오시기 바랍니다!"

소방차가 달려오고 이웃 군부대에서 출동하여 산 반대쪽에서부터 불을 끄며 오는 것이 아닌가? 바람이 심하게 불었지만 하나님이 도우셨다.

불이 온 산과 마을을 덮칠 뻔했는데 극적으로 진화되었다. 그 때 일은 생각만 해도 가슴이 두근거린다.

'불조심 단속기간' 에 일어난 불이라 안 목사는 덕분에 몇 차례 경찰서로 불려 갔고 결국 1백만원 벌금을 물고 일단락 됐다. 교회 재정이 어려운 가운데 일어난 일이었지만 하나님의 역사 하심을 체험한 사건이어서 우리는 너무나 감사했다.

한국선교오페라단 2000 정기공연 참가

2000년 5월 17일부터 18일까지 세종문화회관 대극장에서 '한국선교오페라단 2000 정기공연' 이 있었다. 이 공연은 탈북 난민 선교를

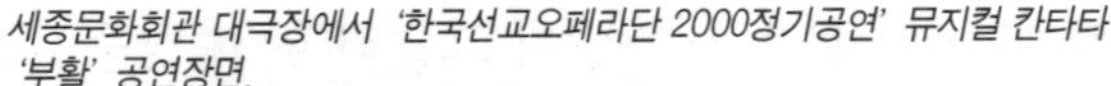
세종문화회관 대극장에서 '한국선교오페라단 2000정기공연' 뮤지컬 칸타타 '부활' 공연장면.

위한 뮤지컬 칸타타 '부활' 공연으로서 참가팀은 한국선교오페라합창단, 코리안 필하모닉 오케스트라, 그리고 우리 교회 성도들이 주축이 된 뮤지컬 샴무용단(한국 크리스천 샴뮤지컬 마스터)이었다.

이 때 참가자는 지인숙 집사(감독) 이하 신철우, 유지은, 김수라, 김지현, 장승찬, 안은미, 황옥재, 심지영, 차현정, 김은미, 김미경, 안지영, 문윤자, 이정선, 심성은, 양수현 등이었다.

무대 미술은 단국대 미술대학 교수인 우리 교회 김혁수 집사가 맡았고, 공연 중 작품 해설은 KBS 성우로 활동하며 우리 교회 협력 사역자로 일하고 있는 김도현 집사가 맡았다.

크렌쇼 엘리트 합창단 내한공연 특별출연

2000년 8월 17일 (재)세종문화회관, MBC 문화방송, 국민일보 주최로 세종문화회관 대극장에서 영화 '시스터 액트 2' (Sister Act 2)로 빛나는 크렌쇼 엘리트 합창단(Crenshaw Elite Choir) 내한공연이 있었다.

크렌쇼 엘리트 합창단은 세계 20여 개국에서 1천 번 이상의 공연을 통해 실력을 인정받은 세계 최고의 흑인 합창단으로서 미국내의 한·흑 우호 증진을 위한 문화 교류 차원에서 한국을 방문했다.

문화관광부, 국회조찬기도회, 서울특별시 등이 후원한 이 행사는 워싱턴 백악관에서 빌 클린턴 대통령이 축하 메시지를 보내고 고건 서울특별시장, 박지원 문화관광부장관, 김영진 국회조찬기도회장 등이 각각 축하의 메시지를 보낸 거창한 행사였다.

이런 행사에 우리 교회 뮤지컬 샴무용단이 특별 출연케 되었다. 크렌쇼 엘리트 합창단 내한공연은 연말을 맞아 MBC TV에서 성탄 특집으로 한 시간 동안 재방영되었다. 우리 교회는 이 행사를 통하여 하나님의 은혜를 새삼 감사하였다. 하나님께서 쓰시지 않으면 있을 수 없는 일이었다.

영성의 깊이를 더하는 수련회

7월 16일 주일 오후 주일학교의 여름성경학교를 필두로 각 부서 마다 여름 행사가 시작되었다. IMF로 인해 교회 창립 이후부터 줄곧 가져온 가족 수련회가 1998년, 1999년 두 해 동안 중단되었다가 2000년을 맞아 다시 시작되면서 형태를 달리하게 되었다.

학생부는 학생들에게 맞도록 수련회를 갖기로 하고 7월 31일 원주 연세대학교에서 별도의 수련회를 마련했고, 장년들은 7월 30일부터 8월 2일까지 강원도 주문진 장덕리의 아름다운교회에서 수련회를 가졌다.

다시 재개된 수련회의 분위기는 우리 교회의 연륜과 함께 무르익

주문진 장덕리 소재아름다운교회에서 열린 2000년 수련회에 참석한
우리 교회 충성스런 지체들.

음을 느낄 수 있었다. 7월 30일자 주보 칼럼에서 수련회를 앞두고 성
도들에게 기대하는 안도현 목사의 바램을 살펴본다.

이번 수련회는

우선 복잡한 일상을 떠나 조용하고 평화로운 시간들이었으면 좋겠습
니다. 하루는 종일토록 하늘과 나무, 숲 사이의 바람과 바다를 눈이 시리
게 보고 싶습니다. 가능하면 말은 조금만 하고 할 수 있다면 침묵훈련을
해보겠습니다.

익숙하지 않은 환경이라도 마치 오래 전부터 살았던 것처럼 호들갑
스럽지 않게 지내기를 자신과 약속도 해봅니다. 소나무 숲 사이를 이른
아침 거닐며 깊은 묵상 가운데 들어가고도 싶습니다. 밤이면 컴퓨터와
TV 등에 익숙한 습관을 접고 평소 읽고 싶었던 책을 보겠습니다. 모깃불
과 더불어…. 그러자면 논두렁 사이에서는 개구리의 대 합창이 울리겠
지요.

또한 나의 조그만 수고로 감사의 식탁을 빚겠습니다. 그리고 함께 나

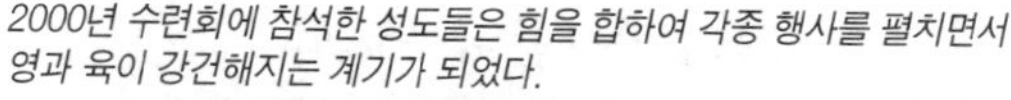

2000년 수련회에 참석한 성도들은 힘을 합하여 각종 행사를 펼치면서
영과 육이 강건해지는 계기가 되었다.

누겠습니다. 그래서 돌아올 때면 서로의 얼굴에서 십자가 지기를 배우고, 받기보다는 주기를 실천하는 아름다운 모습을 보았으면 좋겠습니다. 그것은 우리들의 마음에 주님이 계셔야만 가능하겠지요.

영성의 깊이를 더하는 수련회가 되기를 바랬던 2000년 하기 수련회는 여러모로 은혜가 넘쳤다. 무엇보다도 치유와 회복의 은혜를 경험했던 수련회였다. 우리가 머물던 주문진 교회의 사모가 허리를 쓰지 못할 정도로 많이 아팠다. 또한 이경모 목사도 영적으로 탈진되어 힘든 상황이었다.

우리는 그들과 함께 지내면서 매일 아침과 저녁 치유를 위해서 기도했다. 하나님의 은혜가 임하여 기도회를 통하여 사모가 치료를 받았고, 아울러 이경모 목사도 영적으로 회복하는 기회를 갖게 되었다. 참으로 뜻깊은 수련회였다.

이후 이경모 목사가 그 때 일을 감사하며 편지를 보내왔다. 그 편지의 내용을 일부 소개한다.

잊을 수 없는 그 때 그 일, 그리고 아름다운교회

… 그 후 제가 아름다운교회를 찾은 것은 경산에서 세 번째 개척교회를 하면서 거의 탈진 상태에 빠졌고 이곳 주문진으로 오기 전에 오산리 최자실기념금식기도원을 찾으면서였습니다.

안 목사님을 만나 목사님의 간증을 들을 수 있었고, 목사님께서는 모든 것을 초월하신 분이셨으며 죽음도 두렵지 않은 모습이었습니다. 저는 구토가 심하여 장기 금식은 하지 못하고 일주일만에 하산하여 이곳 주문진으로 오게 되었습니다.

이곳 주문진으로 와서 겪은 어려움과 고통은 이루 말할 수 없었습니다. 무엇보다도 아내가 근 6개월 동안이나 허리를 펴지 못하고 고통 중에 있을 때 안 목사님 내외분께서 성도들과 함께 오셨고, 목사님과 성도님들의 기도와 절절한 사랑에 이어진 주님의 사랑의 손길로 아내는 허리도 펴고 지금은 매우 건강해진 모습으로 생활하고 있습니다.(중략)

저는 어제나 오늘이나 동일하신 사랑이 좋습니다. 그리고 안도현 목사님 내외분의 욕심 없고 소박하신 사랑, 그리고 아름다운 성도님들의 꾸밈없고 순수하신 사랑이 좋습니다. 저는 성격이 모가 나고 반항 기질이 많은 사람이어서 더 더욱 예수님 같은 욕심 없고 변함없는 사랑이 그립습니다. 저는 그런 사랑은 흉내도 내지 못하면서요.

주님 안에서 살아가는 동안 안 목사님 내외분과 아름다운교회 성도님들의 사랑, 그리고 그 때 그 일들이 문득 문득 그립고 잊을수 없을 것 같습니다.

감사하고 고마운 마음 전해 올리고 싶습니다. 항상 건강하시고 주님의 평강이 가득하시길 기도 드립니다.

주문진 아름다운교회 이경모 목사 드림

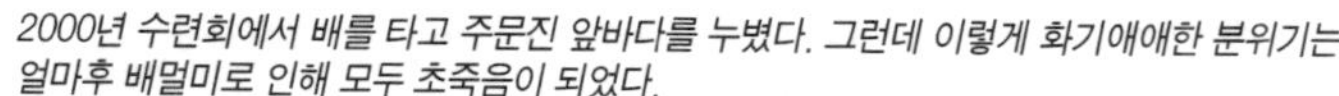

2000년 수련회에서 배를 타고 주문진 앞바다를 누볐다. 그런데 이렇게 화기애애한 분위기는 얼마후 배멀미로 인해 모두 초죽음이 되었다.

우즈베키스탄 공연

2000년 8월 22일 뮤지컬 샴무용단은 우즈베키스탄 굴리스탄 새소 망교회의 초청을 받게 되었다. 지인숙 집사를 단장으로 하고 박용윤 집사를 음악 감독으로 한 우리 무용단은 23일 우즈베키스탄에 도착 하였다.

24일 연습, 25일 리허설을 마친 우리 단원들은 25일 굴리스탄 국립 극장 무대에 섰다. 이날 단원들은 뮤지컬 레기온과 뮤지컬 하이라이 트를 공연한 후 한국 고전무용을 선보였고, 김희정 교수가 흘러간 가 요를 불러 박수 갈채를 받았다. 28일에는 굴리스탄 소망교회에서 공 연을 가졌다.

이 때 행사를 위해 우리측 무용단 12명과 스탭 9명에 굴리스탄 교 회 합창단 및 연주인 30명이 협력하였다.

우즈베키스탄은 경제적으로 어려운 나라이다. 더구나 사회주의 체

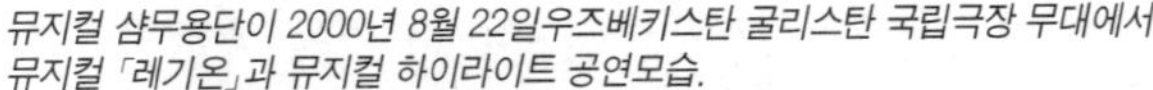

뮤지컬 샴무용단이 2000년 8월 22일 우즈베키스탄 굴리스탄 국립극장 무대에서 뮤지컬 「레기온」과 뮤지컬 하이라이트 공연모습.

제에서 벗어난 지 불과 10여 년 밖에 되지 않는 나라여서 사회 질서나 관습이 우리 나라와 크게 달라 단원들이 많은 어려움을 겪기도 했다.

굴리스탄 소망교회는 어려운 환경에서 마약과 술에 빠졌던 청소년들을 교회로 불러모아 그들에게 복음을 전하고 있는데 많은 청소년들이 매일 교회에 모여 찬양으로 살고 있었다.

우리 샴 뮤지컬 선교단과 굴리스탄 소망교회 젊은이들의 지혜와 재능을 합쳐서 황폐한 땅 우즈베키스탄에 복음을 전하였으며 여기에서 공연의 의미를 찾을 수 있었다.

공연을 통하여 우리 단원들은 경제적으로 조금 도와줄 수 있다면 그 척박한 땅에서 좀 더 풍요로운 신앙과 예술을 꿈꾸는 아름다운 젊은이들의 희망을 배가시킬 수 있을 텐데 하는 아쉬움을 갖고 돌아왔다.

창립 10주년 기념예배

2000년 11월 10일, 우리 교회는 어느덧 10년이라는 세월을 보내고 뜻깊은 창립 10주년 행사를 갖게 되었다. 창립 기념 예배를 드릴 때마다 감회가 새롭지만 특별히 10년이라는 세월은 하나의 큰 매듭과 같이 느껴졌다.

"3년을 견디기 어려울 것이다."는 말을 들어가면서 우리는 인고의 세월을 참고 견디며 마침내 10주년을 맞이했다. 시험 당할 즈음에 피할 길을 마련해 주시는 하나님의 은혜라는 생각을 했다.

우리는 지난 10년을 통하여 드러난 하나님의 섭리를 보여줄 메시지가 궁금했다.

그 날 예배 설교에서 안도현 목사는 "너희는 가만히 있어 내가 하나님 됨을 알지어다 내가 열방과 세계 중에서 높임을 받으리라"는 시편 46편 10절의 말씀을 통해 '아름다운교회' 라는 제목으로 말씀을 전했다.

주보에 소개된 설교의 요지는 다음과 같다.

잊고, 잃어버리고, 깨어지는 인내의 시간

새로운 땅을 향해 출발했던 배에는 미래에 대한 기대와 희망으로 가득 찼었습니다. 우리는 인생에 보탬이 되고, 도움이 되는 예수님을 원했으므로 고달픈 세월이었습니다. 그러나 인생에 전혀 도움이 안되었던 것이 십자가였습니다.

내가 무언가 해보려는 의지를 꺾으시려고 하나님은 무던히도 참고 기다리셨습니다.

어느 날부터 복음이라는 것이 은혜를 알게 하는 것이 아니라 죄를 알게 하 는 것이라는 것을 알게 되었습니다. 죄를 알고 나니 주님의 은혜가 선명하게 보였습니다. 다니엘의 세 친구가 신상에 절하지 않고 풀무 불에 들어갔습니다.

우리의 생각으로는 용기 있는 행동이고, 힘있는 신앙이지만 이들은 이상한 힘이 솟아나서 그런 행동을 한 것이 아니었습니다. 이들에게는 단지 하나님이 믿어졌을 뿐입니다.

설사 불 속에서 죽는다 해도 하나님이 우리를 책임지신다는 것이 믿어졌기 때문에 불 속에 들어갈 수 있었습니다. 이런 신앙의 힘으로 세상의 끝을 바라보며 사는 교회와 성도들이 되었으면 합니다.

여기까지 함께 걸으며 주님을 생각하고, 꿋꿋하게 눈물어린 기도로 위로와 격려를 주었던 성도님들과 사랑하는 믿음의 형제들에게 고마움을 표합니다.

하나님께서 다시 여실 20주년을 기대하며 영광 돌립니다.

제2부 축하예배는 오프닝(실내악), 성시(이현주), 태평무(안지영, 이정선), 10년을 돌아보며(김혁수), 주기도문(김은미), 간증(문혜원), 여호와는 나의 목자시니(유지은, 안은미, 이정선, 김은미), 청년부 찬

양으로 진행되었다. 제3부로 만찬이 있었고, 제4부로 사랑의 바자회가 있었다.

지나온 발자취를 돌아보며

짧은 듯하면서도 기나 긴 지난 10년의 세월이었다. 옛말에 "10년이면 강산이 변한다."고 했다. 풍동 마을의 모습은 아직도 옛 모습 그대로이다. 버스도, 수돗물도 들어오지 않는 상태의 오지이지만 그 안에서 우리 교회는 많은 일들을 경험했다.

지나온 날들의 무수한 이야기들을 그냥 묻어 두기에는 하나님의 은혜가 너무 소중하게 여겨져 부족하지만 기록으로 남기고 싶은 마음으로 시작한 연감 작업이 하나님의 역사하심으로 이렇게 책으로 엮어지게 되었다.

우여곡절 끝에 드디어 아름다운교회는 10년을 마무리하는 자리까

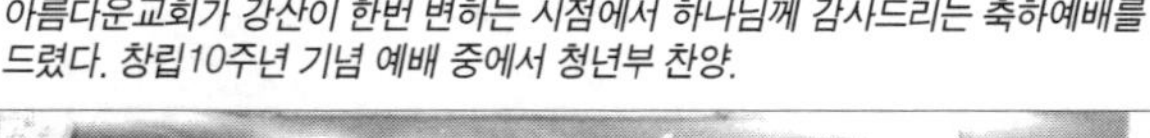

아름다운교회가 강산이 한번 변하는 시점에서 하나님께 감사드리는 축하예배를 드렸다. 창립10주년 기념 예배 중에서 청년부 찬양.

지 오게 되었다. 그 동안의 발자취를 돌아보면 우리는 복음의 황무지 풍동을 변화시켜야 한다는 의무감으로 충성했고, 반면에 꼼짝하지 않는 그들의 모습에 너무도 많은 날들을 혼란과 실망 속에서 지내왔다.

아직도 풍동 복음화라는 이상적인 목표가 이루지지 않은 채 남아 있다. 열심히 하면 될 것처럼 생각했던 낙관적인 생각도 이제는 사라졌다. 그 생각을 접기까지 우리는 스스로의 무능을 자책하며 괴로워했다. 이제 우리가 깨달은 것은 하나님께서는 풍동을 변화시키기 앞서 우리들 자신을 변화시키기 원하셨던 것이다.

이루지 못한 것들을 가지고 말하자면 변명 외에 무슨 할 말이 있겠는가? 차라리 자화자찬하는 듯 싶어도 하나님께서 이루어 주신 것들을 이야기하며 하나님께 영광을 돌리고자 한다.

우선 교회 성장에 있어서 객관적으로 전혀 기대하기 어려운 곳에서 그래도 우리 교회는 제법 성장했다. 주변에서 성공적인 목회라는 평가를 받는다. 우리 교회를 가까이 들여다보고 사람들이 놀라는 것은 그 동안 우리 교회가 펼친 행사들이었다. 사람들은 "어떻게 그런 시

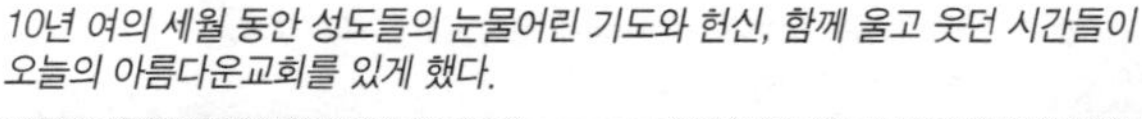

10년 여의 세월 동안 성도들의 눈물어린 기도와 헌신, 함께 울고 웃던 시간들이 오늘의 아름다운교회를 있게 했다.

골에서, 1백여 명의 교회에서 그런 일들을 했느냐."고 감탄을 한다.

많은 일들을 했지만 우리 교회에서는 지금까지 한번도 헌금을 작정하도록 한 적이 없었다. 자금이 필요할 때면 너도 나도 자발적으로 헌금을 했다. 최근 승용차와 봉고를 구입하는 일도 우리 교회로서는 큰 일이었지만 안수집사, 권사, 집사 등이 뜻을 모으고 힘을 합쳐 조용히 해냈다.

미처 다루지 못한 승용차 이야기를 하고 넘어가고자 한다. 요즘 담임목사가 새 차를 타고 다니는데 승용차의 역사를 아는 사람에게는 참으로 감격스러운 일이다. 담임목사와 늘 함께 심방을 다녔던 박혜경 전도사를 통해 여기에 대한 이야기를 들어본다.

마크 파이브

우리는 서울에 있는 성도 가정을 심방하고 돌아오는 길이었다. 목사님께서 "차가 이상이 생긴 것 같다."라는 말을 하기 무섭게 시동이 꺼져 버렸다. 차는 서오능을 넘어오는 길에서 멈춰 섰고 비는 억세게 쏟아지고 있었다.

"하나님! 원당 정비소까지 만이라도 가게 해 주세요."

멈춰선 차안에서 우리는 기도하기 시작했다. 차들은 빗속에서도 속도를 내고 달리고 있었다. 우리는 위험하게 멈춰 서서 기도 밖에는 달리 할 수 있는 일이 없었다.

목사님께서 몇 번인가 시동을 걸기 위해 애를 쓰셨다. 차에 시동이 걸렸다. 동시에 "할렐루야!"가 터져 나왔다.

1991년도에 어느 성도께서 교회 차가 없는 것을 아시고 30만원에 마크 화이브 중고차를 사주셨다. 감사하게도 그 차는 교회의 유일한 교통수단이었는데 하루에 한 두 번 꼴로 꼭 문제가 발생했다.

심방을 멀리 나가는 날은 쎈(?) 기도꾼들이 동승해도 불안했다. 차 값보다 수리비로 더 지출이 많았다.

그 후 또 낡은 봉고를 얻어 감사하게 잘 썼지만 목사님께서 낡은 봉고로 출입하시는 모습이 성도 입장에서 민망하였다.

그러던 차에 한 성도 가정이 멀리 이사를 가시면서 타고 다니시던 에스페로를 말끔하게 수리까지 해 주시고 떠나셨다.

"BMW 외제차를 타는 기분이 이럴까?"

심방할 때마다 "하나님! Thank You, 집사님, Thank You."를 외쳤다.

그 에스페로도 점점 정비소에 가는 횟수가 늘어가면서 새 차를 주실 기회를 찾으셨던지 사모님께서 마트에서 장을 보시고 막 나오다가 경미한 사고가 발생했는데 차는 폐차장으로 들어갔다.

그래서 결국 하나님께서는 성도들의 손길을 통해 카스타를 주셨다. 목사님께 새 차를 주신 하나님, Thank You!

지금도 우리 교회는 여전히 많은 행사를 하고 있다. 하지만 결코 프로그램이 교회를 이끌어 가지는 않는다. 프로그램은 어디까지나 전도를 위한 수단일 뿐이다. 우리 교회를 이끌어 가는 것은 영혼 구원을 위한 목적이다. 우리 교회는 하나님 앞서 가는 일을 하려고 하지 않는다. 그것은 안 목사의 목회 철학 때문이라고 할 수 있다. 그는 순수한 신앙의 본질을 추구하는 영성의 소유자이다. 그는 언제나 원리를 중요시하는 목회로써 우리 교회를 인도했다.

성도는 목회자를 닮게 되어 있다. 따라서 범사에 하나님의 인도를 받고자 하는 것이 우리 교회의 신앙적 분위기이다. 순수를 추구하는 만큼 우리 교회 성도들의 신앙은 어린아이들과 같이 순진하다.

그리고 오늘날 우리 교회가 있게 된 것은 담임목사의 리더십 때문이었다고 말할 수 있다. 어느 단체이건 지도자가 중요한 것처럼 우리 아름다운교회 역시 안 목사의 외유내강의 리더십, 그리고 하나님 앞에서의 바른 목회가 오늘의 교회를 만들었다고 우리는 믿고 있다.

만약 우리 교회가 숫자를 추구하는 목회를 했다면 풍동 마을에서 시작되지 않았을 것이다. 풍동에서의 개척은 사람의 눈으로 볼 때는 무모하고 심히 어리석은 일이었다.

그러나 교회 없는 마을에 교회를 세우고 복음화 하겠다는 일념으로 어리석기까지한 일들을 해왔고 지금까지 외길을 달려 왔다. 돌아보면 풍동은 광야와 같이 하나님의 일꾼들을 훈련시키기에 가장 적합한 장소였다.

사실 지역 사회를 복음화시키겠다는 의욕부터가 요원한 기대였다는 것을 미처 깨닫지 못했다. 하나님께서는 인간적인, 지극히 인간적인 껍질까지 벗어 던지게 하시기까지 훈련하셨다. 한 치의 오차도 없으신 하나님의 섭리를 찬양하고, 또 찬양한다.

우리 교회는 지난 10년 동안 풍동 마을을 섬기는 목회를 통하여 성도들에게 교회다운 교회의 이미지를 심어 주었고, 이를 통해 섬김이 있는 아름다운 믿음의 공동체를 이루었다.

우리 교회는 숫자나 건물을 자랑할 만한 교회는 아니다. 우리가 자랑하고 싶은 것이 있다면 심히 부족한 자들을 하나님께서 사용하셨다는 것이고, 지금도 우리는 일하시는 하나님의 손길을 느끼고 있다

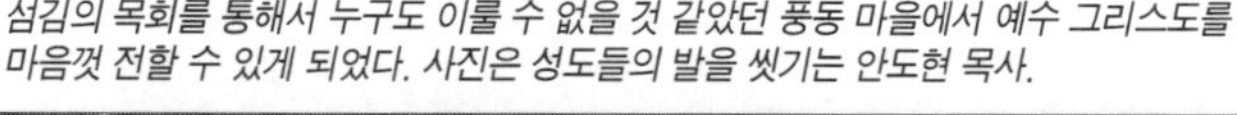

섬김의 목회를 통해서 누구도 이룰 수 없을 것 같았던 풍동 마을에서 예수 그리스도를 마음껏 전할 수 있게 되었다. 사진은 성도들의 발을 씻기는 안도현 목사.

는 사실이다.

우리 교회는 하나님께서 때때로 어리석고, 약하고, 작은 것들을 즐거이 사용하신다는 것을 몸소 경험했다.

지난날들을 돌아보면 모든 것이 하나님의 은혜요, 하나님의 기적의 연속이었다. 그러므로 우리는 모두 오직 하나님께 영광을 돌릴 뿐이다.

풍성하게 할지니라

　2000년 12월 31일, 마침 주일이었다. 주일 예배 이후 전 교인 1일 금식 축복기도회를 가졌다. 6부로 진행한 특별한 기도회였다.

　제1부(오후 1시)는 영성훈련으로 안승환 선교사가 담당했다. 제2부(오후 3시)는 큐티 특강으로 이숙자 권사가 담당했다. 제3부(오후 5시)는 기관별 기도회로 정세진, 이성계, 김영희, 박혜경, 김창숙 전도사가 각각 담당했다. 제4부 성령대망회(밤 7시)는 안도현 목사가 담당했다. 제5부(밤 9시)는 참회와 소원의 시간과 간증의 시간을 가

아름다운교회에 내린 하얀 눈이 더욱 아름다운 풍경을 만들어 냈다.
아름다운교회는 이러한 외적인 아름다움과 함께 내적인 아름다움이 더하는 교회이다.

졌고, 제6부(밤 10시)에는 한해를 보내며 애찬을 나누었다.

이어서 송구영신 예배를 드리면서 올 한해 '나에게 주시는 말씀'을 기대하며 뽑게 된다. 새해를 맞을 때마다 금년은 어떤 말씀을 주실 것인가 궁금해했다.

기대 속에 맞이한 2001년, "오직 너희는 믿음과 말과 지식과 모든 간절함과 우리를 사랑하는 이 모든 일에 풍성한 것 같이 이 은혜에도 풍성하게 할지니라"(고후 8:7)는 우리 교회에 허락한 말씀이었다.

하나님께서 2001년에는 우리 교회에 풍성함을 주시겠다고 약속하셨다. 그래서 매주 주보 알림의 서두는 "2001년 새해를 맞이하여 주님의 풍성하신 계획이 성도님들 가정 가운데 함께 하시길 기도합니다"고 장식되었다.

새해에 들어서면서 매주 월요일 복지사역을 위한 기도회를 시작하였다. 21세기를 맞아 날로 새로워지는 우리 교회의 모습을 꿈꾸며 기도회를 시작한 것이다.

복지 사역은 막대한 자금을 필요로 한다. 따라서 지금 우리 교회의 형편으로는 복지 사역을 시작할 수 있는 입장이 아니다. 그러나 우리는 또 다시 기적의 하나님을 높이 찬양할 날이 다가 오리라 믿는다.

즐거운 식탁 공동체

교회 창립 이후 줄곧 이어져 온 교인들의 공동 식사는 어느덧 우리 교회의 전통으로 자리잡게 되었다. 애찬의 주된 목적은 전 교인이 주일 예배 후 한 자리에 모여 교제하는 시간을 갖는 것이다. 그래서 성도들은 우리 교회를 '식탁 공동체'라고 부르기를 주저하지 않는다.

이 일의 공로자는 단연 신영자 사모이다. 주변에 상가가 없는 마을 안의 개척 교회라 어쩔 수 없이 음식을 자주 준비해야 했고, 손님 대접을 많이 했던 덕분에 터득한 음식의 노하우를 누구도 따라갈 수 없다.

어떤 성도는 사모의 수고에 감사하며 "교회 음식이 너무 맛있어서 다른 곳에 가서 식사할 마음이 없다"고 말한다. 또 근래에 나오신 한 남자 성도는 간증을 통해 "매주 음식이 색다른데 여러 종류의 반찬보다는 정성과 깔끔함이 아내와 나의 입맛을 돋우었다. 우수개 소리로 식사의 기쁨 때문에 교회에 간다"고 말한다.

그러나 처음부터 쉽게 좋은 전통이 만들어진 것은 아니었다. 교회 주관으로 운영하던 것을 구역 중심으로 운영하면서 구역원들을 서로 확보하려는 과열 현상이 일어났다.

1997년에 들어서면서 각 가정이 자원하여 봉사하되 자발적으로 할 수 있도록 순서를 정하지 않았다. 신청자가 있으면 기회를 주었다. 그런데 의외로 성도들이 즐거이 참여하였다. 최근에는 신청자들이 밀려 있는 상황이 되었고 저렴한 비용으로 전 성도를 섬길 수 있는 것을 보람 있게 생각하는 것 같았다. 형편이 여의치 못한 가정은 5, 6만 원으로 1백여 명의 교인을 대접한다면 그야말로 오병이어의 기적과

언제나 풍성하고 정감 넘치는 교회 식사. 성도들은 '식탁공동체' 라고 부르기를 주저하지 않는다.

같은 이야기다.

빚을 안고 출발한 교회인지라 그동안 물질의 곤고함은 말로 다할 수 없지만 하나님께서 식탁만큼은 풍성하게 하셨다. 우리가 환란의 때와 기근의 날에도 풍족한 식탁을 공급받은 것은 오로지 우리를 붙드시는 하나님의 은혜였다.

장학사업

교인들의 공동 식사 외에 우리 교회가 지속적으로 해 온 일 중의 하나는 장학사업이다. 생활이 어려운 중고생과 신학생을 대상으로 개척 첫 해부터 지금까지 매학기 2~3명씩 총 50여 회 등록금 전액을 지급하였다.

최근 청주에서 사역하고 있는 이근수 목사로부터 편지를 받았다. 그는 편지에서 이렇게 감사하고 있다.

아름다운교회에서 겪었던 일들은 일일이 나열하기에는 너무 많습니다. 개척의 어려움 속에서도 학비 전액을 보조해 주셨고, 매달 생활비를 주셔서 부모의 반대 속에서도 신학교를 졸업하고 목사가 될 수 있었습니다.

그의 글에서 우리는 장학 사업의 열매를 보게 된다. 그들은 목회자가 되고, 선교사가 되어 활동하고 있다.

기독교방송 '크리스천 메거진'에 소개

4월 24일 오후 2시, 기독교방송국에서는 '크리스천 메가진' 이라는 프로에서 우리 교회를 소개했다. 수많은 교회 가운데 어떻게 수소문을 해서 취재를 나왔는지 우리는 모른다.

방송국에서는 진행자와 취재기자의 대담, 그리고 안도현 목사를 비롯한 우리 성도들과의 인터뷰 내용을 담아 우리 교회를 두루 소개하였다.

탐방자 : 가끔은 도심을 떠나 자연 속으로 떠나고 싶은 생각이 드는데요
진행자 : 굴뚝같지요.
탐방자 : 매주 자연 속에서 예배를 드리고, 지역 주민에게 봉사를 통해서 복음을 전하고, 유기 농사로 풍성한 식탁 공동체를 만들어가고 있는 교회가 있습니다.
진행자 : 네.
탐방자 : 일산 풍동에 위치한 아름다운교회인데요, 과거 풍동 지역은 전주 이씨와 김씨만이 모여 살던 5백년 된 동네로서 지역 주민들의 우상숭배 사상이 깊어서 교회 십자가를 걸기까지 어려움이 많았다고 합니다. 그렇지만 주님들의 머리를 깎아 주고 침을

주민 어른들을 위한 경로잔치를 비롯해 주민을 위한 봉사와 섬김은 우리 교회를 두 가정에서 170여 명의 성도로 성장시키는 원동력이 되었다.

놓아주며 그들의 경조사를 챙기고, 또 경로잔치를 베푸는 등 교회 섬기는 모습이 꽉 닫힌 주민들의 마음을 열었구요, 1990년도에 다섯 평되는 곳에서 두 가정이 창립 예배를 드리면서 교회가 시작됐습니다. 현재는 300평 정도에 170여명의 성도들이 교회를 섬기고 있는데 제가 방문했을 때 성도들의 표정과 말에서 넉넉한 인심을 느낄 수 있었습니다. 성도들이 소개하는 아름다운 이야기를 담아 보았습니다.

성도 1 : 우리 아름다운교회는요, 버스 노선이 없습니다. 그래서 오시는 분들이 저 버스길에서 내려서 뒷산을 넘어서 한참 걸어오시는데 그 걸음이 얼마나 귀한지 몰라요

성도 2 : 우리 목사님께서 모든 성도들에게 섬기는 본을 보여 주시고 식사를 할 때도 당신은 맨 나중에 드세요. 그리고 성도들이 다 수저를 들고 식사하는 걸 봐야 잡수시지요

성도 3 : 교회 식구가 되면 낮은데서 위에까지 문턱이 없어요. 서로가 화합하고 짝이 없고요, 다 평등합니다. 항상 낮은 사람을 먼저 사랑할 줄 아는 교회입니다.

성도 4 : 저는요, 먼 곳에서 와요. 2시간 반을 타고 오는데요 성령 충만해서 몸이 피곤하지도 않고, 기쁨으로 잘 다니고 있습니다.

　　　진행자 : 지금도 서울 근교에 이런 동네가 있군요. 이런 마을에 10년 전에 처음 교회가 생겼다고 하는데, 목사님이 얼마나 힘들었을까 가히 짐작이 되는데, 교회 문턱이 낮고 서로 섬기면서 정을 나누는 정말 아름다운 교회라는 생각이 드네요.

탐방자 : 네, 그렇습니다. 과거 6.25 때 공산군이 마을 앞 도로를 지나갈 때도 아무 탈이 없을 정도로 깊숙히 숨어있는 동네인데요, 이렇게 교통이 불편한데도 먼 거리에서 오는 성도들이 많다고 합니다. 아름다운 교회는 한 명의 목사와 여섯 명의 전도사들이 몸소 설거지와 차량 봉사 등으로 예수 그리스도의 사랑을 심고 나누고 있는데요, 전원 속에 교회를 세운 이유가 궁금했습니다. 안도현 목사의 이야기를 들어 보시죠.

안도현 : 목사로서 하나님 앞에 가야할 그 때를 생각해 보았습니다. 하나님 앞에 가서 무엇을 이야기할 수 있을까 생각하다가 교회가 없는 곳에 교회를 세우는 것이 가장 바람직하다는 생각을 했습니다. 또한 정서적으로 삭막한 도시를 떠나 전인(全人)으로서의 영·혼·육의 평안과 쉼을 누릴 수 있는 교회를 생각했고, 순수한 신앙을 회복해서 초대교회처럼 이웃을 위해서 나누고 섬길 수 있는 목회를 하기 원했습니다. 이제 하나님의 소명을 받은 자로서 지역과 세계에 예수 그리스도의 교회상을 심는 것이 참된 목회라고 생각해서 지금까지 그 일을 실천해오고 있고, 또 섬기는 목회로서 함께 식사하고 나눌 수 있는 공동체로 이끌어 가는 것을 목회 철학으로 삼고 있습니다.

진행자 : 네, 신앙의 사각지대가 될 수 있는 지역에 교회를 세워서 그 지역 주민들을 섬기는, 그야말로 청지기 같은 목회자라는 생각이 드는데요. 서울만 해도 교회들이 밀집되어 있지 않습니까? 한 상가 안에도 여러 교회가 있는 경우가 있고, 또 바로 건너편에도 교회가 서로 마주보고 있는데 이런 도시를 벗어나서 교회가

샴뮤지컬선교단은 뮤지컬을 통해 예수 그리스도를 전하는 문화선교사역이다.
1996년 창단되어 지금까지 국내외 90여 차례 공연을 통해 명성을 얻고 있다.

거의 없는 전원 속에서 그들의 영·혼·육을 살찌우는 일을 하고 있네요.

탐방자 : 안도현 목사는 3년 전에 폐암을 앓았지만 고침을 받고 나서 헌신의 마음이 더욱 간절하다고 합니다. 아름다운 교회는 지역에 노인들이 많다는 것을 파악하고 매년 70세로부터 90세의 노인들을 대상으로 효도 관광이나 경로잔치를 베풀고 있는데요, 때마침 지난 주에 주문진으로 효도관광을 다녀온 전도사님을 만나 보았습니다.

전도사 : 우리 90세 되신 연로하신 분들이 가서서 어린아이처럼 동심으로 쑥, 미나리 등 나물을 뜯어 저녁에 맛있게 무쳐 잡수시고, 또 하나님 앞에 감사히 기도 드리는 모습을 보고 정말 저도 감사했습니다.

진행자 : 네, 성경에 보면 "네 이웃을 네 몸과 같이 사랑하라"고 하셨는데 노인들이 농촌에 많이 계시잖아요. 경로잔치, 효도관광을 통해서 섬기는 모습을 보여주는 것은 좋은 본이 된다고 생각합니다.

탐방자 : 또 아름다운 교회에는요, 샴 뮤지컬 선교팀이 있는데 청소년 사역과 문화 사역을 위해서 1996년에 만든 팀입니다. 시편의 뜻을 담은 샴뮤지컬 선교단은 현재 60여명의 단원으로 구성되어 있는데 대부분이 직장인과 학생들이라고 합니다. 샴 뮤지컬 선교단을 돕고 있는 박혜경 전도사와 단원인 안은실을 만났습니다.

박혜경 : 샴 뮤지컬 선교단은 예수 그리스도를 전하는 문화 선교 사역을 하고 있습니다. 처음에는 교회 안에서 아주 조그맣게 시작했지만 하나님께서 필요한 사람들을 보내주셔서 하나님께 영광을 돌리고 있습니다.

안은실 : 작년에 우주베키스탄에 가서 공연을 했습니다. 그곳에서는 기독교적인 것이 비쳐지면 안되는데, 기도로 밀고 나갔고, 메시야

　　　라는 곡도 내비치고, 하나님에 대한 것을 많이 보여주고 왔습
　　　니다. 만약 그것이 알려지면 선교사들이 추방당하게 되는데 잘
　　　넘어갔고, T.V에 계속적으로 소개가 되어 하나님을 전할 수 있
　　　는 계기가 되었다고 생각합니다.
진행자 : 시내버스 노선도 없어서 한참 걸어가야 하는 오지 마을인 것 같
　　　은데 어떻게 뮤지컬 팀을 만들 수 있었는지 참 신기하네요.
탐방자 : 뮤지컬은 재정이나 스탭, 배우 등 필요한 것이 많은데요, 처음
　　　에는 작은 교회가 어떻게 뮤지컬 선교를 할 수 있겠느냐는 말
　　　도 있었다고합니다. 그러나 현장에서 일하고 있는 성도들이 섭
　　　외나 연출, 작곡, 안무, 재정 등을 맡았고 헌신하고 있기 때문에
　　　매년 정기공연을 할 수 있고, 뉴질랜드나 우즈베키스탄 선교
　　　공연을 다녀올 수 있었다고합니다. 또 주일 오후예배에서는 영
　　　성훈련, 음악예배, 생명의 삶(큐티) 등을 각 주일마다 하나씩
　　　준비해서 드리고 있고, 문화 혜택을 누리지 못하는 주민들을
　　　위해서도 다양한 연구반 활동이 있습니다. 김혁수 집사님을 만
　　　나 보시죠.
김혁수 : 연구반에서는 도예를 비롯해서 기악, 생활체육, 안무로 나누어
　　　학교 다닐 때 특별활동 하듯이 찬양 드리고 연구를 하고 있습
　　　니다. 저는 도자기를 전공하고 있기 때문에 각 필요한 소품들,
　　　그릇들을 제작하고 구워 사용하고 있습니다.
탐방자 : 교회 한 쪽 곁에는 도예 연구반에서 만든 아름다운 도자기들이
　　　자연과 조화를 이루고 있는 모습을 볼 수 있습니다. 또 아름다
　　　운교회는 도시에 있는 청년들이 누릴 수 없는 기쁨이 있는데
　　　요, 정세진 전도사님을 만나 보시지요.
정세진 : 같이 음식을 마련해 오고, 음식과 차를 나누며 교제합니다. 또
　　　한 각자 시, 수필, 편지를 적어와 일고 공감하며 나누는 시간도
　　　갖습니다. 최근에는 화분에 꽃씨를 심어 각자 이름을 적어 놓
　　　았습니다.

탐방자 : 또 청년들은 어렵게 사는 소년·소녀 가장을 돕는 일과 호수 공원 전도 활동을 할 예정이라고 합니다. 이 밖에도 특별한 행사가 있는 주일이면 바비큐 파티를 열기도 하고 교회 뒷산에 있는 300평의 밭에 채소나 과실을 심어 재배도 하고, 묵도 만들어 먹는다고 합니다. 그래서 추수감사절 주일이면 더욱 풍성한 식탁으로 감사예배를 드린다고 합니다. 내년이면 풍동이 재개발이 된다고 하는데요, 이 지역은 신도시 지역이기 때문에 땅을 소유한 주민들은 아주 부유하다고 합니다. 경제적인 어려움을 모르는 그들을 전도하기는 더욱 어려운데요, 이 점이 교회가 앞으로 풀어야 하는 숙제라는 생각도 들었습니다. 재개발이 되면 남아있는 신당도 철거가 되고 교회 부지 선정 등 주위상황이 바뀌는 만큼 목회 전략도 조금씩 수정이 될텐데요, 앞으로 샤론 동산, 경찰선교, 미자립 교회 선교 등을 위해 여러 모습으로 노력하고 있습니다.

진행자 : 아직 신당이 남아 있는가봐요?

탐방자 : 네, 남아 있어요.

진행자 : 그래요, 이제 재개발이 되면 도시가 다시 한번 탈바꿈하는 것인데 아름다운교회가 있기 때문에 든든합니다. 처음부터 도시계획이 잘 될것 같습니다. 두 시간 반 걸려서 온다고 한 성도가 계셨는데, 갈 때 성령 충만해서 돌아가기 때문이라고 했는데 공감이 됩니다. 오늘 쭉 이야기를 들으면서 꼭 들려보고 싶은 교회라는 생각이 들었습니다.

「작은 교회 큰 이야기」 출간

2001년 11월 5일, 개척 11년의 역사를 담은 「작은 교회 큰 이야기」가 출간되었다. 우리들의 지난날의 발자취를 돌아볼 수 있는 앨범과도 같은 책이요, 그동안의 하나님의 손길을 느끼며 앞으로 펼쳐질 아름다운 교회의 모습을 그려볼 수 있는 책이기에「작은 교회 큰 이야기」의 출간은 우리 모두의 기쁨이었다.

창립 주일을 맞아 '창립 11주년 기념 및 권사취임,「작은 교회 큰 이야기」출판 기념 예배를 드렸다. 제1부 성찬 예배 및 권사 취임에서 김영례, 한일남, 김춘자, 지인숙 집사가 권사로 취임했다.

제2부 축하공연은 박용운 집사가 기획하고 지인숙 집사가 연출을 맡았다. 김도현 집사가 나레이션을 담당했고, 아름다운교회 실내악단, 청년부, 샴뮤지컬, 성가대 등이 참여하였다.

제3부 출판기념 및 교제의 시간은 김혁수 안수집사의 사회로 진행되었고, 안도현 목사님의 인사와 수고한 분들에 대한 감사패 증정이 있었다. 이날 안 목사는 지난날을 회상하며 이렇게 감회를 나누었다.

인사말씀

늦가을 정취를 맛보며 조금은 여유로움을 느껴 보았는데 몇 날이 못 가 앙

「작은 교회 큰 이야기」가 출간되자
이 책을 읽고 은혜를 받은 독자들이
직접 찾아오거나 전화를 주어 격려해 주었다.

상한 가지만 남겨진 나무들을 바라보며 교회 없는 마을을 찾아 개척이라는 단어와 싸워온 지난 11년의 발자취를 다시 한번 돌아보게 합니다.

10년이면 강산도 변한다던가, 덧없이 흘러 가버린 지난 세월을 읽으며 그동안 꼼짝 않고 버텨온 우상의 터전인 풍동 마을이 얼마 후면 개발이라는 바람과 함께 사라질 것을 생각하니 11년 동안 아름다운교회를 이곳에 있게 하신 하나님의 뜻과 함께 만감이 교차함을 느낍니다.

그동안 함께 했던 성도들의 얼굴, 모습 하나 하나를 그려보며 앞으로 펼쳐질 아름다운교회 역사에 하나님께서 어떻게 섭리하실 지, 어떻게 진행되어져 갈지 기대를 가집니다.

금년에 특별히 「작은 교회 큰 이야기」(예영 커뮤니케이션 刊)라는 책으로 지난 11년의 발자취를 한 권의 책으로 발간하게 된 일에 감사를 드립니다. 수고해주신 염두철 목사님, 이문영 안수집사님을 비롯하여 지체 여러분들께 감사와 찬사를 돌립니다.

특별히 임직 하시는 권사님들 위에도, 축하를 나누기 위해 함께 한 사랑하는 분들과도 함께 어울어져 주님께 마음껏 찬양을 드리고 싶은 날입니다.

바쁘신 중에도 저희 교회 창립 11주년 기념 축하예배에 참석하셔서 함께 기쁨을 나누신 형제, 자매님들께 진심으로 감사를 드립니다. 감사합니다.

「작은 교회 큰 이야기」는 제목 그대로 작은 교회도 큰 일을 할 수 있음을 보여주는 책이라고 할 수 있다. 「작은 교회 큰 이야기」출간 이후 관심을 갖고 방문하는 교계 신문사 기자들에게 안 목사는 "대 교회 콤플렉스에 빠져 정작 할 수 있는 일도 못하고 있는 목회자들에게 작은 교회도 큰 일을 할 수 있음을 보여주고 싶었다"라고 말한다.

"큰 그릇은 큰 그릇대로, 작은 그릇은 작은 그릇대로 용도가 있다"고 말하는 안 목사는 "아름다운 교회는 지금 작은 그릇이지만 그 용도에 맞게 쓰임 받을 수 있는 것은 각양 각색으로 열심인 성도들이 있기 때문이다"라고 성도들의 공로를 앞세웠다.

소유권 이전

풍동 지역은 24만 4천평은 건설교통부 택지 개발 예정지로 확정되어 얼마 있으면 재개발이 시작되는데 이곳에 아파트 5950 가구가 들어설 예정이다. 그렇게 되면 450년의 전통을 이어온 풍동 마을과 함께 우리 교회 예배당도 함께 사라지게 될 것이다. 하지만 더 나은 환경에서 새롭게 발전할 수 있을 것을 기대한다.

그런데 막상 보상액이 기대한 것보다 훨씬 낮게 책정되어 크게 실망이 됐다. 천정부지로 올라가는 부동산 가격에 비해 11년 전 구입했던 수준으로 보상이 된 것이다.

마을 사람들이 같이 데모하자고 교회로 찾아왔다. 몇몇 목회자들이 이의신청을 하고 법적인 대응을 강구하라고 조언했다. 이럴까 저럴까 고민하던 안 목사는 포기하기로 결단했다. 보이는 교회를 지으려다가 보이지 않는 교회를 무너뜨려서는 안 된다는 생각을 했기 때문이었다. 어느 날 안 목사는 교회의 안수집사, 권사들을 모아놓고 심정을 털어놓았다. 억울하지만 포기하자고 했다. 누구도 이의 없이 따라 주었다. 안 목사는 그 때 겪었던 일을 이렇게 털어놓았다.

그리고 그 날 밤 나는 몸이 마비되면서 죽을 만큼 앓았습니다. 그 때 나는 죽음 앞에 선 나의 모습을 다시 돌아보았습니다. 새삼 마음을 비우고 포기하며 사는 것이 결코 쉽지 않다는 사실을 다시 한번 깨달았습니다. 빈손으로 돌아가야 하는 인간의 운명을 생각했습니다.

"내 생명의 주인이 하나님이시라면, 교회의 주인도 역시 하나님이 아닌가……"

나는 다시 한번 내 생명의 소유권, 그리고 우리 교회의 소유권을 주님께 내어놓았습니다. 그리고 나서 나는 마음의 자유와 평안을 회복할 수 있었습니다.

이름을 존귀하게 만들어 주리라

2002년 신년 예배 때 우리 교회에 주어진 말씀은 "네가 어디를 가든지 내가 너와 함께 있어 네 모든 대적을 네 앞에서 멸하였은즉 세상에서 존귀한 자의 이름 같은 이름을 네게 만들어 주리라" 역대상 17장 8절이었다.

「죽음, 아름다운 은총」 출간

우리는 새해에 들어서면서 안도현 목사의 두 번째 저서 출판 작업으로 인하여 박혜경 전도사와 몇몇 성도들이 분주한 나날을 보냈다. 원고를 읽고 교정하는 일이 몇 차례 반복되었고, 좀 더 좋은 모습으로 책이 나오기를 바라는 마음으로 편집인에게 책의 제목과 표지 디자인 등 여러 가지 주문을 하기도 했다.

마침내 3월 15일, 부활절을 앞두고 「죽음, 아름다운 은총」(예영 커뮤니케이션)이 출간되었다. 이 책은 안도현 목사가 평소 죽음에 대한 남다른 깊은 자각도 있었지만 1999년 느닷없이 폐암 선고를 받았던 일이 저술의 직접적인 동기가 되었다. 안 목사는 죽음의 문턱에서 삶과 죽음의 문제를 진지하게 생각하며 인생을 정리할 기회를 갖게 되었고 그 과정에서 귀한 책이 탄생하게 된 것이다.

죽음을 주제로 하는 책은 쓰는 사람이 흔치 않거니와 독자들도 죽음에 관한 책은 읽기를 꺼려한다. 그만큼 죽음이라는 주제는 사람들에게 기피증을 일으킨다. 안 목사의 「죽음, 아름다운 은총」은 죽음을 아름다운 은총으로 여길 수 있도록 이끌어 주는 죽음의 미학(美學)이라 할 수 있다. 책 서두에 밝힌 안 목사의 죽음에 대한 이해와 출판 목적을 살펴본다.

머리말

죽음은 인간의 숙명입니다. 성경은 "한번 죽는 것은 사람에게 정하신 것이요 그 후에는 심판이 있으리니"(히 9:27)라고 분명하게 말하고 있습니다. 인류 역사에서 아직까지 이 선언을 어긴 사람은 아무도 없었습니다.

생명의 마지막 순간은 우리가 아무리 원치 않는다 해도 기어이 오고야 맙니다. 죽음에는 순서가 없습니다. 하나님은 중풍이나 치매에 걸린 노인들을 먼저 불러 가지 않고 때때로 젊은이나 어린아이들을 먼저 불

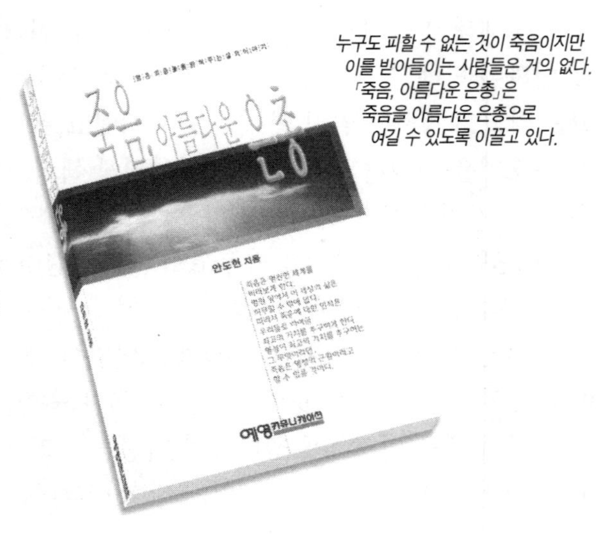

누구도 피할 수 없는 것이 죽음이지만
이를 받아들이는 사람들은 거의 없다.
「죽음, 아름다운 은총」은
죽음을 아름다운 은총으로
여길 수 있도록 이끌고 있다.

러 가기도 하십니다. 어느 순간에 죽음이 임할지 알 수 없습니다. 어제까지 건재하던 사람이 오늘 갑자기 유명을 달리할 수 있습니다.

인생은 허무, 그 자체입니다. 그가 우리 눈에서 사라져 버리고 나면 우리 마음에서도 사라지고 마는 법입니다. 이렇게 인생이 짧고 부질없는 것이지만 사는 동안에 우리는 얼마나 많은 날을 괴롬과 어두움 가운데 보내고 있습니까?

유명한 기독교 작가였던 존 번연은 죽음에 대해 다음과 같은 말을 했습니다.

"내가 이해하지 못했던 것 두 가지가 있었습니다. 첫째, 노인들이 마치 이곳에서 영원히 살 것처럼 이생의 일을 추구하는 것을 보았을 때였고, 두 번째는 믿는다고 하는 사람들이 남편, 아내, 자녀의 죽음 등과 같은 손실들을 겪을 때 너무 번민하고 낙담하는 것을 발견했을 때였습니다."

이 말은 그가 하늘나라에 대해 얼마나 잘 알고 있는가에 대해 말해 줍니다. 그가 천국을 소망하며 쓴 「천로역정」은 수세기 동안 성도들이 순례자의 길을 가는데 큰 도움을 주고 있습니다.

우리 인생은 영원한 나그네입니다. 나그네의 짐은 가벼워야 합니다. 우리 인간이 지고 있는 짐 가운데 '죽음' 이라는 짐은 가장 무거운 짐입니다. 그러나 죽음을 준비하면 무거운 짐이 벗어지고 나그네의 발걸음은 한결 자유로워지는 것입니다.

나는 몇 년 전 폐암 선고를 받고 죽음의 그늘 아래서 삶과 죽음의 문제를 진지하게 생각하고 인생을 정리해 본 적이 있습니다. 그 경험을 통해 죽음을 친근한 친구처럼 생각할 수 있게 되었습니다. 나그네는 집착하지 않습니다. 우리는 인생을 그렇게 살아야 합니다.

안이숙 여사는 「죽으면 죽으리라」, 「죽으면 살리라」, 「당신은 죽어요, 그런데 안 죽어요」라는 책들을 썼습니다. 그런데 저서마다 죽음이라는 단어가 들어 있습니다. "왜 하필이면 저서마다 죽음이란 단어를 꼭 넣어야 합니까?" 라는 질문에 대해 안 여사는 이렇게 대답했습니다.

"죽음이라는 단어는 내게 정답고 환희를 안겨준다. 반드시 기어코 오고 있는 그 진짜 죽음! 내 앞에 그것이 있다는 것이 나를 바로 살게 하는 원동력이 되기도 한다. 매일의 생활, 순간 순간마다 나를 받들어 주고, 밀어주고, 용기와 지혜를 주기 때문이다. 이 살아가는 곤고한 인생 길에 죽음을 알고 죽음이 가져올 그 뒤의 실상을 생각하지 않으면 어디서 힘을 얻으며 어떻게 지혜가 생겨날 것인가?"

그렇습니다. 참으로 죽음이 무엇인가를 알면 죽음은 두려움과 혐오의 대상이 아니라 친구와 같고, 우리 삶에 무한한 용기와 힘을 공급해 주는 원동력이 되는 것입니다.

토마스 아켐피스는 「그리스도를 본받아」에서 "자기의 임종의 순간을 항상 마음에 생각하고 날마다 준비하고 있는 사람처럼 행복한 사람은 없다"고 했습니다. 성자 프란시스는 "사랑하는 나의 자매, 죽음이여"라고 했습니다.

일본의 우찌무라 간조도 죽음에 직면한 적이 있었는데 그는 「그리스도 신도의 위로」라는 책에서 "죽음은 나에게 최상의 선물이다"라고 했습니다. 요즘 주목을 받고 있는 헨리 나우웬도 「죽음, 최고의 선물」이라는 책을 썼습니다.

영적으로 볼 때 우리는 죽기 위해 사는 존재들입니다. 죽어야 삽니다. 그래서 바울은 "나는 날마다 죽노라"고 했습니다. 내가 죽어야 예수가 살고, 죽어야 부활이 있습니다. 우리의 자아가 죽어야만 영적으로 살고, 영원한 천국에 들어갈 수 있는 것입니다.

성도라면 천국을 사모하는 신앙이 있어야 합니다. 천국에 대한 소망이 없다면 그 신앙은 위선입니다. 우리는 항상 세상을 떠날 준비를 하고 있어야 합니다.

한국교계의 거목이신 이중표 목사님께서 이미 '별세 목회'라는 한 장르를 정리해 놓으셨습니다. 나는 그 분에게 직접 배우거나 만나 뵌 일도 없습니다. 하지만 나 역시 별세 목회를 추구하는 입장에서 그 분을 존경하며 그 분을 통해 용기를 얻은 바 있습니다.

이 책은 나와 우리 교회를 중심으로 엮어졌고, 죽음에 대한 단편적인 내용들을 다루고 있습니다. 나의 마음은 죽음을 두려워하는 분들을 향해 있습니다.

이 책을 내는 나의 소망은 크게 두 가지입니다.

우선 천국이 있음을 믿는다고 하면서도 내세의 삶을 위해 준비하지 않고 살아가는 사람들에게 죽음을 생각하게 함으로써 좀 더 의미 있는 삶을 살아갈 수 있도록 돕고자 하는데 있습니다.

또 한 가지는 암이나 기타 질병으로 죽음을 향해 걸어가고 있는 환우들에게 천국에 대한 소망을 갖게 함으로 두려움을 이기고 평안히 가실 수 있도록 돕고자 하는데 있습니다.

3월 22일자 국민일보에서는 '부활 믿으면 죽음 두렵잖다' 라는 제목으로 「죽음, 아름다운 은총」을 소개하고 안 목사와의 인터뷰 내용을 소개했다. 안 목사는 폐암 선고를 받았던 당시 심정을 이렇게 표현하고 있다.

「죽음, 아름다운 은총」이 출간되자 국민일보 등 언론에서 관심을 갖고 기사로 다루었다. 국민일보 3월 22일자에 소개된 기사.

감정의 기복이 말로 다할 수 없는데 기왕 맞이할 죽음이 예수께 영광되게 죽자고 마음먹었다가도 '하나님 제가 무엇을 잘못했습니까? 라고 울부짖게 됩니다. 바울이 '나는 날마다 죽노라'고 한 말씀을 되새기니 영원한 천국의 길이 보였습니다

순복음 신문에서는 「죽음, 아름다운 은총」을 문화란에 소개하면서 "안도현 목사 자신이 죽음의 그림자를 경험했고, 그것을 통해 깨닫게 된 내용들을 담았기 때문에 더욱 진한 감동과 설득력을 갖고 있다"고 했다.

죽음은 영원한 세계를 바라보게 한다. 영원 앞에서 이 세상 삶은 허무할 뿐이다. 따라서 죽음에 대한 인식은 우리로 하여금 최고의 가치를 추구하게 한다. 영성이 그리스도를 따르는 신앙인들에게 최고의 가치를 추구하는 그 무엇이라면 죽음은 영성의 근원이 되는 것이다.

그러므로 우리는 이 책을 소중하게 여긴다. 이 책이 죽음의 두려움을 직면하고 있는 자들에게 소망을 주고, 또한 죽음을 위로해야 하는 자들에게 도움이 되는 책이 되기를 기도한다.

월드컵과 선교

우리나라가 월드컵 4강의 위업을 달성한 2002년은 대한민국이라는 이름이 전 세계에 존귀하게 된 해이다. 덩달아 우리의 자긍심도 한없이 높아졌다.

크게 보면 이 일도 '세상에서 존귀한 자의 이름 같은 이름을 네게 만들어 주리라'고 하신 말씀의 성취라고 할 수 있을 것이다.

월드컵을 앞두고 교계에서는 선교를 위한 방법론에 골몰하고 있었다. 특별히 '붉은 악마'라는 응원단의 명칭이 교회에 미칠 악영향으

로 인해 많은 염려를 하고 있었다.

월간 「신앙계」에서는 '월드컵을 앞두고 한국 교회 무엇을 해야 할 것인가?' 라는 주제의 글을 안도현 목사에게 요청했다. 2002년 월드컵을 앞두고 선교 방법론을 제시한 안 목사의 글 전문을 소개한다.

2002년 월드컵은 한반도 유사 이래 최대의 행사이다. 월드컵은 규모나 인원 등 모든 면에서 88 서울 올림픽의 2배 수준이다. 매스컴에서는 연일 월드컵 관련 기사들을 쏟아내고 있다. 월드컵 특수로 주가가 상승하고, 월드컵을 본격적으로 알리는 32층 높이의 세계 최대 월드컵 빌딩랩이 삼성동 무역센터 빌딩에 웅장한 모습을 드러내는 등 월드컵 분위기가 달아오르고 있다.

이제 전 세계 사람들의 이목이 한반도로 향하고 있다. 전 세계 60억 인구 가운데 TV 시청이 가능한 인구는 약 40억 명이라고 한다. 그리고 대회 기간 중 1만 여명의 외국 기자들이 상주하고, 40만 명의 관광객이 찾아올 것으로 예상하고 있다. 특히 중국 관광객은 10만 명 정도 방문할 것으로 예상하고 있다.

국내 최고의 기독신앙잡지 「신앙계」에 월드컵 특집으로 '월드컵, 기독교인은 무엇을 해야 하나?' 라는 주제로 안도현 목사가 쓴 기사와 당시의 신앙계 표지.

에밀 부르너라는 신학자는 교회에 사명에 대해 "불이 탐으로서 존재하는 것처럼 교회는 선교함으로써 존재한다"고 했다. 교회가 가지고 있는 지상 최대의 사명은 모든 민족에게 복음을 전하는 일이다(마 28:19). 그렇게 되기 위해서는 우리의 삶 자체가 선교가 되어야 한다.

그런 차원에서 바울은 우리에게 "너는 말씀을 전파하라 때를 얻든지 못 얻든지 항상 힘쓰라"(딤후 4:2)고 했다. 월드컵은 분명 하나님께서 허락하신 선교의 기회이다. 우리는 그야말로 때를 만났다. 우리나라에는 어느 곳이든지 교회가 없는 곳이 없다.

반면에 월드컵에 참여하는 32개 국가들 중에는 직접 선교가 불가능한 회교 국가들이 있다. 세네갈(94%), 터키(98%), 사우디아라비아(100%), 나이지리아(50%), 튀니지(98%) 등이다. 이 나라들은 복음의 불모지로서 1만 2천의 미전도 족속들이 사고 있는 소위 '10/40창' (Ten-Forty Window)에 해당하는 나라들이다.

그러므로 월드컵을 맞아 한국을 찾아오는 사람들에게 단기간에 놀라운 성장을 이룩한 한국 기독교의 모습을 보여주는 이 한 가지만으로도 월드컵의 선교적 의미를 찾을 수 있다. 그러면 월드컵이 열리는 6월 한 달 동안 우리 교회와 성도들은 무엇을 해야 할 것인가?

우선 월드컵을 앞둔 요즈음 기독교계의 동향을 살펴보자. 곳곳에서 월드컵 성공을 위한 기도회와 각종 행사들이 열리고 있다. 한국 기독교 총연합회에서는 전국 시도의 목회자 대표 12명이 참가하는 '한기총 대표회장 컵 축구대회' 를 충북 음성 소재 꽃동네 축구 경기장에서 개최하며 이를 통해 월드컵 성공 개최를 기원하며 축구를 통한 선교 정보 교류와 친목을 다질 예정이다. 대회 기간 중 나라별 응원단을 구성하여 선교 기회로 삼겠다는 선교 단체도 있다.

서울 YMCA에서는 환경 친화적인 월드컵을 치르기 위해 '환경 월드컵 모니터 봉사단' 을 조직했다. 이들은 서울의 도심거리 및 주택가 골목길을 걸으면서 불법주차, 쓰레기 무단투기, 각종 시설의 청결성, 적치물의 무단 점령, 위험한 보도, 장애우의 보행안전, 옥외 광고물의 범람 등을 모니터 및 감시 활동을 하게 된다.

이들 봉사단의 활동 내용은 우리 성도들이 삶의 현장에서 무엇을 어떻게 해야 할 것인지를 가르쳐 준다. 하나님은 작은 일에 충성하는 자를 원하신다. 너무 거창한 일만 생각하지 말자.

작은 물방울이 모여 큰 강을 이루듯이 나 한 사람을 생각할 때는 아무 것도 아니지만 우리 1천 2백만 성도들이 선교에 대한 공감대를 형성하여 각자의 자리에서 최선을 다한다면 분명 하나님께서는 이번 월드컵을 통해서 아름다운 작품을 만드실 것으로 기대한다.

월드컵 기간 중에 차량 2부제가 실시될 것이라는 보도가 있었다. 불편하더라도 우리 성도들이 앞장서고 모범을 보이자. 월드컵 기간 중에는 불만스러운 일이 있더라도 인내하며 국민화합에 앞장서자. 외국인을 만날 때 미소와 친절로 대하자.

이러한 일들은 우리가 직접적으로 선교하는 일은 아니라고 할지라도 우리 한국에 대한 좋은 이미지를 심어주는 일로서 이는 세계 각 국에서 선교 활동을 하고 있는 우리나라 선교사들의 사역을 돕는 일이요 결과적으로 간접 선교가 되는 것이다.

우리 국민이 한결 같이 염원하는 바는 한국팀이 홈 그라운드의 이점을 살려 16강에 진출하는 일이다. 대표 선수 중에 그라운드의 전도자로 알려진 선수들이 여럿이 있다. 이들 중에는 특별히 골 세레머니가 독특하여 주목을 받는 선수도 있다. 그러므로 우리 크리스천 선수들이 골인 기도하는 모습을 볼 수 있도록 기도하는 일도 우리 성도들이 선교 월드컵을 위해 할 수 있는 일 중의 하나가 될 것이다.

여호수아가 아말렉과 싸울 때 모세의 손이 올라가면 이기고 내려가면 졌다. 이 때 아론과 훌이 양쪽에서 모세의 팔을 받쳐줌으로써 아말렉을 물리쳤다. 이 사건은 중보 기도의 위력을 보여 준다. 그렇기 때문에 바울도 성도들에게 중보기도를 요청하곤 했다(엡 6:19).

우리는 기도해야 한다. 월드컵을 통해 선교의 역사가 일어나도록 교회마다 기도하고, 경기를 관전하면서도 직접 선교가 불가능한 10/40창

지역의 나라들을 위해 기도하자. 그리고 우리의 이웃 나라인 12억의 중국을 위해서, 또한 월드컵 공동 개최국인 일본의 복음화를 위해서 기도하자

우리가 직접 전도지를 들고 나가지는 못할지라도 월드컵 대회를 계기로 이들 나라에 복음의 문이 열릴 수 있도록 기도하는 일은 성도 누구나 할 수 있는 일이 아닐까.

마지막으로 한 가지 짚고 넘어갈 것은 응원단의 명칭이다. 월드컵을 앞두고 기독교계에서는 붉은 악마 응원단의 이름을 변경할 것을 요구한 바 있다. 포악성과 사악성을 상징하는 '붉은 악마'는 국민들에게 호응받을 수 있는 명칭으로는 부적절할 뿐 아니라 교회의 입장에서는 붉은 악마라는 이름이 계속 사용될 경우 영적인 혼란이 다가올 위험성이 있다. 은연중에 악마에 대한 친근감을 갖게 될 수도 있기 때문이다.

일단 명칭 변경이 거부되기는 했지만 기독교계에서 추진하고 있는 붉은 악마 명칭변경 운동은 앞으로도 계속 추진해야 할 것이고 성도들은 이 운동에 관심을 가지고 기도하며 서명운동에 동참하는 적극성을 가져야 할 것이다.

온누리교회 의료 선교

우리네 개인집도 손님을 맞이하려면 할 일 없이 마음이 바쁘고 분주해진다. 한 달을 기다리던 온누리 교회 의료 선교팀이 우리 교회와 풍동마을을 선교지로 지목하고 방문하는 것이다.

개척 이후 우리는 크고 작은 교회 행사 때마다 기대감을 가지고 기쁨으로 준비하곤 했다. 그 행사 준비는 또 다른 은혜를 체험하게 하곤 했다. '나눔과 섬김'의 훈련. 하나님 백성 되어지는 필수 과목. 그러나 천국 잔치 때마다 마귀의 훼방도 필수인가(?) 마귀는 우는 사자같이 담임목사와 성도들을 한 손에 움켜쥐고 짓밟으려 했다. 또 쏟아

지는 폭우 속에 내어 건 현수막이 하룻 밤새 흔적도 없이 사라져 버리기도 했다. 하도 그런 일을 겪다 보니 이제는 그러려니 한다.

의료 선교를 기다리며 우리는 '여기까지 아름다운교회를 인도하신 것이 하나님의 은혜인데, 또 다른 은혜를 맛보게 하시려고 이런 기회를 허락하셨을 것이다' 라는 생각을 하게 되었다. 서로 위로하고 격려하며 하나님 나라에 들어갈 때까지 그런 공동체 연습을 하라는 것이 아닐까.

6월 23일, 온누리 교회 의료 선교팀은 무거운 장비를 가지고 영적 불모지 풍동까지 찾아 주셨다. 진료 과목은 내과, 안과, 외과, 한방, 산부인과, 성형외과, 정형외과, 피부과, 가정의학과 그리고 이, 미용 등 다양했다. 주님의 사랑을 피차 나누고 질병으로 고통 받는 자들을 위해 주님께서 하신 것처럼 그렇게 주님을 따르기를 원하여 수고하는 의료 선교팀의 모습이 아름다웠다.

또 의료 선교 행사를 준비하던 중 그동안 중환자실에서 오래 투병하시던 사랑하는 한장욱 집사의 소천을 맞아야 했다. 우리는 그동안

온누리교회 의료선교팀이 우리 교회와 풍동 마을을 찾아 주었다. 내과, 외과 등 다양한 진료과목을 통해 주님의 사랑을 나누었다. 사진은 현수막을 마을 어귀에 다는 모습.

그 분과 함께 사랑을 나누게 하신 주님께 감사를 드리며 우리 교회가 비록 작은 교회이지만 큰 사랑만 넘치기를 기도했다.

가을을 앞두고

가을, 추수감사절을 앞두고 신앙계에 9월호에 실린 안 목사의 원고를 옮겨본다.

가을의 길목에서

이삼 일 전부터 조석으로 찬바람을 느낀다. 눈만 뜨면 덥다고 이상한 병에 걸린 사람처럼 호들갑을 떨더니 어김없이 계절은 지나가고 그 지나간 자리에 뭔가 해 놓은 것, 잠겨진 것은 없고 세월의 흔적만 있다.

나의 시선이 문득 한 곳에 멈추었다. 여름을 지나는 동안 잡초가 무성하게 자라났다. 잡초는 누가 씨를 뿌린 것도 아니요, 물이나 거름을 주고 관심을 기울이지도 않았는데도 잘 자라난다.

우리 속에 있는 불평과 탐욕과 악의도 누구에게서 배운 것도 아니고 그런 것을 누가 장려한 것도 아닌데도 마음이라고 하는 정원에 저절로 무성하게 자라난다. 정원에 잡초가 자라는 대로 내 버려 두면 한정 없이 퍼져 나가는 것처럼 우리에게 있는 불만과 불평과 원망도 우리 마음이 뻗어 나가는 대로 내 버려 두면 한정 없이 퍼져서 소망 없는 인간이 되고 만다.

주님은 우리의 마음 밭을 길가밭, 자갈밭, 가시떨기 밭, 그리고 옥토로 비유하셨다. 무성한 잡초를 쳐다보면서 내 마음의 정원은 어떨까 생각하게 된다.

우리 주님은 옥토 밭에 씨를 뿌리시고 풍성하게 거두시기를 원하시는데 금년 가을, 추수 감사절에는 무슨 열매를 주님께 내어놓을 수 있을까 생각해 본다.

계절의 변화는 우리의 생각과 삶을 바꾸어 준다. 특히 가을은 우리에게 하나님의 은총을 생각하게 하며 감사의 삶을 살게 한다. 자연은 뜨거운 햇살 아래서도 아무 말 없이 묵묵히 열매를 맺어 풍성한 오곡백과를 인간들에게 제공하고 있다. 금년에도 자연은 우리에게 많은 것을 제공해 주었다.

자연은 우리에게 하나님을 향해 풍성한 감사를 드려야 마땅함을 일깨워 준다. 감사의 사람으로는 단연 바울을 꼽을 수 있다. 그는 우리에게 "범사에 감사하라"고 권하고 있다. 범사라는 말은 어떤 형편에 있든지 어떤 일을 당하든지 무조건 감사하라는 것이다.

그러나 우리 입에서는 감사보다는 불평이 앞서고, 우리 귀에는 감사보다 원망의 말이 더 자주 들려온다. 욕구가 채워지지 않은 까닭이다. 그러면 어느 누가 만족해서 감사할 수 있을까? 에리히 프롬은 사람의 끝없는 욕구를 '바닥 없는 항아리'로 묘사했다. 사람의 욕구는 끝이 없다.

한 때 우리에게는 '보리 고개'라는 것이 있었다. 나는 시골에서 자랐기 때문에 보리 고개가 무엇인가를 경험했다. 내가 어릴 때는 주변에 굶는 사람들이 너무도 많았다. 물론 지금도 굶는 사람이 없는 것은 아니다. 하지만 힘써 노력하면 먹고 살 수는 있다.

지금은 절대 가난은 거의 사라졌다. 사람들이 느끼는 불행은 상대적이다. 다른 사람과 비교하고, 다른 가정과 비교하면 끝없이 불평, 불만할 수밖에 없다. 내게 주어진 조건과 환경에 감사하며 사는 길이 범사에 감사하는 길이다. 이를 위해 우리는 어떤 형편에서든지 자족할 수 있는 삶의 비결을 배워야 한다.

삶이 불만스럽게 느껴질 때, 자주 불평이 나올 때 가끔씩 병원에 가볼 필요가 있다.

병원을 다녀올 때마다 항상 느끼는 것이 있다. 우리는 가지고 있을 때는 모르다가 잃어버린 후에야 자기가 가지고 있는 것이 얼마나 소중한 것인가를 깨닫게 된다는 사실이다. 건강하게 사는 것만도 감사했다.

또 며칠 전에는 가족들 없는 중에 갑자기 세상을 떠난 분의 장례를 집례했다. 지혜의 왕 솔로몬은 전도서에서 말하기를 "지혜자의 마음은 초상집에 있으되 우매자의 마음은 연락하는 집에 있느니라"(전 7:4)고 했다.

나는 몇 년 전 폐암 선고를 받은 적이 있다. 기적으로 치유를 받았다. 그랬기 때문에 지금 인생을 덤으로 살고 있다. 나는 삶을 불만스럽게 여기는 사람들을 만날 때면 진지하게 죽음을 생각해 보라고 말한다. 장례식장에 가보라고 권한다. 그러면 살아있는 것만으로도 감사하게 된다.

자족할 수 있는 사람이 행복한 사람이다. 보지도 듣지도 말하지도 못했던 헬렌 컬러 여사의 이야기는 자족을 가르쳐 준다.

헬렌 켈러는 3일 동안만 볼 수 있다면 첫째 날에는 자기를 가르쳐준 설리반 선생을 찾아가 그 분의 얼굴을 보고 산으로 가서 아름다운 꽃과 풀과 빛나는 노을을 보고 싶다고 했다.

둘째 날에는 새벽에 일찍 일어나 먼동이 터 오는 모습을 보고 저녁에는 영롱하게 빛나는 하늘의 별을 보겠다고 했다.

셋째 날에는 아침 일찍 큰길로 나가 부지런히 출근하는 사람들의 활기찬 표정을 보고, 점심때에는 아름다운 영화를 보고, 저녁에는 화려한 네

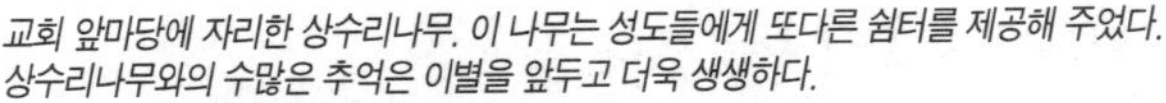

교회 앞마당에 자리한 상수리나무. 이 나무는 성도들에게 또다른 쉼터를 제공해 주었다. 상수리나무와의 수많은 추억은 이별을 앞두고 더욱 생생하다.

온사인과 쇼우 윈도우의 상품들을 구경하고 저녁에 집에 돌아와 사흘 간 눈을 뜨게 해주신 하나님께 감사의 기도를 드리고 싶다고 했다.

헬렌 켈러의 소망은 지극히 소박한 것이었다. 우리가 매일 누릴 수 있는 평범한 것들이다. 사실 따져보면 우리에게는 감사할 것이 넘친다. 그럼에도 불구하고 우리가 감사하지 못하는 것은 우리 마음 속의 욕심, 경쟁, 시기, 질투가 마음을 어지럽게 하기 때문이다.

가을을 맞이하며 기도한다. "우리를 숨막히게 하는 아집과 교만과 욕심의 잡초를 뽑아내게 하소서, 감사하게 하소서!"

상수리 나무와의 이별 연습

풍동 재개발로 한 집 두 집 이사를 가고 풍동의 가을은 그 어느 해보다 처량하게 느껴졌다. 조만간 우리도 적당한 장소로 이전해야 하는데, 하나님은 우리 교회의 예배당을 어디에 정해 놓으셨을까?

우리는 막연하지만 이번 가을이 마지막이거니 생각하며 교회에 모일 때마다 상수리나무와 이별을 연습했다. 이별을 아쉬워하는 두 편의 주보 칼럼을 소개한다.

상수리나무야, 안녕!

교회 마당 상수리나무는 올해도 어김없이 "툭! 투툭" 하며 영그른 상수리 열매를 떨어뜨립니다. 십 이년 가까이 한 해도 거르지 않고 우리에게 맛있는 도토리묵을 먹게 해 주었습니다.

가물었던 해에도, 폭풍우로 나뭇가지가 휘영청 잘려 나갔던 해에도 실한 도토리 알을 만들어 주었습니다. 우리 교회의 모든 행사는 이 상수리나무와 더불어 의논하며 이루어졌습니다.

여름 그늘막을 만들 때도 나뭇가지에 칭칭 동여매어서 시원한 그늘이 되었구요. 전깃불을 맬 때에도 든든한 가지 위에 매곤 했지요. 포스터 붙일 때도 그렇고 예쁜 풍선 장식할 때도 몸통에 풍선을 달아매어 교회를 뽐내기도 했었습니다.

한 여름에는 그 그늘에 앉아 밤새도록 여름 땀을 식히고 모깃불과 더불어 밤이 깊어 가는 줄 몰랐습니다. 또 달빛 그림자 친구 삼아 농익은 수박 쪼개어 인심 좋게 나누어 먹던 것도 한낱 추억거리로 남겨지기에는 커다란 아쉬움입니다. 교회의 전경조차 상수리나무가 가운데서야 그럴 듯한 사진이 되었습니다.

그 동안 묵묵히 그렇게 있어 주었던 상수리나무에게 고맙습니다. 내년 이맘 때면 빈 그루터기를 볼 생각을 하니 가슴이 아려 옵니다. 또 눈에 익숙한 그 자리 그 꽃나무들과 눈인사를 나눕니다.

아브라함이 미지의 땅을 향하여 오직 믿음으로 발걸음을 옮겼던 것처럼, 또한 청교도들이 메이 플라워호를 타고 신대륙을 향해 떠났던 것처럼 이제 우리도 정든 곳을 떠나 새로운 믿음의 항해를 시작하려고 합니다.

가을날 이 자리에서 다시 못 볼 너희들과 안녕, 안녕!

겨울 밤을 머물며

금방 눈이라도 올 것 같은 겨울 밤, 마당을 서성이며 택배 아저씨를 기다리고 있었습니다.

고양이가 먹을 것을 찾아 두리번거리고 여기 저기서 소곤대는 소리가 들려왔습니다.

"오늘은 잘 지냈니?"

"응, 별로 춥지 않고 견딜 만 했어."

"그래, 네 발을 땅속으로 더 깊이 들여놔 봐. 그러면 좀 더 따뜻할 꺼야"

"그래? 추위가 좀 지나고 이사하려나? 왠지 심란해."

"걱정마, 주인님이 어련히 알아서 하실려고…"

"다른 애들은 잘 있을까? 보리수, 수국, 그리고 은행과 모과, 장미하고 대추는 또 춥지 않을까?"

"매년 가냘픈 저 몸으로 추위도 잘 견뎌서 예쁜 꽃도 피우고, 실한 대추도 맺는 것을 보면 신기하잖아?"

"나는 너희들과 같이 갈 수 없을 것 같아. 너무 늙어서 주인님이 두고 갈 것 같아. 그래서 더 외롭고 쓸쓸해."

상수리나무가 힘없이 고개를 떨구며 이야기하자 다른 나무들이 안됐다는 듯이 위로를 합니다.

"눈이 오려나, 몸이 찌뿌듯 하네 그려. 내일은 흰 모자들 하나씩 쓰고 만나야겠네 그려."

여름내 시디 신 자두를 먹게 했던 자두나무가 한 마디 거들자 모두 잠자리에 들어가려는 듯 밤 인사를 합니다.

겨울밤은 깊어가고 멀리서 배달 아저씨가 오는지 고르지 못한 길을 따라 자동차 불빛이 너울너울 춤을 춥니다.

창립 12주년을 맞아

12년 전 풍동 땅으로 건너 들어오면서 우리는 세례를 받고 세상을 향하여 아무 상관이 없는 사람이 되었다. 죽이 되든 밥이 되든 하나님의 백성으로 살아야 했다. 그동안 우리를 위하여 하나님께서 고용하신 훈련 조교들이 있었다. 유독히도 힘들게 하는 사람들도 있었고 환경으로 풀리지 않아 답답해 하던 시절도 있었다.

이제는 알 것 같다. 우리를 사용하시기 위한 훈련이었다는 것을…. 야곱을 위하여 라반이 필요했던 것처럼 훈련 시간이 다 끝나고 나면 야곱을 높이시고 존귀함을 회복시키신 것처럼, 우리가 그리스도 안에 있으며, 하나님의 연단이 끝났고, 이제 주님이 우리 교회를 높이시며 회복시키신다는 뜻을….

12주년을 맞는 각오와 결심, 그리고 감사를 11월 10일자 주보 칼럼에서 살펴본다.

야곱이 하란에서 보내었던 20년과 같은 세월을 다 보내고 이제 가나안을 향하여 떠납니다. 집요하게 따라다니며 힘들게 하였던 라반과 같은 세월과 결별하고 새로운 땅을 향하여 서 있습니다. 신앙은 잘 먹고 잘 사는 것이 아니요 경기요, 연주입니다. 아무 것도 없는 가운데 믿음으로 위기를 극복함으로 하나님의 살아 계심을 나타내는 것입니다.

우리가 살고 있는 이 땅은 하란입니다. 모든 것이 보장되어 있습니다. 좋은 직장과 학벌만 있으면 두려울 것이 없는 곳입니다. 그러나 여기에서 일어나야 합니다. 일어나 라반을 배신하고 하란이 제공하는 편안한 삶을 거부하고, 세상이 주는 보장된 미래를 떨쳐 버리고, 다시 믿음의 걸음을 걸어 나가야 합니다.

하나님의 신실하심을 붙들고 하나님께서 기뻐하시는 삶을 향해 나아갈 때, 복잡한 문제가 있습니까? 우리가 인간적인 방법을 쓸 겨를도 없이 우리의 삶에 개입하셔서 저절로 해결되는 것을 보게 될 것입니다. 인류의 삶이 성경대로 이루어진다면 말씀 그대로 또한 살지 않으면 반드시 그 결과도 보게 되어 있습니다.

풍동지역 택지개발로 안하여 철거된다는 안타까운 소식이 언론에도 알려졌다.
국민일보 2002년 11월 16일자에 소개된 기사.

"힘겹게 세운 십자가인데 철거가 무슨 소리입니까"

택지개발에 밀려나는 일산 '아름다운교회'

기독교를 배척하던 전통 한옥마을에 힘겹게 세워진 개척교회가 택지개발로 밀려날 수밖에 없어 주위에 안타까움을 주고 있다.

경기도 고양시 풍동 깊은 골짜기에 있는 500여년 전통의 집성촌 어귀에 자리잡은 아름다운교회(담임 안도현 목사·사진)는 교회 부지가 풍동택지개발지구에 편입돼 내년 2월에 철거될 예정이다.

일산신도시 외곽지역의 개발붐에 편승해 이 지역도 택지개발지구로 지정돼 마을의 오랜 기와집들과 함께 교회 건물도 헐리게 된 것이다.

교회 때문에 마을이 망할 것이라는 소문이 나돌아 신당에서 굿을 하니 참석하라는 협박에 시달렸고 두 달동안 십자가를 세우지 못하는 등 숱한 어려움을 겪었다.

그러나 주민들의 머리를 깎아주고 아픈 사람에게 침을 놓아주는 것을 시작으로 마

여기까지 인도해주신 하나님께 감사 드립니다. 또한 변함 없는 사랑으로 기도해 주시고 동역해 주신 성도님들과 믿음의 동역자들께도 하나님의 풍성한 은혜가 함께 하시기를 기도 드립니다.

안타까운 소식, 전국으로

우리 교회가 세워지게 된 배경과 역사, 그리고 우리 교회가 택지개발에 밀려나게 된 사실을 알게 된 국민일보 김철호 기자는 11월 16일자 국민일보에서 우리 교회 소식을 이렇게 전해 주었다.

"힙겹게 세운 십자가인데 철거가 무슨 소리입니까"
택지개발에 밀려나는 일산 '아름다운 교회'

기독교를 배척하던 전통 한옥 마을에 힘겹게 세워진 개척교회가 택지개발로 밀려 날 수밖에 없어 주위에 안타까움을 주고 있다.

경기도 고양시 풍동 깊은 골짜기에 있는 500여 년 전통의 집성촌 어귀에 자리잡은 아름다운교회는 교회 부지가 풍동택지개발지구에 편입돼 내년 2월에 철거될 예정이다.

일산신도시 외곽지역의 개발붐에 편승해 이 지역도 택지개발지구로 지정돼 마을의 오랜 기와집들과 함께 교회 건물도 헐리게 된 것이다.

그러나 교회 부지 300여 평에 대한 보상가가 평당 110만원으로 300만원을 웃도는 인근 땅 가격보다 턱없이 싼데다 마땅한 땅도 없어 150여명의 성도가 오갈 데 없는 처지에 놓여 있다.

6·25때 북한군이 이곳에 마을이 있는 것을 모르고 지나쳐 무사했을 정도로 외진 마을이었으나 개발붐은 피할 수 없어 모두 떠나야 할 수밖에 없는 어처구니없는 일이 벌어지고 있는 것이다.

1990년 안 목사가 사택의 5평 남짓한 예배 공간에서 두 가정이 모여 교회를 시작할 때부터 고난은 예고돼 있었다. 안 목사는 교회가 없는 마을에 십자가를 세우기로 마음먹고 이곳에 교회를 세웠으나 마을 주민의 반발은 예상보다 훨씬 심했다.

교회 때문에 마을이 망할 것이라는 소문이 나돌아 신당에서 굿을 할 때면 참석하라는 협박에 시달렸고 두 달 동안 십자가를 세우지 못하는 등 숱한 어려움을 겪었다.

그러나 주민들의 머리를 깎아주고 아픈 사람에게 침을 놓아주는 것을 시작으로 마을의 경조사를 챙기고 매월 경로잔치를 여는 등 정성을 쏟은 끝에 1년 만에 첫 성도가 생기는 등 기적같은 일이 벌어졌고 교회도 성장하기 시작했다. 이제는 교회에 나오지 않더라도 어려운 이웃에 써달라고 헌금을 보내오는 주민이 있을 정도로 분위기가 달라졌다.

안 목사는 "막연히 기독교를 기피하는 노인들의 마음을 겨우 돌려놓았을 즈음 개발붐 때문에 쫓겨나게 됐다"면서 "풍동을 떠나는 사람들이 찾아올 수 있는 적당한 곳에 다시 교회를 세워야 하는데 새 교회 부지 구입비도 모자라고 장소도 마땅한 곳이 없어 걱정하고 있으나 하나님이 예비하셨으리라 믿는다"고 말했다.

터를 견고케 하시리라

2003년 신년에 주어진 말씀은 "모든 은혜의 하나님 곧 그리스도 안에서 너희를 부르사 자기의 영원한 영광에 들어가게 하신 이가 잠깐 고난을 받은 너희를 친히 온전케 하시며 굳게 하시며 강하게 하시며 터를 견고케 하시리라" 베드로전서 5장 10절의 말씀이었다.

하나님께서 허락하시는 고난에는 성도들을 온전케 하시고자 하는 거룩한 목적이 있다. 그렇다면 그동안 받은 연단에 대한 열매를 거두게 하시겠다는 말씀일까? 교회 철거와 이전 문제를 앞두고 아무 것도

교회가 철거되고 있는 모습. 괴물 같은 포크레인이 교회를 하나 하나 갈아 먹는 듯하여 성도들의 마음을 더욱 착잡하게 했다.

보이지 않는 상황에 있으면서도 흔들림 없는 성도들의 모습 속에서
이제는 그럴 때도 되었다는 생각을 해 본다.

자진 철거

풍동 교회 주변은 날이 갈수록 폐허로 변해 갔다. 금년 봄에는 반
드시 이사를 해야 한다. 안 목사와 제직들이 틈나는 대로 이곳 저곳
예배 처소를 둘러보지만 우리 형편에 맞는 마땅한 장소가 없었다.
상가 임대료가 비싼 것도 문제였지만 전원 교회에 길들여진 우리 교
인들에게 삭막한 상가 교회가 맘에 들지 않았다.

우리는 머물 수 있을 때까지 최대한 머물면서 하나님의 인도하심
을 기다리기로 했다. 교인들 사이에서는 좁은 상가보다는 차라리 우
리 교회가 가지고 있는 9백여 평의 주말 농장에 하우스를 치고 종교
부지에 예배당을 지을 때까지 지내자는 의견이 분분했다.

임시 예배 처소를 만들기 위해 주말농장 터에 성도들이 팔을 걷어 붙이고 비닐로 만든 성전을
구청의 철거의 요구에 자진철거하는 아픔도 겪었다.

3월 말에 접어들어 우리 교회는 주말 농장으로 이사 준비를 시작했다. 문화관 건물과 본당 2층을 뜯어 옮기게 되었다. 지붕이 걷어지고 판넬 한 개 한 개가 해체되면서 나사못 소리와 용접하는 소리로 매일 요란했다.

주말 농장에 어느 정도 예배당 모습을 갖추었다 싶었는데 형질변경을 받지 않은 상태에서 땅을 돋우고 시설을 한 것이 문제가 되었다. 구청에서는 자진 철거를 요구했다. 법적으로 문외한인 우리는 이러한 문제가 생길 줄은 생각조차 못했다. 우리는 잘못을 인정하고 순순히 자진 철거를 했고 이로 인해 3천여 만원이 물거품처럼 사라져 버리고 말았다. 장마비 속에서도 몸을 아끼지 않고 공사를 한 성도들의 실망은 이만저만이 아니었다.

우리는 어쩔 수 없이 새로운 길이 열릴 때까지 풍동의 폐허 속에 머물 수밖에 없었다. 비가 오면 속수무책일 것 같은 1층 현관 입구, 그리고 흐린 날씨에 펄럭이는 폐비닐조각, 파헤쳐진 흙구덩이들을 바라보노라면 하루라도 빨리 이곳을 떠나고 싶은 마음이 들었다.

정든 나무와 건물 곳곳에 배어 있는 우리들의 채취가 송두리째 사라져 버린 듯 했다. 교회 환경은 갈수록 황량한 벌판으로 변해 갔다.

「풍동의 상수리나무」 출간

2003년 5월 17일, 「풍동의 상수리나무」가 출간되었다. 안도현·박혜경 공저로 출간된 이 책은 '아름다운 날들의 단상(斷想)이라는 부제를 붙인 칼럼집으로서 우리 교회의 또 한 권의 교회사라고 할 수 있다.

상수리나무는 우리의 다정한 친구요, 주보 칼럼에 단골로 등장하는 우리 교회의 상징물이기도 하다. 13년의 추억이 담긴 아름다운교회 예배당, 그리고 교회 앞마당에서 늘 함께 생활했던 상수리나무와 헤어지는 것이 섭섭하여 '풍동의 상수리나무' 라는 이름으로 정든 곳을 떠나야 하는 아쉬움을 담았다.

머리말

아늑한 산자락에 둘러싸인 풍동에서 목회 하던 13년 세월동안, 풍동은 우리의 영적 훈련장이었고, 풍동의 자연은 영혼의 교사였습니다.

풍동 재개발로 곧 정든 곳을 떠나게 됩니다. 그 동안 자연 속에서 주님과 대화하던 내용들을 매주 주보에 실었습니다.

주보의 칼럼은 우리 성도들과의 말없는 대화의 장(場)이었습니다. 굳이 목소리를 높이지 않아도 성도들은 함께 공감하며 마음을 추스렸습니다. 그리고 힘을 얻어 지금까지.묵묵히 선한 싸움을 싸우며 믿음의 길을 걸어왔습니다.

풍동을 떠나야 하는 즈음에 무엇보다도 섭섭한 것은 교회 앞마당에서 늘 우리와 함께 생활하던 상수리나무와 헤어지게 된 것입니다.

상수리나무와 함께 했던 풍동에서의 아름다운교회사를 마감하고 새로운 교회사를 준비하며 그 동안 나누었던 영혼의 대화들을 계절별로 엮

「풍동의 상수리나무」는 풍동에서의
13년의 세월이 서정시 처럼 녹아 있는 책이다.
이 책은 교보문고 등 유명서점의 신간코너에
자리할 정도로 예쁘게 만들어 졌다.

어 보았습니다.

하나님의 섭리는 뒤를 돌아보면 선명하게 드러납니다. 이 책은 우리 교회를 향한 하나님의 역사 하심을 기억나게 할 것입니다. 또한 미지의 세계를 향해 떠나야 하는 성도들에게 격려가 될 것입니다.

마치 조그만 시집과 같이 읽기 좋게, 고급스럽게 편집되어서인지 교보문고 등 유명서점의 신간도서 코너에 자리하기도 했다.

기다림과 하나님의 훈련

3월 말부터 문화관과 본당 2층을 뜯어내고 이사 준비를 했지만 몇 개월이 지나도록 우리는 떠나지 못했다. 아니, 떠날 수 없었다. 하나님의 구름 기둥이 움직이지 않았기 때문이다. 우리가 기다리는 일은 모든 일에 하나님께서 개입하실 수 있는 여지를 만들어 드리는 일이었다.

광야에서 할 일 없이 구름이 움직이기를 기다린다는 것이 얼마나 힘든 일인지 깨달았다. 또 움직이는 구름이 멈췄을 때 잘 나가는 걸음을 멈춰야 된다는 것도 또 얼마나 큰 인내가 필요한지 깨달았다. 신앙 생활을 하며 가장 어려운 일은 하나님의 시간과 때를 기다리는 일 같았다. 그러나 그 때가 오기 전에 우리는 모두 지쳐 버린다. 그래서 기근과 굶주림으로 애굽에 내려가기도 했고, 이스마엘도 생겼다.

하나님은 교회 이전 문제로 우리 교회와 우리를 시험해 보시고 훈련시키셨다. 하나님의 인도하심을 기다리며 철거민의 심정으로 황량한 벌판에 머무는 동안 우리 교회는 멀리서 보면 이상한(?) 모습으로 변해 갔다. 하얀 단층 건물 위에 둥근 비닐 하우스가 얹혀져 있었다.

교회 2층을 철거하면서 생긴 균열로 비라도 내리면 1층으로 빗물이 떨어진다. 큰 태풍이라도 불면 비닐이 날아가지 않을까 걱정했더니 사방으로 비닐치마(?)를 입혀서 바람 부는 날은 치마를 올리면 맞바람 때문에 끄떡없었다.

이 비닐 하우스는 최 집사 부부의 작품이었다. 일하다가 잠시 손을 멈추면 곽 집사는 철재 구조물에 기대어 "구주의 십자가 보혈로…, 찬~송~합~시~다~, 찬~송~합~시~다~"를 불러주고 최 집사는 좋아하는 냉커피 한 잔을 마시며 땀을 닦았다.

바람 부는 날은 하루 종일 풀과 나무숲들이 뒤척이며 몸살을 한다. 나무 숲을 가리고 있던 집터들이 허물어지고 나니 횡한 벌판에 갈대와 수숫대 그리고 꿩, 비둘기, 온갖 새들이 아침 정적을 깨웠다.

울퉁불퉁한 길만큼이나 엉거주춤 서 있는 우리는 그 속에서도 웃고 잘 지냈다.

티롤, 게스트 하우스

문제홍 안수집사와 박은주 권사 부부가 오대산 자락에 티롤(오스트리아 지방의 산간 마을 이름) 게스트 하우스의 문을 열었다. 티롤, 게스트 하우스의 개업 예배 이야기를 6월 15일자 주보 칼럼에서 살펴본다.

떠날 때부터 한 두 방울씩 떨어지던 비가 티롤에 도착할 무렵에는 줄기찬 비로 변해버렸습니다. 지난 달 횡하던 앞마당에는 주목을 비롯하여 은행나무, 단풍나무들이 자릴 잡았고 앉은뱅이 채송화까지 우리를 맞아 주었습니다.

육 개월 남짓, 일산에서 오대산까지 하루걸러 다니시면서 흘리신 두 분의 땀과 기도의 결실인 티롤은 거대한 산을 거느리고 계곡과 더불어 그 자태를 드러내고 있었습니다.

티롤에서 두 분의 직함은 박 사장님과 문 관리이사입니다. 우리 목사님을 모시고 전도사님, 권사님, 집사님들과 첫 개업예배를 드리고, 그 다음 날은 우리 경기북지방회 부장 목사님 열 다섯 분께서 먼 길을 찾아주셨습니다.

손님이 오신다기에 각 방마다 쓸고 닦고 이부자리 정돈하고 화장실 점검, 거실에 이르기까지 창문의 먼지와 하루살이 등을 쓸어내고 부엌 파트 O.K, 바비큐 파트 O. K, 티롤의 관리이사님은 쏟아지는 비도 아랑곳없이 성령의 물(?) 세례인지, 헤어 스타일 구기신지 이미 오래고 먼길을 봉고차 두 대와 승용차 한 대로 목사님들이 도착하셨습니다.

문 관리이사는 어느새 샤워를 하시고 말쑥한 옷매무새로 따뜻하게 손님을 맞아주셨습니다. 그 옆에서 박 사장님도 화사한 미소로 환대해 주셨구요.

그 날 저녁 예배는 목사님 열 일곱 분의 마음을 다한 기도로 천국 잔치가 따로 없는 듯 했습니다. 성령과 자연이 어울어져 감사로 드려진 예배, 하나님의 창조의 법칙은 상대방의 행복을 위해 최선을 다할 때, 우리의 노력과 상관없이 창조의 기쁨, 풍성함, 부요로움으로 부어주신다는 것을 새삼 깨닫는 하루였습니다.

마지막으로 쏟는 정성

철거 작업으로 교회는 물론이고 주변은 온통 TV에서만 보던 이라크의 바그다드의 폭격맞은 폐허를 방불케 한다. 그래도 예배는 드려지고, 그 와중에도 손님들도 끊이지 않았다. 2003년 6월 25일, 신학생들이 단기선교를 떠나기 앞서 우리 교회에 방문하여 파송예배를 드렸다.

다음날 26일은 경기북지방회 목회자들과 사모님들이 우리 교회에서 월례회로 모였다. 그 해 4월 7일, 순복음 평화교회에서 열린 경기

북지방회 임원 선거에서 안도현 목사가 회장으로 선출된 이후 처음
갖게 된 월례회였다.

도심 속의 전원교회라는 이유로 모임 장소로 인기를 끌었던 우리
교회였다. 그러나 주위가 온통 파헤처져 그럴 수 있는 날도 이제 얼
마 남지 않았다.

도로 형편이 좋지 않았는데 공사로 인하여 더욱 길이 위험스럽고,
게다가 교회 진입로가 울퉁불퉁 거칠어 손님을 모시기에 부담이 될
정도였다. 궁리 끝에 교회 근처에서 기초 공사를 하는 포크레인 기사
를 찾아가 사정을 이야기하고 도움을 청했다. 뜻밖에 기사는 선뜻 응
해 주었다. 삽으로 하자면 한 달 일거리가 될 수도 있었는데 한참만
에 진입로가 말끔히 단정해 졌다. 손님들을 잘 섬기라는 뜻으로 받아
들였다.

우리 교회는 풍동에서 마지막 섬김이라는 생각으로 지방회의 회기
첫 월례회 식탁을 정성스럽게 준비했다. 교회 주변에 철거된 집채더
미와 쓰레기를 바라보며 펄럭거리는 검은 그늘막 아래서, 그리고 현

13년 동안 늘상 보아왔던 정겨운 모습이었지만 교회 주변이 온통 파헤쳐진 가운데
외부 손님들에게 대접을 하는 상수리나무 밑에서의 마지막 모습이 되었다.

관을 드나들 때마다 새는 빗물을 맞아야 하는 상황임에도 불구하고 모두가 최선을 다한 감사의 잔치였다.

예배 자리로 들어오시던 목사님 한 분은 머리 위로 떨어지는 빗방울을 한 손으로 쓸어 올리시며 멋쩍어 하셨지만 "어서 오십시오, 환영합니다" 하는 소리에 웃으시며 화답해 주셨다.

계속 내리던 장마비도 이틀 동안은 멈추고 쾌적한 햇살과 시원한 바람까지 불어와 들풀로 가득 매운 교회 앞 전경은 이태리 영화의 한 장면을 연상케 했다.

아름다운교회에서 월례회를 하면 항상 많은 분들이 모인다고 한다. 감사한 일이다. 아니나 다를까 많은 목회자들과 사모님들이 우리 교회를 찾아 주셨다.

우리 교회의 독특한 모습 중의 하나는 손님들이 올 때 식사 준비와 봉사에 남자 집사들이 참여하는 일이다. 이번에도 남자 집사들이 행주치마를 두르고 고기를 굽고 봉사에 구슬땀을 흘렸다. 억지로 한다면 그렇게 웃을 수 있을까? 남자 집사들이 싱글벙글하며 즐거운 마음으로 일하는 모습이 보기 좋았다.

「우울증, 죽음으로 향하는 다리」 출간

교단 월간지 「순복음」에서는 안 목사의 새 책이 나올 때마다 책 소개를 해 주었다. 또한 순복음 신문에서는 7월 10일자 12면 전면에 걸쳐 '아름다운 교회 안도현 목사의 책 이야기'를 특집으로 그 동안 나온 책들의 내용을 상세히 소개했다.

7월 20일, 「우울증, 죽음으로 향하는 다리」(예영 커뮤니케이션)가 출간되었다. 이 책은 안도현 목사가 1990년 목회학 박사학위를 받을 때 썼던 논문을 토대로 우울증에 관한 얘기를 쉽게 풀어놓은 것이다.

8월 9일자 국민일보에서는 성경 인물에 대한 내용을 중심으로 책을 소개했다.

욥…모세…엘리야…다윗…예수도 우울증 경험
치유 못할 절망은 없다.

성경에는 '우울증' 이라는 말이 없다. 그러나 성경 속 많은 인물들, 심지어 예수님까지도 죽음에까지 이를 수 있는 심한 우울증 상태를 경험하고 있다. 「우울증, 죽음으로 향하는 다리」는 우리가 믿음의 모범으로 생각하는 많은 인물들의 가장 약한 순간들을 차례로 보여주고 있다.

욥은 스스로 알지 못하는 시험에 의해 하루아침에 '사자가 양떼를 덮치듯' 하는 재앙에 빠져들었다. 폭풍우로 집과 사랑하는 사람들을 잃었고 소와 양떼는 떼죽음을 당했다. 잔치를 즐기던 자녀들은 때아닌 강풍에 가랑잎처럼 목숨을 잃었다. 자녀를 채 묻기도 전에 발바닥에서 정수리까지 악창이 일어나 재 가운데 앉아 기와 조각으로 몸을 긁어야 했다.

"어찌하여 곤고한 자에게 빛을 주셨으며 마음이 번뇌한 자에게 생명

2003년 7월 10일자 순복음신문에 전면으로 소개한 안도현 목사의 저서 소개 기사.
「작은 교회, 큰 이야기」, 「죽음, 아름다운 은총」, 「풍동의 상수리나무」를 소개했다.

을 주셨는고 이러한 자는 죽기를 바라도 오지 아니하니…내가 생명을 싫어하고 항상 살기를 원치 아니하오니 나를 놓으소서 내 날은 헛것이니이다"(욥 3:20∼21, 7:16) 욥의 이 고백에서는 절망, 슬픔, 낙담, 한탄, 그리고 죽음에의 유혹이라는 전형적인 우울증 증상을 엿볼 수 있다.

성경 속 인물 중 가장 흔들림 없는 모습을 보인 모세 역시 낙담에 빠져 원망을 쏟아냈었다. 백성들을 이끌고 애굽에서 나온 지 15개월, 사람들은 먹을 것이라고는 만나 밖에 없다며 모세에게 고기를 달라고 불평했고 모세 자신도 육체적 과로에 지쳐 있었다.

"주여 어찌하여 종을 괴롭게 하시나이까 어찌하여 나로 주의 목전에 은혜를 입게 아니하시고 이 모든 백성을 내게 맡기사 나로 그 짐을 지게 하시나이까…책임이 심히 중하여 나 혼자는 이 모든 백성을 질 수 없나이다 주께서 내게 이같이 행하실진대 구하옵나니 내게 은혜를 베푸사 즉시 나를 죽여 나로 나의 곤고함을 보지 않게 하옵소서"(민 11:11, 14-15) 이 기도는 처음에는 분노로 시작해 자기 연민으로 진행되는 전형적인 우울증 증세를 보인다.

성경 인물 가운데 우울증에 빠진 가장 극명한 사례를 보인 인물은 선

「우울증, 죽음으로 향하는 다리」는 안도현 목사가 1990년 목회학 박사학위를 받았던 논문을 근거로 우울증에 관한 얘기를 쉽게 풀어 놓은 것이다.

지자 엘리야다. 엘리야는 갈멜산에서 바알 선지자들을 처형한 일로 인해 이세벨 자신을 죽이려 한다는 소식을 들었을 때 목숨을 건지기 위해 브엘세바로 도망간다(왕상 19:3). 그리고 엘리야는 로뎀나무 아래 앉아서 죽기를 구하며 "가로되 여호와여 넉넉하오니 지금 내 생명을 취하옵소서 나는 내 열조보다 낫지 못하니이다"(왕상 19:4)는 고백을 한다. 그리고 식음을 전폐하고 나서 나무 아래 누워 자기만 한다. 요나의 우울증은 절망의 사건 다음에 온 것이 아니라는 점에서 구분된다.

"여호와여 원컨대 이제 내 생명을 취하소서 사는 것보다 죽는 것이 내게 나음이니이다"(욘 4:3) 이 기도는 그의 설교로 60여만 명의 니느웨 사람들이 회개한 사건 다음에 한 것이다. 이는 평생 그의 내면을 괴롭혀온 증오, 조국 이스라엘을 괴롭혀 온 앗수르에 대한 증오를 보복으로 풀지 못하고 하나님의 뜻대로 도리어 회개를 선포했던 데서 온 것이었다.

다윗은 시편 22편에서 극단적인 좌절감, 소외감, 열등감과 수치심을 나타낸다. "내 하나님이여, 하나님이여 어찌 나를 버리셨나이까…나는 벌레요 사람이 아니라 사람의 훼방거리요 백성의 조롱거리니이다…주께서 또 나를 사망의 진토에 두셨나이다"

IMF 때보다 더 어려움을 겪고 있어 우울증으로 인한 자살이 급증하고 있는 가운데 국민일보에서는 문화면 톱 기사로 「우울증, 죽음으로 향하는 다리」를 소개했다.

예수님도 인성을 입고 오신 이상 우울증 증세에서 예외는 아니었다. 십자가라는 크나큰 고통을 눈앞에 둔 예수님에 대해 마가는 "심히 놀라 슬퍼하시며"라고 적고 있고 예수님은 베드로와 야고보와 요한에게 "내 마음이 심히 고민하여 죽게 되었으니 너희는 여기 머물러 깨어 있으라"고 하셨다.

그러나 하나님은 욥을 회복시키셔서 140세까지 살게 하셨고, 모세에게는 70인의 장로를 세우고 하늘에서 메추라기를 내려 짐을 덜어주셨다. 엘리야에게는 두 번이나 천사를 보내 어루만지셨으며 요나에게는 박넝쿨의 비유를 통해 친히 마음의 상함을 달려 주셨다. 다윗의 연약한 탄식에도 정죄하지 않으시고 곧 회복의 노래를 부를 수 있도록 인도하셨다.

저자는 특히 예수님의 우울증 증세에 대해 "저는 이 말씀이 성경에 기록된 것을 감사하며 하나님을 찬양합니다"고 고백한다. "우리는 이 말씀으로 인해 우울증에 대한 온갖 오해들로부터 자유함을 누릴 수 있는 것입니다."

우리가 알고 있는 역사상 가장 위대한 사람들도 우울증과 죽음의 유혹에서 초연하지 못했다. 인간이라면 누구나 빠져나올 수 없는 듯한 절망을 만나게 된다. 그러나 하나님께 부르짖고 매달렸을 때 치유받지 못한 절망은 없다.

8월 25일자 순복음 신문에서는 책의 내용을 전체적으로 소개하면서 우울증 예방을 위한 자세와 우울증 도우미를 위한 조언에 관심을 보였다.

우울증, 죽음으로 향하는 다리
자살의 가장 큰 원인 '우울증' …실제적 해법 제시

최근 검찰청 통계에 따르면 하루 평균 36명, 1시간에 1.5명이 스스로 목숨을 끊고 있어 자살이 심각한 사회 문제로 대두되고 있다. 더욱 우려되는 것은 그 수치가 증가 추세를 보이고 있어 자살이 마치 유행병처럼 우리 사회에 번져 가고 있다는 사실이다.

먹고 살기 어려워서라는 원초적 이유부터 정신적 공허라는 고차원적 이유까지 자살에는 사연도 가지가지. 그러나 좀 더 들여다보면 자살의 가장 큰 원인이 우울증이라는 게 전문가들의 중론이다. 우울증, 그것은 바로 죽음에 이르게 하는 병인 것이다(중략).

…이 책에서는 우울증 예방을 위한 자세와 우울증 도우미를 위한 조언을 상세히 기록하고 있다. 그 내용은 △육체적 한계를 알라 △긴장을 푸는 방법을 익히라 △오늘 하루를 살라 △가장 소중한 것을 찾으라 △나를 사랑하라 △무조건 용서하라 △마음을 지키라 △긍정적인 생각을 가지라 △희망을 가지라 △변화를 갖자 △선을 행함으로 즐거움을 찾자 등이다.

우울증은 죽음을 부르는 대단히 위험한 신호다. 때문에 무엇보다 그 예방이 중요하다. 따라서 이 책에서 제시하는 우울증 예방책이 대단히 유용한 정보가 될 듯 싶다.

우울한 시대에 복음의 빛을

7, 8월은 경제 불황과 정치적 불안정으로 사람들의 심리가 극도로 예민해지면서 자살 행렬이 이어져 긴장감이 고조되었다. 학교 성적, 생활고, 열등감, 카드 빚, 양심의 갈등 등 자살 이유는 다양했다. 8월 4일 새벽, 현대 아산 정몽헌 회장의 자살은 그 절정을 이루었다. 매스컴이 온통 자살 문제로 떠들썩했다.

하루 평균 36명이 자살하는 세상이다. 어느 한 잡지에서 "관광 버스 정원은 40명이다. 우리나라는 빈자리 몇 안 남은 자살 관광 버스가 연중무휴 운행되며 하루에 한 대씩 절벽으로 떨어지고 있다"고 비유했다.

두란노에서 발행하는 격주간지「빛과 소금」(255호 / 9. 1)에서는 '자살행렬, 복음의 소망으로 막아라' 는 스페샬 테마를 다루었고, "교회가 먼저 희망을 이야기해야 한다. 문제 해결 방법은 자살이 아닌 다른 방도도 있음을 교회가 말해야 한다"고 역설했다.

　이러한 때 7월 중에 발간된 안도현 목사의 「우울증, 죽음으로 향하는 다리」는 이 시대의 문제를 교회가 앞장서서 해결하려는 시도로서 높이 평가될만하다. 빛과 소금에서는 특집 기사를 다루면서 안 목사와의 인터뷰를 통해 다음과 같은 글을 실었다.

　경기도 일산의 아름다운교회에서 13년째 목회하고 있는 안도현(51세) 목사는 "교회는 사람들이 소외당하거나 정신적으로 병들지 않도록 잘 먹이고 잘 쉬게 해야 한다"고 단언한다. 실제로 폐암 선고를 받고 기적처럼 살아난 경험이 있는 안 목사는 "죽음의 문턱에서 심각한 우울증 증세를 겪었다"고 고백하고, 자살하는 사람들의 80%가 우울증에서 비롯되는 것으로 판단하고 있다. 최근 「우울증, 죽음으로 향하는 다리」라는 저서를 펴낸 안 목사는 "우울증은 일종의 마음의 감기"라며 교회가 우울증 환자들의 관찰자가 되어야 한다고 역설한다.

　안 목사에 따르면 "엘리야 선지자가 심한 우울증에 빠졌을 때 하나님께서 휴식과 먹을 것을 공급하셔서 낫게 하신 것처럼 교회도 그런 사역

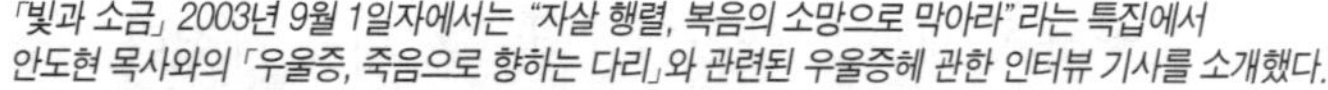

「빛과 소금」, 2003년 9월 1일자에서는 "자살 행렬, 복음의 소망으로 막아라"라는 특집에서 안도현 목사와의 「우울증, 죽음으로 향하는 다리」와 관련된 우울증에 관한 인터뷰 기사를 소개했다.

이 절대적으로 필요하다. 교회는 모일 때마다 성도들에게 쉼과 배부름을 줘 마음의 병을 치유해야 한다"고 강조한다.

실제로 아름다운교회 본당에는 일반적으로 사용하는 의자가 아니라 식탁이 놓여 있다. 또 교회 마당에는 상수리나무 밑에서 바비큐 요리를 위한 그릴과 식탁들이 설치돼 있다. 담장이 없는 아름다운 교회에서는 항상 누구든지 휴식할 수 있고, 밥 한 그릇을 먹을 수 있다.

또한 안 목사는 목회자들에게 몇 가지를 당부하고 있다. "강단에선 율법적이고 도덕적인 설교보다는 하나님의 나라를 바라보게 하는 복음적인 설교가 더 많이 선포되어야 한다. 그리고 심방 사역을 통해 가정에 지속적으로 소망의 메시지를 전해 줘야 한다. 무엇보다 목회자는 스스로 자신을 돌봐야 한다. 목회자는 우울증에 빠질 여지가 많으므로 위장에서 벗어나 완전히 자신을 노출시켜야 짐을 덜 수 있다."

티롤에서의 학생 수련회

금년에는 문 안수집사와 박 권사 부부가 운영하는 티롤을 학생 수련회 장소로 제공하여 새로운 분위기에서 수련회를 가졌다. 8월 10일자 주보 칼럼을 통해 들어 본다.

학생 수련회

오대산의 아침은 나비들의 오케스트라와 야생화들의 합창으로 시작되는 듯 합니다. 가문비와 백송, 소나무와 구상 나무, 비자와 주목, 화양목, 사철과 오가피, 단풍, 후박나무, 등 산죽, 남선, 노린재나무, 느티나무, 충충, 계수, 은사시, 자작, 측백, 물푸레, 가시오가피, 산수유 등이 서로 엇갈리며 때로는 열을 맞추어 춤추는 때론 의젓하게 자연을 만들어 냅니다.

삼봉 약수터를 기웃거리는 석물결 나비, 저녁 무렵 슬슬 나타나는 왕 그늘 나비, 티롤 뒤로 흐르는 내린천을 오르내리며 만나는 새까만 굴뚝 나비와 잔잔하고 우아한 부전나비, 산책로에서 만난 은점 표백나비의 떼, 또 그 길 숲에서 연두색 보호색을 위장하며 또아리를 틀고 있는 뱀 손님에 이르기까지 오대산은 조화를 이루고 있습니다.

싱그러운 산사과의 내음에 취하랴, 헉헉대며 오르다가 만난 열목어들의 유영을 바라보고 숨을 돌리고, 산딸기를 따먹으며 걷노라니 흰 메뚜기 떼를 만났습니다. 여름 햇살에 살찐 메뚜기는 맛좋은 간식이라나(?) 이제 오늘 입추부터는 사람들의 여름 농사는 끝나고 하늘의 가을 농사만 남았습니다.

아름다운교회의 학생부는 오대산의 자연을 천하통일 하듯 아예 주먹밥과 감자, 옥수수, 삶은 계란 등 먹거리를 한꺼번에 개울 옆에 놓고 한나절을 지내었습니다. 또 밤에는 기도회를 열고 더 늦은 밤까지 추적놀이 등 게임을 하며 십대들의 함성이 식을 줄 몰랐습니다.

‘티롤’ 의 주인이 뒤바뀐 듯 아무도 자신들이 손님이라는 생각이 안 드는 ‘이상한 민박집’ 이었습니다.

“맘씨 좋은 민박집 아주머니, 아저씨 감사합니다양”

오대산 자락에 위치한 티롤 게스트 하우스에서 열린 학생 수련회에 참석한 학생들. 아름다운 자연 속에서의 학생 수련회는 믿음을 더욱 견고히 하는 시간이었다.

한 끼도 굶기지 않고 오징어 회덮밥에서 닭도리 탕까지 감자와 복숭아, 스낵 과자에 이르기까지 어쩌면 입맛을 꼭꼭 맞추셔서 행복한 시간에 큰 일조를 해주신 목사님 이하 사모님, 권사님, 집사님, 그리고 아낌없이 협조를 해주신 교회 여러분께 진심으로 감사 드립니다. 3박 4일 수련회를 무사히 마치게 해주신 하나님께 영광을 올려 드립니다.

모습을 드러낸 하우스 교회

7월 25일, 형질변경 허가를 얻은 우리 교회는 서둘러 하우스 교회 건립에 박차를 가했다. 안 목사와 최 집사는 매일 현장으로 출근했다. 9월 7일 주일은 교회적으로 이사를 준비하는 날로 잡았다. 이사하는 날 비가 억수로 쏟아졌다. 추석 명절 동안에도 우리는 이삿짐을 옮겨야 했다.

이사와 시설로 인한 우여곡절은 말로 다 형언할 수 없다. 마침내 실내 설비와 전기 공사도 끝을 냈다. 어느 날 오후에는 안 목사도 최

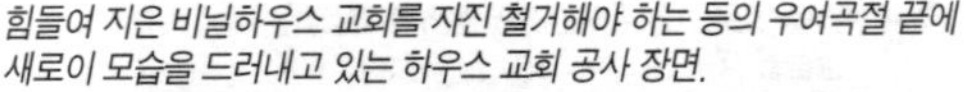

힘들여 지은 비닐하우스 교회를 자진 철거해야 하는 등의 우여곡절 끝에
새로이 모습을 드러내고 있는 하우스 교회 공사 장면.

집사도 더 이상 힘에 부쳐 앉은자리에서 조금도 움직이지 못했다. 이제 하우스 교회의 서막이 올랐다.

새로운 예배당은 하늘을 가리는 괴물 같은 아파트 숲도 안 보이고, 온갖 간판도, 자동차도 보이지 않는 우리들만의 아늑한 비밀 처소 같은 곳이다.

길을 벗어나자마자 무르익은 벼이삭을 가로질러 온갖 야생초들이 환호하며 반기는 곳이다. 해질 무렵 바람을 타고 역광으로 비춰는 갈대들의 실루엣은 우리들을 영화의 근사한 장면 속으로 들어 앉히는 듯 착각하게 만든다.

하우스 교회는 일단 하우스 안으로 자동차를 타고 들어오면 그 안에서 모든 것이 다 이루어지게 되어 있다. 선인장으로 조경을 해 놓은 너른 주차장을 지나면 보일러를 앉힌 방 서너 개와 부엌과 화장실 그리고 식사를 할 수 있는 너른 교제실과 오른쪽으로 따로 떨어져 있는 예배 처소가 있다.

뒷켠으로 나오면 바베큐를 할 수 있는 마당이 있다. 모든 시설은 예전에 옮겨 놓은 나무들이 울타리를 만들어 주고 있다.

이제 풍동에서 뼈저리게 체험한 철거민의 생활도 끝이 났다. 마치 적군이 진격해 오는 소리 같은 포크레인과 중장비 소리에 진저리를 쳐야 했던 교인들의 마음에 평화와 기쁨이 찾아왔다.

새로운 예배 처소, 하우스 교회에 대한 소감을 9월 21일자 주보 칼럼에서 살펴본다.

다시 출발!

하루는 모두 지쳐 죽을 것만 같아 보였습니다. 밤새도록 진척되지 않는 교회 이전으로 인한 염려로 생 몸살을 앓고 난 다음날, 현장에 나와보니 어느 손길이 스쳐지나 간 듯 평안해 보이면서 새 힘이 솟아오르는 것을 느꼈습니다. 그래서 또 한 가지 터득한 것은 일이 꼬일 때는 꼬이는 만큼 더 기도해야 하고, 더 부지런히 진리의 말씀으로 직시하면서 그 분의 뜻을 깨달아야 한다는 것입니다.

뭔가 앞뒤가 안 맞아 완성해 놓으면 다시 허물고 다시 새로 시작하기를 몇 번, 그러고도 만족치 않아 몸은 피곤하고 신경은 예민해져서 마음 상하기를 여러 번, 마치 보름이면 갈 수 있는 가나안 땅을 사십 년 걸려 돌고 돌아갈 수밖에 없었던 이스라엘 백성들처럼.

돌리고 돌리시는 하나님을 향해 찡그리기도 하고 그렇다고 돌아갈 수도 없는 사면초가의 상황에서 지름길을 발견하게 되었습니다. '나'를 돌아보는 것이었습니다. 자기 욕심을 자랑하고 기도해야 할 때에 핑계 대며 안일함에 빠졌고 게을러서 주어진 자신의 일을 제대로 감당치 못하는 자에게 꼭 찾아오는 손님은 '시험'이요, 마귀의 궤계입니다.

하우스 교회를 세워가면서 또 다시 깨닫는 것은 하나님은 성실하셔서 믿음 가진 자를 도우시고 정직하셔서 결정적인 순간에 반드시 도우시는 하나님이심을 고백합니다. 해 뜨는 시간이 정직한 것처럼 말입니다.

요즘은 전망이 집의 가치를 결정한다지요? 우리 교회에 오시면 잘 정리된 앞마당을 지나 주차장을 들어서면 양쪽 하우스 날개를 접어 올린 그곳에서 끝없이 그윽한 시골 논밭의 정취를 감상하실 수 있습니다. 또 카펫 깔린 성전에는 흰 비닐 지붕 밑에 강단과 피아노가 세대(?)나 있구요, 의자들과 나무로 괸 밀창문을 흘끗흘끗 바라보노라면 이런 구경 공짜로 해도 되나? 이런 생각을 하면서 베시시 웃습니다.

촌스럽다고 하실 지 몰라도 화장실도 짱! 좋구요, 분홍 타일이 깔린 부엌에는 예쁜 들창과 냉장고가 네 대(?)나 있습니다. 비록 조금 쓰던 물건이지만요.

또 한심하게 엉겅퀴로 엉켜 있던 나무들은 호미로, 낫으로, 제거해 주고 나니까 여기저기서 "하하, 호호, 제잘 제잘" 신이 났습니다. 이제 나뭇잎과 나뭇잎 사이가 투명해 보입니다. 목사님을 비롯 최 집사님, 안 전도사님, 박 집사님, 이행선 집사님, 사모님과 김 권사님 그 외에 많은 성도님들의 피땀 어린 기도와 수고 하나님께서 꼭 기억하실 것입니다. 고맙고 수고하셨고 감사합니다. 하나님께 영광을…

초심으로 돌아가자

하우스 교회에서 새로운 생활을 시작한 안도현 목사는 주일예배에서의 마태복음 강해를 마무리하면서 예수님의 마지막 명령인 28장 16~20절로 9월 28일부터 11월 2일까지 무려 6주 동안 설교를 했다.

'가서 전하라' 안 목사는 현실에 안주하고 말고 우리 교회가 영혼 구원에 대한 열정을 가지고 개척하던 그 당시로, 초심(初心)으로 돌아갈 것을 역설했다. 그래서인지 안 목사의 2003년 마지막 설교는 '갈릴리에서 만나자' 였다. 제자들에게 갈릴리는 처음 주님을 만났던 곳이고 사명자의 첫 발걸음을 내디딘 곳이다.

하우스 교회로 이전하면서 한 가지 걱정거리는 추운 겨울나기였다. 그러나 의외로 하우스 교회는 따뜻했다. 온실 효과 때문이었다. 안 목사는 "하우스 안에서 식물이 잘 자라나듯이 하우스 교회에 있을 때 믿음이 자라나야 한다"고 말한다.

풍동 교회에서의 바베큐 식사는 비닐 하우스 교회에서도 그대로 이어지고 있다. 철거민의 생활(?)을 끝내고 새로운 꿈과 비전을 위해 성도들이 더욱 하나가 되었다.

물이 바다 덮음 같이

2004년은 "나의 거룩한 산 모든 곳에서 해함도 없고 상함도 없을 것이니 이는 물이 바다를 덮음 같이 여호와를 아는 지식이 세상에 충만할 것임이니라"(사 11:9)라는 말씀으로 출발했다. 초심으로 돌아갈 것을 강조하며 새로운 마음으로 충성하며 헌신하기를 선포하는 안도현 목사의 강력한 메세지에 사뭇 긴장된 분위기로 새해를 열었다.

청지기 훈련

지난해 12월부터 실시된 청지기 훈련은 장로와 안수집사 등 직분자들을 세우기 위한 목적으로 실시되었다. "세월이 직분을 보장하는 것이 아니다. 직분자들은 교회의 기둥이 되어야 한다. 기둥이 되기 위해서는 훈련을 받고 그에 합당한 자가 되어야 한다"고 안 목사는 말한다. 안 목사는 참석자들에게 훈련기간 중 엄격한 출석을 당부했다.

교육의 1단계는 자아 성숙, 제2단계는 관계 성숙을 목표로 하여 매주 월요일 저녁 7시부터 10시 반까지 두 달 동안 외부강사를 초청하여 워샵으로 훈련 시간을 가졌다. 교육의 제3단계는 영성훈련으로 안승환 선교사가 담당하였다. 마지막 4단계는 공동체 훈련으로 안 목사와 더불어 여행 중에 이루어지게 될 것이다.

청지기 훈련 중간 과정을 마치면서 아름다운교회가 좋은 교회라고 생각되는 점들을 정리한 내용이 주보에 소개되었다. 청지기 훈련을 받는 분들이 생각하는 우리 교회의 좋은 점을 들어본다.

1. 교회의 순수성 회복을 추구하는 교회
2. 형식에 얽매이지 않는 자유함이 있는 교회
3. 다양한 은사를 최대한 활용하고 적용하는 성도들
4. 가족적이고 평안이 있는 도심 속의 전원 교회
5. 풍성한 식사 공동체
6. 담임 목사님과의 격의 없는 대화와 헌신적인 사모님의 배려로 문턱이 낮은 교회
7. 소리 없는 선교와 구제가 활발한 교회
8. 수많은 교인보다 성숙한 신앙인을 추구하는 교회
9. 이름만큼 아름다운 교회

비닐 하우스 교회에서 맞이한 창립 13주년 기념 예배에서 학생부 학생들이 하나님께 찬양드리는 모습. 성도 모두가 청지기로서의 사명을 감당할 것을 다짐했다.

「인생의 사계절」 출간 예정

이 책과 함께 출간하게 되는 「인생의 사계절」은 안도현 목사의 풍동 13년 목회를 마감하는 마지막 책이라고 할 수 있다. 머리말에서 어떤 책인지 살펴보고자 한다.

머리말

고양시 풍동에 아름다운교회를 개척하여 목회한지 13년이 되었습니다.

풍동 재개발로 인해 동네 사람들이 한 가정, 두 가정 떠나가니 마음이 섭섭합니다. 이제 마음 문이 열려 교회 문턱을 디딜만하니 떠나갑니다. 저들이 예수를 믿었으면 천국에서 만날 것인데….

야트막한 산자락으로 둘러싸인 마을, 큰길에서 450m 산길을 따라 들어와야 만날 수 있는 풍동 마을 안에는 아직까지도 옛 모습을 간직한 100

아름답게 마무리 되어가고 있는 「인생의 사계절」 본문에 장식되고 있는 4장의 도비라. 「인생의 사계절」은 인생의 여정을 사계로 성경을 통해서 조명하고 있다.

여채의 가옥들이 남아 있습니다. 일산 신도시를 10분 거리에 두고 있는 감추어진 한 시골 동네 풍동, 그래서 우리 교회를 찾아온 사람들마다 "어, 이곳에 이런 곳이 있었네"하고 어리둥절해 했습니다.

도심에서는 삭막한 시멘트 구조물로 둘러싸여 있어 자연과 접촉할 기회가 별로 없습니다. 계절의 변화를 쉽게 느끼지 못합니다. 그러나 이곳 풍동에서는 계절에 따라 새 옷으로 갈아입는 자연의 변화무쌍함과 그 아름다움을 뚜렷이 보고 느낄 수 있습니다.

봄이 되면 교회로 들어오는 길 양옆에는 개나리꽃이 만발하여 오는 사람을 환영하는 듯하고, 언덕을 넘으면 산 목련 한 그루가 수천 마리의 학이 앉아 있는 것 같은 모습으로 아름답게 피어납니다. 이곳 저곳 피어난 이름 모를 꽃송이들을 바라보노라면 마음이 편안하고 온유해 집니다.

여름이면 녹음이 우거지고 아무리 더운 날이라고 해도 산으로 둘러 있는 교회는 에어컨 없이도 예배를 드릴 수 있을 정도로 선선합니다. 주일이면 나무 그늘 평상에 둘러앉아 성경공부를 합니다. 시원한 매미 소리, 한밤중의 소쩍새의 울음소리는 우리의 마음을 차분하게 해주었습니다.

코스모스가 한들거리는 가을이 되면, 야산 밤나무에서는 알밤들이 떨어지고 교회 마당 상수리나무에는 굵은 도토리가 여물어 갑니다. 그 덕분에 매년마다 손수 도토리묵을 만들어 먹을 수 있었습니다.

겨울에는 매서운 바람에 낙엽이 흩날리고, 길게 드리워진 그림자가 을씨년스럽지만 눈송이가 내릴 때면 교회 주변의 나무들마다 눈이 시리도록 아름다운 눈꽃을 피우며 환상적인 모습을 연출합니다.

이러한 자연의 변화를 바라보면서 우리의 인생의 각 단계를 생각해 보았습니다. 자연의 순환과 자연의 법칙들은 우리의 삶을 주관하시는 하나님의 섭리를 이해하는데 도움이 됩니다.

우리 인생에도 사계절이 있습니다. 아이들은 봄의 새싹과 같습니다. 봄을 대표하는 청소년들은 싱싱한 푸른 잎처럼 생각됩니다. 청년들은 한여름의 태양과 같고, 장년기는 가을의 풍성한 열매와 아름다운 단풍과 같고, 노년기는 낙엽이 떨어지는 쓸쓸한 겨울과 같습니다.

성경이 우리에게 하나님의 영적인 진리를 보여주고 있다면 자연은 우리에게 하나님의 일반적인 진리를 나타내 주고 있습니다. 교회 창립 이후 지금까지 줄곧 써온 주보 칼럼의 대부분이 풍동의 사계절을 소재로 하고 있습니다.

우리 아름다운교회 성도들의 영성은 풍동의 자연 속에서 싹이 트고 자라났습니다. 계절의 순환이 계속되는 동안 그리스도의 향기를 나타내는 지체들이 되었습니다.

풍동 재개발이 시작되었으나 우리 교회가 있는 지역은 보상 문제가 해결되지 않아 손을 놓은 채 1년이 넘는 세월을 지루하게 보내게 되었습니다. 저는 이러한 상황을 하나님께서 허락하신 안식의 시간으로, 아름다운 교회의 새로운 출발을 위해 준비하도록 하는 때로 받아들였습니다.

그 과정에서 우리 인생의 과제들을 하나님의 말씀으로 점검해 볼 수 있는 「인생의 사계절」이 세상에 빛을 보게 되었으니 모든 일을 합력하여 선을 이루어 주시는 좋으신 하나님을 찬양하지 않을 수 없습니다. 하나님께 감사와 영광을 올립니다.

하우스 교회의 꿈

우리가 지금 머물고 있는 하우스 교회는 사람들의 눈에 띄지 않는다. 또한 사람들에게 주목받을만한 것도 없다. 우리에게 아무리 좋아도 사람들의 눈에는 하우스일 뿐이다. 우리는 이곳에서 비약을 꿈꾼다. 풍동 재개발이 끝나고 종교부지에 새로운 교회를 짓고 병풍처럼 들어설 아파트의 뭇 영혼들을 향해 복음의 빛을 비출 그 날을 기다리며 몇 가지 준비하는 일이 있다.

첫째, 생애 교육을 위한 교재 준비이다. 교회에서 실시하는 성경공부는 크게 세 종류로 나눌 수 있다. 성경 각 권별 성경연구, 주제별 성경연구, 인물별 성경연구이다. 안 목사는 여기에 하나를 추가하고 싶어한다. 그것은 사람이 태어나면서부터 하나님 나라에 들어가기까지의 인생의 전 과정을 각 단계별로 연구하여 인생의 지침을 주는 크리스천 평생 교육의 장을 여는 일이다.

안도현 목사의 이러한 꿈은 이미 「인생의 사계절」에서 자라나고 있다. 책의 출간과 함께 그 책을 가지고 그룹별로 웍샵을 진행하여 현장에서 교재의 틀을 만들어 가게 될 것이다. 머지 않아 그 교재를 가지고 즐겁게 말씀을 공부할 날이 올 것이다.

둘째, 사역자 훈련이다. 우리 교회는 평신도 중심의 사역을 지향하고 있다. 이론보다는 평신도 실천교육에 집중하고 있다. 교육 방법도 주입식이 아니라 삶을 나누는 소그룹 웍샵을 위주로 하고 있다. 지난 2003년 12월부터 계속되고 있는 청지기 훈련도 이와 같은 변화에 적응하기 위한 한 과정이라고 할 수 있다.

셋째, 전인적 치유사역이다. 우리 인간은 영과 혼과 육의 조화를 이루며 살아야 하는 전인적인 존재이다. 따라서 인간의 치유도 전인적인 인간 이해에 근거한 전인치유이어야 한다. 이에 대한 자세한

비닐 하우스 교회에서의 첫 예배 전경. '초심으로 돌아가자' 는 말씀과 함께 하우스 교회의 꿈을 그리며 또다른 비전을 품은 예배였다.

내용은 안도현 목사의 「우울증, 죽음으로 향하는 다리」에 소개되어 있다. 준비가 끝나는 대로 교회 부설로 전인치유사역 센터가 세워져 운영될 것이다.

넷째, 교회 건축이다. 이스라엘 백성들이 가나안 땅에 정착하기 앞서 40년의 광야생활을 했듯이 우리는 450년 영적 불모지의 땅 풍동에서 13년 동안 훈련을 받고 지금은 하우스에서 교회를 섬기고 있다.

이제 새롭게 개발되는 풍동부지에 세워질 교회를 위해 기도한다. 안 목사는 년 초 성도들에게 소원의 기도제목과 더불어 지향하는 교회의 모습을 그려오도록 했다.

근래 10회 개인전을 가진 바 있는 김혁수 안수집사의 교회 건축에의 꿈을 잠시 들어보면, 흙이 가지는 환경조형물로서의 건축물을 위해 고심중이다. 흙을 만지기 시작한 지 올 해로 30년, 그동안 종합 예술로서 사진과 건축물에 많은 관심을 보여 왔던 것들이 유감없이 발휘되기를 기대한다.

그가 우선 고려하는 부분은 아스팔트와 콘크리트 회색 빛 건물 속에서 답답함을 느끼는 사람들에게 흙이 주는 편안함을 느끼게 하는 것이다. 그러면서도 교회로서의 기능을 살릴 수 있는 건축물을 구상 중이다.

편집을 마치면서

아름다운교회 성도들과 안 목사의
눈물의 기도로 쓴 교회 개척사

「4전 5기 교회, 7전 8기 목사」는 글을 쓰기 위해서 꼭 필요로 하는 수많은 '미사여구' (美辭麗句)를 사용하지 않은 순수하고 담백한, 그리고 투박한 것 같지만 가슴을 뭉쿨하게 하고 가슴 저미게 하는 내용들로 꽉 채워져 있다.

꿈과 비전, 이상을 품고 교회를 개척했지만 그 꿈과 패기는 하나 하나 깨어지기 시작하고, 눈물 없이는 갈 수 없는 길을 가고 있는 개척 교회 목회자들과, 그 뒤를 따르고 있는 신학생들에게는 필독서가 되어야 함을 절절히 느끼게 하는 이 책은 바로 '교회 개척의 지침서' 이다.

안도현 목사가 교회 개척을 위해 7개월을 하루같이 삼각산에 올라 밤을 지새우며 기도하고 개척한 곳이 바로 450년 동안 무속신앙으로 꽉 들어찬 교회 없는 마을인 일산의 풍동이었다. 누가 보아도 그 곳에 교회를 세운다는 것은 납득할 수 없는 최악의 장소였던 것은 차치하고라도, 당시 한창 개발중인 일산 신도시 땅 값의 배나 더 주고 그 산골로 들어간 것은 한 마디로 미치지 않고는 할 수 없는 일이었다.

또한 안 목사를 믿고 순종하며 따른 성도들은 하나님께서 붙여주신 동역자임을 교회가 성장하고 난 한참 후에야 깨달을 수 있을 정도다.

이 책을 읽고 느낄 수 있는 것 중의 하나가 "너는 가라. 주의 이름으로" 라는 찬양과 같이 안 목사는 하나님의 말씀에 순종하고 본토 친척 아비집을 떠나 갈 곳 모르고 떠난 아브라함 같은 주의 종임에 틀림없다. 그리고 그와 함께한 성도들은 모세를 도왔던 아론과 훌과 같은 동역자였다.

도저히 이겨낼 힘이 없어 목회를 접으려고 교회를 내놓아야 했던 위기를 극복하고 어렵게 교회가 성장해갈 무렵 안 목사는 죽음의 문턱에 서야만 했다. 폐암이라는 진단은 그의 목회 뿐만 아니라 삶의 모든 것을 포기해야 하는 위기의 순간이었다.

그 때의 순간을 사모는 훗날 간증을 통해 이렇게 말하고 있다.

"하나님께서는 왜 우리 가정에 이렇게 큰 고통을 주시는가? 지나간 세월 동안도 어려움을 겪으며 많은 연단을 받았는데 아직 무엇이 부족해서 이런 연단을 받아야 하나? 하나님께 원망도 하고 싶었지만 사모라는 직책 때문에도 그렇게 하지 못했습니다."

하나님께서 기적을 베풀어 주사 안 목사를 치료해 주셔서 오직 하나님께 맡기는 목회를 하였지만 아름다운교회의 연단은 여기서 끝나지 않았다. 풍동의 재개발로 인하여 또 다른 연단을 감내해야만 했다.

터무니 없는 보상에도, 장마비를 피하며 모두들 떠난 곳에서 수 개월 동안 철거민과 같은 생활에도, 3천여 만원을 들여 어렵게 지은 하우스 교회를 자진 철거해야 하는 고통도, 안 목사와 성도들은 또 그렇게 운명처럼 순응했다.

이제 조금씩 하우스 교회도 자리를 잡고 적응해 가고 있는 즈음 아름다운교회 성도들과 안 목사는 그 곳에서 개척 초기처럼 꿈을 꾸며 복음 전파를 위해 초심으로 돌아가 기도로 무장하고 있다.

「4전 5기 교회, 7전 8기 목사」는 간판만 아름다운 교회가 아닌, 진정한 성도와 목회자의 아름다움이 무엇인가를 보여주고 있는 책이다. 자신의 살을 찢는 고통을 감내하고 아름다운 진주를 만들어 낸 진주 조개와 같은 아름다운교회 안도현 목사와 성도님들에게 아낌없는 갈채를 보낸다.

2004년 겨울을 이겨낸 새싹이 움틀 무렵

-편집자-